마키아벨리,
시민정치의 오래된 미래

마키아벨리, 시민정치의 오래된 미래

지은이 | 박홍규

1판 1쇄 펴낸날 | 2014년 7월 25일

펴낸이 | 이주명
편집 | 문나영
출력 | 문형사
인쇄 | 한영문화사
제본 | 한영제책사

펴낸곳 | 필맥
출판등록 | 제2003-63호
주소 | 서울시 서대문구 경기대로 58 (충정로2가) 경기빌딩 606호
홈페이지 | www.philmac.co.kr
전화 | 02-392-4491
팩스 | 02-392-4492

ISBN 978-89-97751-39-6(03300)

* 잘못된 책은 바꿔드립니다.
* 값은 뒤표지에 있습니다.

이 도서의 국립중앙도서관 출판시도서목록(CIP)은 e-CIP 홈페이지(http://www.nl.go.kt/cip.php)에서 이용하실 수 있습니다.(CIP제어번호: CIP2014020769)

박홍규 지음

마키아벨리, 시민정치의 오래된 미래

필맥

|머리말|

김대중·노무현 시대를 살면서 나는 마키아벨리같이 현실에서는 교활한 진보정치인이 필요하다는 생각을 했다. 특히 노무현의 죽음을 맞아 더욱 그렇게 생각했고, 이명박·박근혜 시대의 진보세력을 보면서 더더욱 그런 생각을 했다. 그래서 이 책을 쓴다. 마키아벨리 같은 진보정치인이 필요하다는 생각에서 이 책을 쓴다.

마키아벨리에 대한 책은 국내외에 산더미처럼 많다. 따라서 그에 관한 책을 다시 내는 것은 "상당한 용기와 어느 정도의 뻔뻔함을 필요로 하는 일처럼 보이기도 한다"(박상섭)고 해야 할 정도다. 나는 지금까지 나온 책들과 달리 마키아벨리를 '시민'으로 보고 그의 진심, 즉 그가 꿈꾼 정치를 '시민정치'의 '오래된 미래'(이는 헬레나 노르베리 호지가 사용한 말이다)라고 생각하기에 이 책을 낸다. 이는 특히 그런 마키아벨리의 진심을 오해한 마키아벨리즘(마키아벨리어니즘이라고도 한다)이 지배하는 현실을 비판하기 위해서다. 이것이 용기인지 뻔뻔함인지는 독자들이 판단할 문제다.

흔히들 마키아벨리는 그런 시민정치를 꿈꾼 이상주의자가 아니라 중세 천 년, 고대 수천 년의 꿈을 깨트린 정치적 현실주의자니 냉정한 정치과학자니 하고, 심지어 정치인은 교활해야 한다고 주장하는 마키아벨리즘의 창조자라고 한다. 그러나 나는 그를 현실주의적 이상주의자로 본다. 말하자면 '리얼 유토피언'(이는 에릭 올린 라이트가 사용한 '리얼 유토피아'라는 말을 변형한 것이다)이다. '진짜 유토피아주의자'다. 그야말로 현실에서 실현성이 있는 '시민정치'의 꿈을 꾸었다고 본다.

이는 마키아벨리를 "정치 지도자의 교활함, 잔혹함, 조작술 사용"을 가르치는 마키아벨리즘의 원조로 보거나, 근대 국민국가 정치이론 수립자이자 종교나 도덕으로부터 정치를 분리시킨 현실주의자, 기술주의자, 출세주의자로서 정치학의 아버지라고 보아온 지금까지의 통설과 분명히 다르다. 심지어 최근에는 우리 시대에 출세학이나 처세술을 대표하는 경영학의 신으로 마키아벨리를 받드는 경향도 있는데, 이런 견해와도 명백히 다르다.

사실 오늘의 정치학이나 경영학은 그런 마키아벨리즘을 가르친다고 해도 과언이 아니지만, 나는 이 책에서 그런 마키아벨리즘과 마키아벨리는 분명히 다르다고 주장한다. 마르크스가 자신은 마르크스주의자가 아니라고 했듯이 마키아벨리도 마키아벨리주의자가 아니다. 마키아벨리를 통해 마키아벨리즘을 몰아내기 위해 이 책을 낸다. 그밖에도 이 책을 내는 이유는 여러 가지 있지만 본문에서 상세히 설명하도록 한다.

앞서 설명한 이유에서 이 책은 지금까지 수없이 나온 마키아벨리에 대한 책들과 달리 그의 '시민정치' 사상을 이해하기 위한 설명과 그것을 지금 우리의 현실에 가져오기 위한 설명에 집중한다. 특히 '시민' 마키아벨리와 '시민'들의 '도시'국가 피렌체, 그리고 '시민' 르네상스에 대해 그 사상의 이해를 위해 상세히 설명한다. 이는 마키아벨리를 포함한 몇몇 '천재'들에 의해 '피렌체 르네상스'가 일어났다는 종래의 통념에 도전하는 것이다. 나는 피렌체에 '시민'이 없었다면 르네상스도 없었을 것으로 본다.

특히 마키아벨리의 '시민적' 인간성과 그가 살았던 '시민도시' 피렌체와 그 '시민'들이 추구한 '시민' 르네상스에 대한 생생한 이해 없이는 '시민정치'에 대한 어떤 이야기도 불가능하다고 나는 생각한다. 그래서 독자들에게 피렌체 르네상스와 마키아벨리를 실감나게 느끼게 하고 싶다. 우리 모두 이 책을 통해 16세기 피렌체에 가서 살면서 마키아벨리를 친구로 사귄다고 생각하는 정도가 되기를 기대한다. 그렇지 못하다면 이 책은 실패다. 그렇지 못하다면 우리는 르네상스도, 시민정치도 이룩할 수 없다. 이 책의 궁극적인 목표는 우리의 르네상스, 우리의 시민정치를 이룩하는 것이다.

그런 목표 아래 나는 이 책을 반반으로 나누어 썼다. 앞부분은 1~3장, 뒷부분은 4~6장이다. 앞부분은 마키아벨리라는 인간에 대한 이야기이고, 뒷부분은 그의 사상에 대한 이야기다. 먼저 1장에서 '시민' 마키아벨리를 초상과 소설을 통해 알아보고, 2장에서 피렌체의 '시민' 르네상스와 도시국가에 대해 설명한 뒤, 3장에서는 시민적 '반항인'으로서의 그의 삶과 업적을 살펴본다. 르네상스가 중세 천 년에 대한 반항으로 시민정치를 추구했듯이 르네상스인 마키아벨리도 반항아로서 시민정치를 탐구했다.

이어 마키아벨리의 사상을 '자유인' 마키아벨리의 사고방식(4장)과 '현실인' 마키아벨리의 시민정치 사상(5장)으로 나누어 설명한다. 종래 마키아벨리의 사고방식은 그리 중요하게 다루어지지 못했으나, 어떤 사상이든 그 바탕에 깔린 사고방식을 알아야 올바르게 이해할 수 있다. 마키아벨리의 사고방식은 모든 권위나 전통으로부터 자유로운 '자유인'의 것이고, 그의 사상은 현실에 철저히 뿌리박은 이상주의다. 그리고 마지막 6장에서는 '이단아' 마키아벨리에 대한 지난 5백 년간의 평가를 살펴본 뒤 내 나름의 결론을 내리도록 한다.

마키아벨리의 사상을 굳이 한마디로 어떤 주의라고 말한다면 '시민주의'라고 할 수 있다. 지금 우리나라로 치면 가장 작은 시(市) 규모인 인구 6만 명 정도의 피렌체라는 도시에서 '자유로운 시민들이 자치를 하는 정치'가 마키아벨리가 추구한 시민정치였다. 따라서 그것을 국가주의나 국민주의나 국민국가주의로 부르기는 어렵다. 그가 이탈리아의 통일을 원하기는 했지만, 그것은 모든 도시가 하나의 국가로 완벽하게 합치는 통일이 아니라 서로 공존하고 협조할 수 있는 연방과 같은 느슨한 형태의 통일이었다. 그의 사상은 당시로서는 지금의 민주주의와 가장 가까운 것이었지만, 정치에 참여하는 시민의 범위를 제한한 것이었기에 완전한 의미의 민주주의라고 보기도 어렵다. 그렇다고 지금 우리가 완전한 민주주의를 한다고 말하기도 어려우니, 이것을 가지고 그를 비난하기란 쉽지 않다. 또 마키아벨리는 기본적으로 개인주의자였으니 일부의 견해처럼 그를 사회주의자나 공산주의자로 볼 수도 없지만, 그랬다는 이유로 그를 비판할 수도 없다. 그는 평범한 시민으로서 그 시대를 뜨겁게 고민하고 싸우며 살았을 뿐이다.

마키아벨리가 말한 시민, 시민주의, 시민사회, 시민국가, 시민정치는 지금 우리가 고민하는 문제, 즉 '국민, 국가, 사회, 정치, 민족, 통일, 지방 등을 어떻게 만들어가야 하느냐'는 문제의 원형을 보여준다. 씨족적이고 부족적인 혈연, 지연, 학연은 물론 종교와 사상을 포함해 그 어떤 인연이나 권위로부터도 자유로운 개인들인 시민이 모두 평등하게 정치에 참여할 자격을 갖는 시민정치는 시민적인 사고와 윤리, 용기와 힘 등을 갖추지 않으면 불가능하다고 마키아벨리는 말한다. 나아가 그런 시민정치가 불가능하면 정치가 필연적으로 부패하는데, 그렇게 되면 용기 있는 지도자가 과감하게 나서서 부패를 처단하고 나라를 바로 세워야 한다는 것이 그의 주장이다.

지금 이 땅에서도 그런 주장이 절실하게 필요할 정도로 정치가 부패했다. 따라서 마키아벨리 같은 반항아가 필요하다. 그러나 좌파니 우파니, 진보니 보수니 하는 이데올로기 맹신자가 필요한 게 아니라 실용과 실리와 함께 도덕과 윤리에 근거한 냉철한 현실감각과 정치감각을 갖춘 지도자와 시민이 필요하다. 마키아벨리즘이라는 잘못된 이름으로 불리는 타락한 정치기술의 기회주의적 달인이 아니라 마키아벨리가 본래 추구한 현실주의적 감각을 가진 이상주의자가 필요하다. 마키아벨리의 진심을 오인한 마키아벨리스트들, 즉 기회주의자나 협잡주의자들이 판치는 지금의 대한민국에서 다시금 그의 진심을 확인해야 할 필요가 절실하다. 마키아벨리는 우리가 추구하는 시민정치의 '오래된 미래'다. 이 책은 그것을 찾아서 떠나는 여행이다.

2014년 6월

박홍규

|차례|

|인용문헌|

(이 책에서 인용하는 문헌은 '군주'와 같이 제목의 일부나 '곽차섭'과 같이 저자의 이름으로 표시하고, 같은 저자의 저술을 2건 이상 인용할 때에는 '강정인2005', '강정인2007'과 같이 발간연도를 덧붙여 구분한다. 인용표시 중 연도 이외의 숫자는 장(章), 절(節), 쪽수 등을 가리킨다. 예를 들어 '군주25, 125'는 '《군주론》 25장 125쪽', '논고3-9, 464'는 '《로마사 논고》 3장 9절 464쪽', '맥닐, 480'은 '맥닐의 저서 480쪽'을 각각 의미한다.)

1. 마키아벨리의 저술

군주: 니콜로 마키아벨리, 《군주론》, 박상섭 옮김, 서울대학교출판문화원, 2011. (《군주론》의 번역은 여러 가지가 있다. 그중 박상섭이 옮긴 책을 인용문헌으로 선택한 것은 이것이 이탈리아어 원본에서 번역된 가장 최근의 책이기 때문이다.)

논고: 니콜로 마키아벨리, 《로마사 논고》, 강정인·임선재 옮김, 한길사, 2003. (《로마사 논고》의 번역도 여러 가지가 있으나, 이탈리아어 원본에서 번역된 책은 없다. 그중 강정인·임선재가 옮긴 책을 인용문헌으로 선택한 것은 이것이 가장 최근에 번역된 책이기 때문이다.)

전술: 니콜로 마키아벨리, 《전술론》, 이영남 옮김, 스카이, 2011. 이 책은 유일한 우리말 번역본이지만, 번역에 문제가 많아 인용하지는 않는다.

만드라골라·클리치아·벨파고르: 니콜로 마키아벨리, 《만드라골라》·《클리치아》·《벨파고르 이야기》, 곽차섭 편역 《마키아벨리와 에로스》 내, 지식의풍경, 2002.

편지: 니콜로 마키아벨리의 편지들, 상동.

피렌체사: 니콜로 마키아벨리, 《피렌체사》. (이 책은 아직 우리말로 번역되지 않아 다음 영역본에서 인용한다. History of Florence, The Colonial Press, 1901.)

2. 마키아벨리에 관한 저술

강정인2005: 강정인·엄관용, 《군주론-강한 국가를 위한 냉혹한 통치론》, 살림, 2005.

강정인2007: 강정인·김용민·황태연 엮음, 《서양근대정치사상사》, 책세상, 2007.

곽차섭: 곽차섭, 《마키아벨리즘과 근대 국가의 이념》, 현상과인식, 1996.

구민정: 구민정/권재원 엮고 해설, 《민주주의를 만든 생각들》, 근대편, 휴머니스트, 2011.

그람시: 안토니오 그람시, 《그람시의 옥중수고》, 이상훈 옮김, 1권, 거름, 1986.

그림: 베른하르트 A. 그림, 《권력과 책임》, 박호규 옮김, 청년정신, 2002.

그레이2007: 존 그레이, 《자유주의》, 손철성 옮김, 이후, 2007.

그레이2011: 존 그레이, 《추악한 동맹》, 추선영 옮김, 이후, 2011.

김경희: 김경희, 《공화주의》, 책세상, 2009.

김희보: 김희보, 《그림으로 읽는 세계사 이야기》, 2권, 가람기획, 2000.

시오노: 시오노 나나미, 《나의 친구 마키아벨리》, 오전환 옮김, 한길사, 1996.

내셔널지오그래픽: 내셔널지오그래픽, 《세계의 역사를 뒤바꾼 1000가지 사건》, 오승훈 옮김, 지식갤러리, 2010.

네그리: 안토니오 네그리·마이클 하트, 《제국》, 윤수종 옮김, 이학사, 2001.

들루슈: 프레데리크 들루슈 편, 《새 유럽의 역사》, 윤승중 옮김, 개정판, 까치, 2002.

라보르드: 세실 라보르드·존 메이어 외, 《공화주의와 정치이론》, 곽준혁 외 옮김, 까치, 2009.

라이트: 에릭 올린 라이트, 《리얼 유토피아》, 권화현 옮김, 들녘, 2012.

러셀: 버트런드 러셀, 《서양철학사》, 서상복 옮김, 을유문화사, 2009.

러시아 과학아카데미 연구소: 러시아 과학아카데미 연구소, 《르네상스 시대와 초기 자본주의 시대의 철학》, 이을호 옮김, 중원문화, 재판, 2008.

레드헤드: 브라이언 레드헤드 엮음, 《서양 정치사상》, 황주홍 옮김, 문학과지성사, 1993.

로드: 카네스 로드, 《통치의 기술》, 이수경 옮김, 21세기북스, 2008.

로렌스: D. H. 로렌스, 《아론의 지팡이》, 김진욱 옮김, 생각하는백성, 1996.

루소: 장 자크 루소, 《사회계약》, 이가형 옮김, 을유문화사, 1967.

루슈디: 살만 루슈디, 《피렌체의 여마법사》, 송은주 옮김, 문학동네, 2011.

리돌피: 로베르토 리돌피, 《마키아벨리 평전》, 곽차섭 옮김, 아카넷, 2000.

리비트: 데이비드 리비트, 《아주 미묘한 유혹》, 엄우흠 옮김, 효형출판, 2004.

마스터스: 로저 마스터스, 《레오나르도 다 빈치와 마키아벨리》, 송은경 옮김, 세종서적, 1998.

마이네케: 프리드리히 마이네케, 《국가권력의 이념사》, 이광주 옮김, 한길사, 2010.

마이어: 한스 마이어·호르스토 덴처 엮음, 《정치사상의 거장들》, 1권, 주광순 옮김, 시와 진실, 2008.

맥개리: 리사 맥개리, 《이탈리아의 꽃 피렌체》, 강혜정 옮김, 중앙북스, 2008.

맥닐: 윌리엄 맥닐, 《세계의 역사》, 2권, 김우영 옮김, 이산, 2007.

맨스필드: 하비 맨스필드, 《마키아벨리의 덕목》, 이태영·조혜진·고솔 옮김, 말글빛냄, 2008.

몽테스키외: 몽테스키외, 신상초 옮김, 《법의 정신》, 신상초 옮김, 을유문화사, 1963.

미노그: 케네스 미노그, 《정치란 무엇인가》, 이정철 옮김, 동문선, 1999.

미첼: 험프리 미첼, 《스파르타》, 윤진 옮김, 신서원, 2000.

민석홍: 《세계문화사》, 민석홍·나종일·윤세철 옮김, 서울대학교출판부, 1988.

박상섭: 박상섭, 《국가와 폭력》, 서울대학교출판부, 2002.

벌린: 이사야 벌린, 《자유론》, 아카넷, 박동천 옮김, 2006.

브래드퍼드: 세러 브래드퍼드, 《체사레 보르자》, 김한영 옮김, 사이, 2008.

브로노프스키: J. 브로노프스키·B. 매즐리슈, 《서양의 지적 전통》, 차하순 옮김, 홍성사, 1980.

브루니: 레오나르도 브루니, 《피렌체 찬가》, 임병철 옮김, 책세상, 2002.

블로흐: 에른스트 블로흐, 《희망의 원리》, 4권, 박설호 옮김, 열린책들, 2004.

비롤리: 모리치오 비롤리, 《공화주의》, 김경희·김동규 옮김, 인간사랑, 2006.

빙: 스탠리 빙, 《마키아벨리라면 어떻게 할까?》, 원재길 옮김, 해냄, 2001.

산본마쓰: 존 산본마쓰, 《탈근대 군주론》, 신기섭 옮김, 갈무리, 2004.

세이빈: 조지 세이빈·토마스 솔슨, 《정치사상사》, 1권, 성유보·차남희 옮김, 한길사, 1983.

스키너2004: 퀜틴 스키너, 《근대정치사상의 토대》, 1권, 박동천 옮김, 한길사, 2004.

스키너2007: 퀜틴 스키너, 《자유주의 이전의 자유》, 조승래 옮김, 푸른역사, 2007.

스키너2010: 퀜틴 스키너, 《마키아벨리의 네 얼굴》, 강정인·김현아 옮김, 한겨레출판, 2010.

스트라우스2010: 레오 스트라우스·조셉 크랍시, 《서양정치철학사》, 1권, 김영수 외 옮김, 인간사랑, 2010.

신복룡: 니콜로 마키아벨리, 《군주론》, 신복룡 옮김, 을유문화사, 3판, 2008.

알튀세르1992: 루이 알튀세르, 《마키아벨리의 고독》, 김민석 옮김, 중원문화, 1992.

알튀세르2001: 루이 알튀세르, 《마키아벨리의 가면》, 오덕근·김정한 옮김, 이후, 2001.

오버리: 리처드 오버리, 《독재자들》, 조행복 옮김, 교양인, 2008.

왓슨: 피터 왓슨, 《생각의 역사》, 1권, 남경태 옮김, 들녘, 2009.

월린: 셸던 월린, 《정의와 비전》, 2권, 강정인·이지윤 옮김, 후마니타스, 2009.

정정훈: 《군주론, 운명을 넘어선 역량의 정치학》, 정정훈 옮김, 그린비, 2011.

조승래: 조승래, 《공화국을 위하여》, 길, 2010.

존슨: 폴 존슨, 《모던타임스》 1권, 조윤정 옮김, 살림출판사, 2008.

지마: 페터 지마, 《이데올로기와 이론》, 허창운·김태환 옮김, 문학과지성사, 1996.

진원숙: 진원숙, 《마키아벨리와 국가이성》, 신서원, 1996.

최명관: 최명관 편저, 《캇시러의 철학》, 법문사, 1985.

카스틸리오네: 발데사르 카스틸리오네, 《궁정론》, 신승미 옮김, 북스토리, 2009.

카시러: 에른스트 카시러, 《국가의 신화》, 최명관 옮김, 서광사, 1988.

카트리지: 폴 카트리지, 《스파르타 이야기》, 이은숙 옮김, 어크로스, 2011.

키케로: 키케로, 《국가론》, 김창성 옮김, 한길사, 2007.

타임라이프북스: 타임라이프북스, 《천재들의 시대》, 윤영호 옮김, 가람기획, 2004.

탈리: 제임스 탈리 엮음, 《의미와 콘텍스트—퀜틴 스키너의 정치사상사 방법론과 비판》, 유종선 옮김, 아르케, 1999.

파에촐트: 하인츠 파에촐트, 《카시러》, 봉일원 옮김, 인간사랑, 2000.

페르미: 로라 페르미, 《뭇솔리니》, 이원홍 옮김, 한림출판사, 1982.

포르: 폴 포르, 《르네상스》, 주경철 옮김, 한길사, 1999.

포칵: J. G. A. 포칵, 《마키아벨리안 모멘트》, 곽차섭 옮김, 나남, 2011.

플라므나츠: J. 플라므나츠, 《정치사상사》, 1권, 김홍명 옮김, 풀빛, 1986.

플루타르크: 플루타르코스, 《플루타르크 영웅전》, 2권, 김병철 옮김, 범우사, 1994.

화이트: 마이클 화이트, 《평전 마키아벨리》, 김우열 옮김, 이룸, 2006.

허쉬먼: 앨버트 허쉬먼, 《열정과 이해관계》, 김승현 옮김, 나남출판, 1994.

헤이우드: 앤드류 헤이우드, 《정치학》, 개정판, 성균관대출판부, 2009.

헬드: 데이비드 헬드, 《민주주의의 모델들》, 박찬표 옮김, 후마니타스, 2010.

홉스: 토머스 홉스, 《리바이어던》, 제1권, 진석용 옮김, 나남, 2008.

Harrington: James Harrington, Harrington, The Commonwealth of Oceana, J. G. A. Pocock ed., The Political Works of James Harrington, Cambridge University Press, 1977.

Hexter: J. H. Hexter, The Vision of Politics on the Eve of the Reformation: More, Machiavelli and Seyssel, Allen Lane, 1973.

Hörqvist: Mikael Hörqvist, Machiavelli and Empire, Cambridge University Press, 2008.

Mansfield and Tarcov: "Introduction to Discourses on Livy", Discourses on Livy, trans., Harvey C. Mansfield and Nathan Tarcov, 1996.

Parrel: Anthony Parrel, The Machiavellian Cosmos, Yale University Press, 1992.

Pitkin: H. F. Pitkin, Fortune Is a Woman, University of California Press, 1984.

Tarlton-Charles Tarlton, Fortune's Circle: A Biographical Interpretation of Niccolo Machiavelli, Quadrangle Books, 1970.

Viroli1998, Maurizio Viroli, Machiavelli, Oxford University Press, 1998.

Viroli2010: Maurizo Viroli, Machiavelli's God, Princeton University Press, 2010.

Whitfield: John H. Whitfield, Machiavelli, Russel & Russel, 1966.

|들어가는 말|

니콜로 마키아벨리(Niccolò Machiavelli, 1468~1527)의 사상은 한마디로 말해 '시민이 자치하는 시민정치'다. 이는 그의 대표작인 《군주론》의 9장 '시민형 군주국(Del principato civile)'에 집약되어 있다. 《군주론》은 전반부에서 군주의 유형을 설명하고 후반부에서 군주의 역할을 설명하는데, 그 중간에 있는 9장은 전반부 유형론의 마지막이다. 즉 전반부의 군주국 유형론은 9장을 설명하기 위한 것에 불과하고, 후반부는 9장에 나오는 '시민형 군주국'의 활동을 설명하기 위한 것에 불과하다. 따라서 《군주론》의 핵심은 바로 이 9장이다. 그리고 《로마사 논고》를 비롯한 그의 다른 모든 책은 이 9장에 대한 주석이다. 이런 주장을 한 사람은 그동안 아무도 없었다.

그동안 《군주론》은 군주국 내지 군주정, 《로마사 논고》는 공화국

내지 공화정에 대한 책이고, 마키아벨리는 《군주론》을 쓸 때에는 군주주의자, 《로마사 논고》를 쓸 때에는 공화주의자였다는 주장을 비롯하여 이 두 책에 대한 수많은 주장이 나왔다. 그러나 두 책이 쓰인 시기가 거의 같고 그 배경이 된 시대에 근본적인 변화가 있었던 것도 아닌데 그렇게 서로 다르다는 이야기는 어불성설이다. 이는 마키아벨리의 책들을 제대로 읽지 않은 탓에 생긴 오해다.

누가 지금 《군주론》이라는 책을 쓴다고 가정해보자. 마키아벨리처럼 군주의 여러 가지 유형을 고찰한 뒤에 군주가 해야 할 일이 무엇인지를 설명할 것이다. 먼저 유형으로는 가령 세습군주와 신생군주를 설명할 것이다. 마키아벨리도 마찬가지였다. 다만 마키아벨리는 그 둘을 고르게 설명한 것이 아니라 세습군주는 놔두고 신생군주만을 설명했다. 이는 군주에 대한 설명으로서는 형평성이 떨어지는 것이라고 비난받을 수도 있고 특히 당대 유럽에서는 세습군주가 대부분이었으니 더욱 비난받을 수도 있는 것이었음에도 마키아벨리는 그렇게 했다. 여하튼 그런 식으로 군주의 여러 유형을 나열하지만 그 대부분을 설명하지는 않는데 오직 '시민형 군주'만 9장에서 설명한다. 그는 여러 군주에 대해 공평하게 설명한 것이 아니라 여러 군주 중에서 세습군주 등은 모두 제외하고 오로지 '시민형 군주'만을 설명한 것이다.

그가 말한 '시민형 군주'란 시민의 지지를 받아 선출되는 군주를 뜻한다. 그것을 이야기하는 책의 제목이 《군주론》이기에 군주의 하나인 '시민형 군주'라고 하는 것일 뿐, 우리가 보통 말하는 왕으로서의 군주와는 다르다. 도리어 지금의 대통령이나 수상과 기본적으로 다르지 않은 것이 '시민형 군주'다. 물론 시민형 군주는 오늘날과 같이 국민의 보통선거에 의해 선출되는 자가 아니고, 5백 년 전에 상당히 제한된 자격요건에 부합하는 일부 시민들이 뽑은 자이다. 따라서 《로마사 논고》 중 공화국이 설명되는 부분에서 거론되는 '시민 지도자'와 유사하다. 그러므로 공화국을 설명한 《로마사 논고》는 《군주론》 9장을 설명하는 책이다.

위와 같은 나의 주장은 지금까지 《군주론》은 군주국, 《로마사 논고》는 공화국을 각각 이야기했다는 이유에서 마키아벨리가 도대체 군주주의자이냐 공화주인자이냐를 둘러싸고 벌어진 수백 년간의 논쟁에 종지부를 찍는 것이다. 이 점에서도 이 책은 기여하는 바가 크겠지만, 나는 이 점에는 큰 의미를 부여하지 않겠다. 또한 마키아벨리가 체사레 보르자와 같은 폭군을 모델로 삼아 《군주론》을 썼다고 하던 종래의 주장에도 종지부를 찍고 도리어 그가 14년간 공무원으로서 모신 피에로 소데리니를 이상으로 삼았을지도 모른다고 보는 점도 이 책의 중요한 특징이다. 하지만 나는 이런 '발견'에도 이 책의 의미를 두지는 않겠다. 그가 그토록 사랑한 피렌체에서 그가 모신 유일한 지도자가 소데리니였고, 따라서 그에게는 소데리니가 당연히 존경의 대상이었다. 그럼에도 지금까지 소데리니는 마키아벨리가 생각한 이상적 리더 상으로서 주목받지 못했다. 그러나 나는 보르자보다 소데리니가 마키아벨리의 이상적 리더 상인 '시민정치의 리더'였을 수 있다고 본다. 물론 소데리니는 우유부단한 탓에 문제가 많았기에 마키아벨리는 그보다는 보르자에게 배워야 한다고 말했다.

다시 말한다. 《군주론》의 핵심은 9장이고, 이것이 마키아벨리 사상 전체의 핵심이다. 그 9장 중에서도 다음 몇 줄이 《군주론》의 핵심이자 마키아벨리 사상의 핵심이다.

> 평민들의 후원을 얻어 군주가 된 사람은 평민을 자신의 지지자로 유지해야 한다. 평민은 억압받지 않는 것 외에 다른 것을 요구하지 않으므로 그러한 일은 쉽다. … 군주는 평민을 우호세력으로 가져야 할 필요가 있고, 그렇지 않을 경우 역경에 처했을 때 아무런 구제책이 없다. (군주, 9장, 50~51)

여기서 평민이라 함은 귀족과 함께 시민에 속하는 사람들이며, 귀족이 없는 경우라면 그냥 시민을 뜻한다. 따라서 귀족이 없는 지금에는 시민이 곧 평민이다. 이런 의미에서 우리는 평민정치라는 말 대신 시민정치라는 말을 사용하도록 하자. 그 시민은 억압이 아닌 자유를 요구할 뿐이니 군주가 자기 지지자로 삼기가 너무 쉽다고 마키아벨리는 얘기한다. 그 자유는 억압이 아닌 것이니 당연히 높낮이가 없는 평등을 전제로 한다. 위 인용문에는 자유나 평등이 명시되지 않았으나, 자유와 평등은 그가 말하는 시민정치의 핵심이고 시민이 기본적으로 갖게 되는 인간적 조건이다.

요컨대 시민의 자유와 평등을 보장하면 국민의 지지를 받아 정치가 완성된다고 정치의 달인 마키아벨리는 말한다. 그런데 우리의 지배자는 국민의 지지를 받기가 왜 그렇게도 어려운가? 반짝 지지를 받아 취임한 지 얼마 뒤에 바로 지지를 상실하는 이유는 무엇인가? 마키아벨리는 군주가 끝까지 국민의 지지를 받는 군주여야만 나라가 위기에 처해도 나라의 자유를 안전하게 수호할 수 있다고 한다. 마키아벨리는 시민의 자유와 나라의 자유가 일치한다고 본다. 반면 우리는 그렇지 않다. 왜 그런가?

지금의 상식으로 보면 마키아벨리의 그런 생각이 지극히 당연하지만, 5백 년 전에는 반드시 그렇지는 않았다. 더욱이 5백 년 전 조선시대를 생각해보라. 백성의 후원을 얻어 왕이 된다는 것이 가당키나 한 일인가? 그러니 억지로 왕의 권위를 세우려고 그렇게 지독하게 충효를 강요하는 작당이 벌어지지 않았는가? 더 중요한 점은, 마키아벨리가 군주란 취임한 뒤에도 언제나 백성의 후원을 얻어야 한다고 말한 것이다. 특히 나라가 위기에 처했을 때 그렇다는 것이다. 그러나 군주를 둘러싸고 사적 이익 추구를 위한 당파투쟁이 끝없이 전개되지 않았던가?

그래서 마키아벨리는 《군주론》의 9장 이하에서 나라를 지키기 위해 필요한 경우에는, 즉 외침을 막고 내분을 없애기 위해서는 군주가 사자와 같은 힘과 여우와 같은 꾀를 발휘해야 한다고 주장하는 것이다. 국민의 나라를 지키고 국민의 지지를 받기 위해서는 그래야 한다는 것이다. 과거처럼 성군(聖君)이니 성왕(聖王)이니 왕권신수설(王權神授說)이니 하는 헛소리를 하지 말고 제대로, 똑바로 나라를 지키고 백성을 행복하게 하라는 것이다. 이는 지금에는 물론이고 과거에도 지극히 당연한 상식이 아니었겠는가? 나라를 제대로 다스리려면 힘도 있고 꾀도 있어야 하는 것이 아닌가? 그렇지 못한 자가 대통령이 되면 나라의 장래가 참으로 어둡지 않겠는가?

최상의 정치는 어쩌다 우연히 왕이나 독재자의 자식으로 태어났다는 이유 하나만으로 다른 어떤 노력도 없이 아버지에 이어 왕이나 독재자가 된 주제에 자신을 세상에서 가장 위대한 인물로 거짓으로 꾸미고 자랑하기를 일삼고, 종교나 사상을 빙자하여 백성에게 충성을 강요하는 것이 아니다. 그것은 복잡다단한 현실 상황의 변화에 요령껏 대처하여 나라를 지키고 백성을 행복하게 하는 정치적 기술일 뿐이다. 그것은 유교니 의례니 의궤니 충효니 뭐니 하며 극단의 미신과 사치와 형식으로 백성을 현혹하고, 그런 것들에 대해 의문을 제기하는 자가 있으면 그런 자를 능지처참에 처하여 왕의 권위를 세우는 것만으로 1년 365일을 허비하는 것이 아니다. 그것은 나라를 지키고 백성의 삶을 보살피는 것이다. 그리고 그러기 위해 필요하다면 사자나 여우의 기술을 구사할 필요가 있다는 것이다.

마키아벨리는 그런 말을 했을 뿐이다. 그런데도 그런 그의 말이

저 악명 높은 마키아벨리즘이라고 비난받았다. 그런 상식을 말한 마키아벨리를 악마 운운하는 것이야말로 너무나도 비상식적인 소리가 아닌가? 그러다가 그는 별안간 혁명의 천사라는 찬사를 받기도 했다. 그러나 이 모든 것은 후대의 인간들이 자기에게 편리한 대로 마키아벨리의 사상을 짓밟거나 이용한 것에 불과하다. 《군주론》만이 아니라 《로마사 논고》와 《전술론》 등 마키아벨리가 쓴 모든 책의 내용이 사실 별것 아닌 상식에 불과하다. 악마의 것도, 천사의 것도 아니다. 그냥 평범한 '시민정치'라는 상식일 뿐이다. 나는 이 점을 이 책에서 특별히 강조한다.

시민정치란 지극히 평범한 상식을 추구하는 정치, 요컨대 대내적으로는 시민의 자유, 대외적으로는 시민의 안보를 보장하는 정치를 말한다. 안으로는 시민들이 자율적 정치에 참여하도록 하고, 밖으로는 시민들의 공동체를 안전하게 지키는 정치다. 그리고 군주는 그런 정치를 하기 위해 필요한 힘과 꾀를 발휘해야 한다는 것이다. 이는 지극히 당연한 소리 아닌가? 뭐가 이상한가? 너무나도 뻔한 소리 아닌가? 사실 그런 것이 시민정치 아닌가? 5백 년 전에도 마키아벨리는 독재, 그것도 1인 군사독재를 찬양한 적이 없다. 위에서 인용한 구절에서 보았듯이 도리어 그는 군주가 백성을 등지면 아무런 구제책이 없다고 했다. 백성을 배신하면 망한다고 했다. 그게 전부다. 마키아벨리의 전부다.

그런데 앞에서 본 단 몇 줄의 글에 마키아벨리의 사상 전부가 담겨 있다고 하는 내 말이 너무 싱거운가? 아니, 내가 마키아벨리 전공자이기는커녕 정치학자도 아니어서 헛소리를 한다고 생각하는가? 《군주론》만 해도 전체가 26개 장으로 이루어져 있는데 겨우 1개 장의 일부 구절을 가지고 그것이 《군주론》의 전부라고 하니, 지금 농담을 하느냐고 따지려고 하는가? 소위 마키아벨리 전공자나 정치학자는 마키아벨리의 모든 책, 모든 장, 모든 구절을 구구절절 만고의 진리라고 하고, 수많은 나라의 더 수많은 학자가 쓴 더더욱 수많은 논저를 인용하면서 참으로 복잡하고 난해하게 마키아벨리를 설명하는데, 단 몇 줄의 글에, 그리고 거기에 나오는 시민정치에 마키아벨리 사상의 핵심이 있다고 하니, 도저히 믿지 못하겠는가?

그런 이유로 믿지 못한다면 나로서도 어떻게 할 도리가 없다. 그러나 진리는 그렇게 복잡한 것이 아니다. 참된 진리일수록 도리어 간단하다. 마키아벨리가 쓴 책들만 그런 게 아니라 모든 책이 다 그렇다. 사실 《군주론》은 1백 쪽 정도 분량의 간단한 책이다. 군주가 될 사람에게 군주로서 갖추어야 할 최소한의 상식을 이야기하고자 쓴 휴대용 소책자 같은 것이다. 그것도 5백 년 전에 씌어진 책이니, 군주가 사라진 지금은 그 대부분의 내용이 필요 없다는 것이 도리어 당연한 이야기다. 그럼에도 뭐 그렇게 할 말이 많은지 온갖 현학의 솜씨를 부리는 것은 웃기는 일이다. 그런 것이 학문이라면 아예 학문을 집어치우는 것이 낫다.

그래도 좀 더 알아야 하겠다고 굳이 학구적인 자세를 취하는 독자들을 위해 한마디만 덧붙인다면, 마키아벨리가 그런 내용의 《군주론》을 쓴 이유는 그가 살았던 16세기 초엽 당시에 피렌체 시민의 자유와 국가의 안보 둘 다가 위기에 처한 데 있었다는 사실을 알아둘 필요가 있다는 것 정도다. 즉 나라가 풍전등화 꼴이었다. 그래서 마키아벨리가 사람들에게 경고를 하기 위해 《군주론》을 썼건만, 결국 그 위기는 공화국의 멸망으로 끝났다. 이를 두고 마키아벨리가 써서 바친 그 책을 메디치가가 무시한 탓이었다고 볼 수만은 없겠지만, 메디치가가 반대로 그 책을 진지하게 검토했다면 결과가 달라졌을지도 모르는 일이다.

물론 이러한 가정법은 무의미할지 모른다. 우리도 그런 위기를 16세기에 경험했고 19세기 말과 20세기 초에 걸쳐서도 경험했는데, 그때 우리에게 《군주론》이 있었다면 위기를 극복했을지도 모른다고 말하는 것도 무리일 것이다. 지금 우리가 그때와 똑같은 처지에 있다고 한다면 그랬으리라고 말하는 것은 더욱 무리일 것이다. 그런데도 지금 우리가 《군주론》을 읽을 필요가 더더욱 절실하다고 말한다면 사람들이 비약이라고 할지도 모른다.

마키아벨리가 살았던 16세기의 이탈리아 피렌체와는 여러 가지로 다르기는 했지만, 16세기의 조선을 되돌아보자. 그때 조선에서는 각종 사화와 당파싸움으로 인해 시민정치는커녕 결국 임진왜란과 정유재란을 맞고 말았다. 임진왜란이 없었다고 해도 국방의 강화는 당연한 국가정책이었어야 하건만 조선이 임진왜란을 겪고 나서도 국방을 소홀히 하다가 다시 전쟁을 맞았다고 하니, 도대체 어떻게 된 일이었는가?

그런 조선에도 마키아벨리같이 주장하는 학자들이 당연히 있어야 했거늘 왜 없었을까? 세습 왕이 무능하다면 많은 사람들이 새로운 왕을 추대하고 그를 통해 국방력을 강화하여 나라를 지켰어야 하지 않는가? 그런데 조선은 밤낮 공자 왈 맹자 왈만 외우고 상감마마 타령만 했다. 게다가 지배계층인 사대부 선비들은 누구보다 앞장서서 군역에서 빠졌다. 그래서 그들은 군사나 전쟁에 대해 아는 바가 없었다. 중국의 전통사상에는 한비자도 있었고, 손자병법도 있었고, 노장도 있었지만, 그리고 우리 역사에는 세습제 임금만이 아니라 삼국시대 등에 추대왕도 있었지만, 조선시대의 성리학은 그 모든 것을 다 이단으로 취급하고 배척했다.

더욱이 주변 강국들이 호시탐탐 노리던 한말에는 더욱 마키아벨리 같은 사람이 필요하지 않았던가? 무엇보다도 먼저 군사력을 키워 나라를 지키고 백성의 행복을 기해야 하지 않았던가? 그럼에도 밖으로는 쇄국을 하고 안으로는 경복궁 중건이나 했으니, 결국은 그것이 나라를 말아먹을 참으로 미친 짓 아니었던가? 게다가 지배층 양반은 제 집구석 챙기기에 바빴으니, 나라가 망하지 않았다면 그것이 도리어 이상했을 것이다. 그런데 우리의 비극은 거기서 끝나지 않고 지금까지도 이어지고 있고, 이 점이 우리에게 더 슬픈 비극이다. 지금도 우리의 엘리트 지배계층은 누구보다도 먼저 군대에서 빠지고 자기이익 챙기기에 골몰하고 있다. 이제 그런 자들은 지도자의 반열에서 빠져야 한다. 그런 자들을 지도자로 세우는 시민은 더 이상 시민이 아니다. 마키아벨리가 말한 '비르투(virtu)', 즉 덕이나 용기나 판단력 같은 것을 갖추지 못한 채 눈앞의 이익에만 급급하거나 그런 이익을 미끼로 던지는 한심한 인간들을 지도자로 뽑는 한 우리에게 미래는 없다.

이런 의미에서 《군주론》은 조선 5백 년에도 필요한 고전이었고, 지금 우리에게도 필요한 고전이다. 우리나라에만이 아니라 다른 모든 나라에도 필요한 고전이다. 그러니 우리 모두 《군주론》을 읽어야 한다. 이것은 나라를 망하게 한 책들보다 더 중요한 책이다. 그럼에도 지난 5백 년가량 세계적으로 마키아벨리를 '악마의 교사'로 보는 견해와 '정치학의 시조' 또는 '근대의 시조'로 보는 견해라는 극단적인 두 가지 견해만이 서로 대립하면서 사람들에게 혼란을 주어왔다. 이 점도 내가 이 책을 쓰는 이유다. 다시 말해, 그런 논쟁은 불필요하다고 나는 생각한다. 우리는 마키아벨리의 진심을 알아야 한다.

이런 두 가지 대립하는 견해는 정치학이 악마의 학문이라면 하나의 견해로 이해될 수도 있겠지만, 그렇게 말하는 사람은 거의 없다. 사실 악마의 학문을 방불케 하는 오늘날의 기술주의적이고 기능주의적이며 행태주의적인 정치학, 아니 아예 학문이 아니라 독재자를 위한 어용 기술에 불과한 정치학을 마키아벨리라면 거절했을 것이다. 내용도 불명한 '근대'니 뭐니 하는 것의 시조나 원조라는 칭호도 그는 거절했으리라. 유신독재나 군사독재를 위해 열심히 노력한 정치학자라는 자들이 마키아벨리를 그런 시조나 원조로 모신다면 지하의 마키아벨리가 대성통곡하리라. 게다가 그런 자들이 마키아벨리를 마키아벨리즘의 원조 운운하며 비난한다면 그것은 아예 코미디라고 할 수밖에 없다. 그런 자들이야말로 사악한 마키아벨리스트다. 그러나 마키아벨리는 마키아벨리즘을 섬기는 마키아벨리스트가 아니다.

도리어 나는 서양 근대의 기계주의나 기술주의 사고방식과는 다른 르네상스의 이상주의적 현실주의 사고방식을 마키아벨리가 중시했다고 보고, 이 점을 강조한다. 다양성과 함께 통일성을 존중하는 르네상스 정신은 근대의 과학기술 만능주의와는 분명히 다르다. 마키아벨리는 르네상스의 시민적 휴머니즘을 비판적으로 발전시키면서도 르네상스의 순환적 역사관이나 유동적 우주관을 공유했다. 이런 측면을 무시하는 서양 학자들의 논쟁을 나는 그다지 호의적으로 보지 않는다. 나아가 르네상스는 그야말로 자유, 자치, 자연의 삶을 추구한 반면 17세기 이후의 근대는 그것에 반하는 억압, 통치, 자연 정복을 추구하지 않았던가? 아니, 그런 자유, 자치, 자연의 삶 속에서 르네상스가 태어나지 않았던가?

특히 마키아벨리가 정치를 도덕이나 윤리 또는 종교에서 완전히 분리시켜 정치학을 근대 과학처럼 수립했다고 하는 서양 학자들의 주장이나 그런 주장을 맹신하는 한국 학자들의 이런저런 주장에 나는 동의하지 않는다. 마키아벨리가 정치와 도덕 등이 서로 다르다고 얘기한 것은 사실이지만, 그런 것들 상호간의 완전분리나 독립, 종속, 지배, 복종 따위를 주장한 적은 없기 때문이다. 마키아벨리는 정치를 도덕, 윤리, 종교 등과 같다고 보지는 않았으나 정치에서 도덕이나 윤리 또는 종교가 갖는 일정한 역할을 인정했다.

마키아벨리가 유신론자인가 무신론자인가는 논쟁이 있을 정도로 불명하지만 그가 종교의 역할을 인정한 것은 분명하며, 그가 당대 종교의 타락을 비판하고 종교가 본래의 모습으로 돌아가야 한다고 주장한 것도 명백하다. 따라서 마키아벨리에 대한 현대 이탈리아의 최고 전문가인 모리치오 비롤리가 2010년에 쓴 책《마키아벨리의 신》에서 마키아벨리가 "어느 날 신이 기독교 세계의 여러 군주가 성직자들의 권력을 타파하도록 하고자 결단하고 참된 기독교의 신앙을 회복하여 참된 인간성과 참된 시민의 공동체를 부흥하는 것을 희망했다"고 한 것은, 그 근거가 명확하지 않다는 점에서는 문제가 있지만 마키아벨리의 종교관에 대한 새로운 견해라는 점에서 주목된다.

비롤리가 얘기한 마키아벨리의 종교관은 정교분리를 헌법상의 원리로 삼은 우리의 헌정질서와도 일치하는 것이다. 우리의 헌정질서는 간디처럼 정치를 종교와 같이 진실을 추구하는 것으로 생각하는 것을 부정하지 않는다. 마키아벨리도 그렇다. 간디와 마키아벨리가 똑같이 거부한 것은 정치가 종교에 종속되거나 그 반대로 종교가 정치에 종속되는 것과 같은 지배-종속 관계다. 따라서 정치와 종교가 공존하거나 그 둘이 공통으로 진실을 추구하는 것은 문제가 되지 않는다. 나는 이런 견해도 상식이라고 본다.

나는 이 책에서 어느 극단도 아닌 '보통사람'으로서의 마키아벨리를 보여주면서 앞에서 말한 혼란을 어느 정도 교통정리하고 그에 대한 이해를 가로막는 장벽들을 부수고자 이 책을 쓴다. 그는 '보통사람'이었지만 그 시대의 조류와 어긋나는 '반항인'으로 살았고, 그 시대의 도그마에서 벗어나 '자유인'으로서 생각을 했고, '현실인'으로서 시민정치를 꿈꾸었고, '탐구인'으로서 시민정치를 연구했고, '예술인'으로서 시민예술을 추구했다고 나는 본다. 더 나아가 그는 이후 5백 년간 펼쳐질 근대사에 대항한 '이단아'였다. 그럼에도 그가 악마의 교사라는 비난을 듣게 된 것은 부패한 당대 권력의 정점이었던 로마 교황을 비롯한 위선적인 도덕주의자들을 그가 비판한 탓이니, 더 이상 우리가 그런 자들의 마키아벨리즘 비난에 현혹될 필요는 없다고 생각한다.

네오콘의 아버지라고 하는 레오 스트라우스(Leo Strauss)의 도덕주의적 마키아벨리 비판도 위선적인 것임은 마찬가지다. 그렇다고 해서 내가 공화주의의 관점에서 마키아벨리를 바라보는 퀀틴 스키너(Quentin Skinner)나 존 포콕(John Pocock) 등의 입장에 동조하는 것도 아니고, 마키아벨리에 대한 일부 사회주의자들의 입장을 무조건 따르는 것도 아니다. 나는 마키아벨리 자신이 그런 '주의'라는 이데올로기적 도그마에서 벗어났으니 자신을 그렇게 규정하려는 것을 알았다면 분명히 저항했을 것이라고 믿는다.

마키아벨리가 《군주론》에서 군주국에 대해 이야기했지만 그가 이상으로 삼은 것은 앞에서 강조했듯이 그 책 9장에서 다뤄진 '시민형 군주국'이고, 이는 세습적 군주가 다스리는 나라 따위가 아니라 오로지 시민이 지지하는 군주가 다스리는 나라를 뜻하는 것으로 과거의 공화국이나 오늘의 민주공화국과 크게 다르지 않음을 나는 이 책에서 특별히 강조한다. 이는 그동안 국내외 학계에서 거의 주장된 바 없는 것이고, 따라서 내가 이 책을 출간하는 이유가 된다. 마키아벨리가 그런 생각을 《군주론》을 통해 얘기한 것은 당대의 지배자가 모두 군주였기 때문일 뿐이다. 만약 그가 지금 살아서 책을 썼다면 《대통령론》을 썼을지도 모른다. 그런 의미에서 나는 그를 시민정치의 원조로 본다.

마키아벨리는 《군주론》에서 군주는 무엇보다 시민의 지지를 얻어야 한다고 주장하는데, 그러고자 하는 군주는 전통문화 가운데 시민에게 가장 친숙하고 흥미로운 축제와 예술을 적극적으로 진흥시키는 것도 바로 그러한 민주적 발상에서라고 나는 이 책에서 주장한다. 이것도 지금까지는 없었던 견해다. 뿐만 아니라 마키아벨리를 당대의 축제나 예술과 관련시켜 말한 사람도 없었다. 마키아벨리가 시와 희곡을 쓰고, 연극을 공연하고, 음악을 사랑하고, 그림까지 그린 만능의 르네상스인이자 당대 예술인 중 한 사람이었다는 사실은 알려져 있지만, 그의 사상과 르네상스 예술이 직접 관련된다고 보는 종합적인 견해는 지금까지 제시된 바가 없다.

그런데 과연 5백 년 전 이탈리아 땅에서 살았던 사람을 지금 우리가 굳이 알아야 할 이유는 무엇일까? 우리는 5백 년 전에 이 땅에서 살았던 우리 선조들에 대해서도 잘 모르고 1백 년 전, 아니 몇 년 전의 사람들도 잘 모르지 않는가? 마키아벨리의 시대는 이 땅의 우리 시대와 비슷한 점이 많았다. 당시 이탈리아는 우리보다 더 잘게 분단됐고, 분단된 도시국가들이 각기 갈등과 분열에 찌들었으며, 따라서 언제나 강력한 외국의 침략에 시달렸다. 그런 상황에서 나라를 통일하고 강하게 만들기 위해 마키아벨리는 고민했다. 나는 그의 그런 고민에 뜨거운 감동을 느끼기에 이 책을 쓴다.

그러나 같은 민족이기에 무조건 통일을 해야 한다는 식의 감상주의에 마키아벨리가 젖었던 것은 결코 아니다. 그는 모든 이탈리아인, 모든 이탈리아 도시의 완전한 통합을 이루기란 불가능하다고 보았다. 그가 바란 것은 이탈리아가 더 이상 외세에 짓밟히지 않고 해방되어 자유와 평등을 확보하는 것이었지 무조건 하나의 나라로 통합되는 것이 아니었다. 따라서 그의 통일방안은 각 도시국가의 다양한 개성을 인정하면서 도시국가들을 하나로 연결하는 연방제 같은 것이었다. 나는 우리의 통일방안도 그러해야 한다고 본다. 남북한간 통일을 위한 방안만이 아니라 동서간의 분열을 막는 방안도 그러해야 한다고 본다. 아니, 제주도까지 포함하여 모든 지역이 각각 더 큰 독립성을 보장받으면서 서로 연대하게 돼야 한다고 본다.

또한 나는 우리 시대의 주류에 대해 마키아벨리처럼 저항하는 '이단아'이자 '반항인', 이데올로기적 도그마에 저항하는 '탐구자'이자 '자유인', 시민정치를 꿈꾸는 '현실인', 시민예술을 꿈꾸는 '예술인'이 더욱 더 많아지기를 바라기에, 그리고 그런 이들이 외롭고 힘들 때 마키아벨리 같은 친구가 이미 5백 년 전에 마찬가지로 그렇게 열심히 살았다고 알려주어 모두 위안을 받고 용기를 내기를 바라기에 이 책을 쓴다. 그래서 나는 이 책을 읽는 사람들로 하여금 5백 년 전 피렌체의 마키아벨리를 직접 만나 친구처럼 그와 대화하게 하려고 이 책을 쓴다. 나아가 그에 대해 찬양만 하기보다 비판도 함께 할 수 있도록 그에 대한 다양한 견해를 소개하고자 한다.

1장

시민 마키아벨리

마키아벨리는 누구인가

세계사 속 마키아벨리

마키아벨리는 누구인가? 그는 세계사 속에서 유명한 사람인가? 이를 알기 위해 세계사 책 여러 권을 뒤져보니 마키아벨리라는 이름조차 나오지 않는 책들도 있어 놀랍다. 가령 《1001 Days 죽기 전에 꼭 알아야 할 세계역사 1001》(마로니에북스, 2009)에는 마키아벨리가 아예 없다. 그렇다면 우리도 죽기 전에 그를 꼭 알아야 필요는 없는 것일까? 그러면 지금 당장 이 책을 덮어야 할까? 사실 죽기 전에 알아야 할 것이 뭐 그리 많을까? 죽으면 그만인데. 적어도 죽기 직전에는 마키아벨리를 반드시 알아야 할 필요가 없을 것이다. 지식이란 무엇이나 그렇게 절실한 것이 아니다.

그러나 그 책과 비슷한 부피에 비슷한 내용을 담은 내셔널지오그래픽의 《세계의 역사를 뒤바꾼 1000가지 사건》은 그 책보다 한 가지가 적은 1000가지 사건을 다루면서도 그중 268번째 '마키아벨리, 《군주론》을 쓰다'라는 제목 아래 상세한 설명을 하고 넘어간다. 이 책을 읽는 독자 중에 《군주론》이 마키아벨리의 대표작임을 모르는 사람은 없겠지만, 그 책이 세계의 역사를 뒤바꾸었다고 생각하는 사람은 그렇게 많지 않을 것 같다.

《세계의 역사를 뒤바꾼 1000가지 사건》의 서문에서 마르코 폴로, 콜럼버스, 칭기즈칸 등과 함께 마키아벨리를 언급한 저자 제레드 다이아몬드(Jared Mason Diamond)는 우리나라에서도 《총, 균, 쇠》나 《문명의 붕괴》로 유명한 미국의 역사가다. 마키아벨리가 그만큼 유명하거나 위대하다는 것일까? 소위 '지리상의 발견'을 했다는 콜럼버스나 세계를 정복한 칭기즈칸만큼 위대한 사람이 마키아벨리다? 이런 평가는 앞에서 죽기 직전에는 그를 꼭 알아야 필요가 없다고 한 나의 평가와는 너무나도 반대되는 것이 아닌가.

하기야 마키아벨리는 지난 5백년간에도 그런 극단적인 평가, 즉 비난 내지 무시를 당하는 동시에 격찬을 받아왔으니 그런 상반되는 평가가 새삼스러운 일은 아니다. 문제는 그 내용이다. 《세계의 역사를 뒤바꾼 1000가지 사건》에 나오는 설명에 의하면 《군주론》은 "종교적 혹은 윤리적 행동규범을 논하지 않았기" 때문에 "오늘날 이 책은 실질적인 권력정치에 대한 최고 논문으로 평가되고" 있고 "마키아벨리를 권력유지라는 명분에서는 어떤 행동도 옹호하는 사람으로 만들었다"고 한다(내셔널지오그래픽, 125). 또 《로마사 논고》는 "공공의 선을 위해 노력하는 선출직 지도자"에 관한 책이라고 한다.(내셔널지오그래픽, 126)

그러나 앞에서도 잠깐 언급했지만, 이런 설명에는 문제가 있다. 마키아벨리가 그 전의 사람들처럼 정치를 종교나 윤리의 하나로 설명하지 않고 정치 자체의 법칙을 찾으려고 한 것은 사실이지만, 그가 종교적·윤리적 행동규범을 논하지 않은 것은 아니기 때문이다. 도리어 그는 권력유지는 기본적으로는 윤리적이면서도 시민을 위한 것이어야 하고, 그렇게 되는 데 종교의 역할이 크다고 보았으며, 그렇게 되지 않는 예외적인 경우, 즉 나라가 너무 부패하거나 외적이 침입한 경우에는 이를 막기 위해 군주는 필요한 행동을 해야 한다고 주장했을 뿐이기 때문이다.

따라서 마키아벨리가 권력유지를 위해서는 무슨 짓을 해도 무방하다는 마키아벨리즘의 시조라고 하는 설명에는 문제가 있다. 또 뒤에서 다시 보겠지만, 공화국을 다룬 《로마사 논고》에 대한 위 책의 설명은 터무니없다. 그러나 위 책이 마키아벨리에 대해 높은 평가를 하고 있는 것은 분명하다. 같은 회사가 펴낸 《그림으로 보는 세계사(Visual History of the World)》(2005)도 마찬가지다. 두 책 모두 모어의 《유토피아》나 에라스무스와 루터의 교황청 비판, 그리고 칼뱅의 기독교 개혁(종래의 '종교개혁'이라는 표현은 잘못된 말이다.

우리가 '종교개혁'으로 알고 있는 것이 추구한 것은 모든 종교의 개혁이 아니라 많은 종교 가운데 하나인 기독교의 개혁이었기 때문이다)도 중요하게 다루고 있다. 모두 세계사에서 중요한 사건들이다.

한편 1967년에 초판이 나온 윌리엄 맥닐(William McNeill)의 《세계의 역사(World History)》는 세계사 분야에서 세계적인 명성을 가진 책인데, 르네상스를 설명하면서 그 초기의 대표자로 다 빈치와 마키아벨리를 언급하고, 마키아벨리가 "정치권력의 속성과 이용사례를 철저하게 분석"했다고 설명한다.(맥닐, 480) 우리나라에서 최고의 세계사 책이라고 평가받는 민석홍·나종일·윤세철의 《세계문화사》는 마키아벨리에 대해 '현실주의적 정치이론가'로서 도덕이나 윤리에 구애받지 않고 정치를 현실로 파악했으며 권모술수도 정당화했다고 설명한다.(민석홍, 226)

앞에서 보았듯이 이상의 설명들에도 문제가 없지 않지만, 군주의 통치기술을 다룬 마키아벨리의 《군주론》은 사회주의적 유토피아를 다룬 모어의 《유토피아》와는 뒤에서 설명하듯이 여러 모로 다른 책인데도 그 둘이 같은 유토피아주의 경향에 속한다고 하는 특이한 세계사 책(김희보)도 있다. 이는 마키아벨리에 대한 평가가 참으로 다양함을 보여준다. 그러나 통설대로 마키아벨리가 현실주의자라면 그를 유토피아주의자로는 보기는 어렵다. 그는 이상주의자이기는 했지만 어디까지나 철저한 현실주의를 기초로 한 이상주의자였다. 물론 유토피아주의자도 현실주의를 무시하지는 않지만, 그 강조점은 분명히 다르다. 따라서 마키아벨리를 모어와 같은 유토피아주의자라고 볼 수는 없고, 현실적으로 실현 가능성이 있는 것을 추구한 '리얼유토피아'주의자라고 할 수는 있을지 모르겠다.

정치학과 마키아벨리

마키아벨리를 현대식으로 한마디로 정의하면 정치학자라고 할 수 있겠다. 그를 정치가로 보는 견해도 없지 않지만, 인구 6만 명 규모의 작은 시에서 14년간 공무원으로 지낸 것을 두고 그가 정치를 했다고 보기는 어렵다. 도리어 그 뒤 15년간 《군주론》을 비롯한 여러 책을 쓴 것이 그의 중요한 삶이자 업적이었다. 그 책들에는 정치학에 관한 것만이 아니라 역사나 예술에 관한 것들도 있지만, 역시 그의 본령은 정치학이다. 따라서 지금 마키아벨리가 누구냐고 누가 묻는다면 '16세기 정치학자'라고 답하는 것이 가장 정확하리라.

그래서 정치학계에서는 그를 어떻게 생각하는지를 알아보기 위해 정치학 책 중에서 가장 권위가 있어서 우리말로도 몇 번이나 번역됐다는 미국 정치학자 앤드루 헤이우드(Andrew Haywood)의 《정치학》을 찾아 읽어보았다. 헤이우드는 《군주론》이 정치에 대한 "매우 현실적인 설명"을 발전시켰는데, 그것은 "정치지도자가 교활함, 잔혹함, 조작술을 사용하는 것에 주목한 것"이라고 한다.(헤이우드, 28) 앞에서 본 세계사 책들과 크게 다르지 않다.

흔히 마키아벨리를 정치학의 시조나 아버지라고 하지만, 헤이우드의 《정치학》에는 그런 말이 전혀 없고, 거기에 나오는 설명을 읽어보면 흔히 악마 운운하며 거론하는 마키아벨리즘의 시조로 보는 정도인 듯하다. 죽은 마키아벨리의 영혼이 이 책을 본다면 상당히 섭섭할 것 같다. 하기야 우리나라에서 나온 마키아벨리에 대한 책 중에서 정치학자가 쓴 책으로는 가장 방대한 레오 스트라우스의 《마키아벨리》도 첫 줄에서부터 "마키아벨리는 악을 가르치는 선생이다"라는 말을 인용하고 있으니, 헤이우드의 그런 설명은 당연한 것인지도 모른다. 더욱이 스트라우스는 미국의 최근 정치를 지배하는 네오콘의 대스승이라고 하니 말이다. '미국 정치가 세계 정치'라는 말도 있으니 스트라우스는 세계 정치의 대스승일 수도 있다고 보면 더욱 그렇다.

정치학 책은 대체로 그런 수준이다. 예외가 있다면 케네스 미노그(Kenneth Minogue)의 《정치란 무엇인가》 정도인데, 미노그도 스트라우스와 같은 보수주의자의 입장에서 마키아벨리에 대해 특별히 주목하는 듯하다. 이는 마키아벨리에게 섭섭한 일일 수 있다. 마키아벨리는 자기 나름으로는 진보적이라고 생각했는지도 모르기 때문이다. 실제로 그를 그렇게 보는 입장도 없지 않다.

마키아벨리에 대한 논의는 정치학 중에서도 특별한 분야인 정치사상사에 관한 책을 봐야만 조금 더 많이 알 수 있다. 정치사상사는 정치학에서 중심 분야는 아니라고 한다. 특히 우리나라에서는 정치사상사를 전공한 학자들이 몇 명 되지도 않는다. 그중 일찍이 마키아벨리의 《군주론》과 《로마사 논고》를 번역하고, 《마키아벨리의 이해》를 편역하고, 2005년과 2007년에 각각 《군주론》에 대한 해설서(엄관용과의 공저)와 논문을 낸 강정인은 여러 글에서 마키아벨리의 공적을 다음과 같이 요약한다.

> 마키아벨리는 르네상스 이래 전개되어온 중세 유럽의 세속화 경향을 정치 영역에서 철저히 추구하여 서양 정치사상사에서 근대의 기원을 열었다. 그는 정치행위가 종교적 규율이나 도덕적 가치로부터 자유로워야 한다고 주장함으로써, 사상적으로는 현실주의 정치사상을 역설하고 정치적으로는 당시 대두하고 있던 중앙집권화된 근대국가의 정당성을 옹호하였다. 그가 생각한 마키아벨리즘이란 공익과 국가의 이익을 위해서는 수단의 도덕적 선악에 관계없이 효율성과 유용성만을 고려해야 한다는 것이다.(강정인2005, 11; 강정인2007의 29에도 같은 뜻의 구절이 있다.)

이 요약은 마키아벨리에 대한 정치사상사 분야의 일반적인 견해를 보여준다. 정치학 일반의 차원에서와 달리 정치사상사 분야에서는 마키아벨리가 이처럼 상당히 후한 대접을 받는다. 가령 강정인이 중시하는 영국의 정치사상사 학자 스키너는 마키아벨리에 관한 저서에서 스트라우스에 대해 "마키아벨리를 단지 '악의 교사'로 간주하는 전통적 관점을 뉘우침 없이 고수하고 있다"(스키너2010, 165)

거나 "그를 악의 교사라고 규정하는 것은 무언가 천박한 단정"(스키너2004, 316)이라고 비판한다.

우리나라에서 몇 번이나 번역된 바 있는 권위 있는 책 《정치사상사》의 저자인 조지 세이빈(George Sabine)은 마키아벨리에 대해 "난해하고 거의 모순투성이"(세이빈, 450)라고 하면서 복잡하게 설명하는데, 위 강정인의 요약은 마키아벨리를 어느 정도는 일목요연하게 설명해서 쉽게 이해하게 해주는 것 같기도 하다. 그러나 그 몇 줄로 요약하기에는 마키아벨리는 역시 "난해하고 거의 모순투성이"인 것이 사실이다.

그런데 위 요약에는 내가 이 책에서 주장하고자 하는 마키아벨리의 시민정치에 대해서는 한마디도 언급이 없다. 오히려 반대로 강정인은 마키아벨리가 중앙집권화된 근대국가, 즉 절대왕정을 정당화했다고 본다. 그리고 강정인은 이를 마키아벨리가 정치를 종교나 도덕에서 분리시킨 점과 연관시키는데, 나는 마키아벨리가 정치를 종교나 도덕에서 자유롭게 완전히 분리시킨 것이 아니라 그것들과 서로 독립된 가치를 가지면서 관련되는 것으로 보았다고 생각한다. 따라서 나는 마키아벨리가 "공익과 국가의 이익을 위해서는 수단의 도덕적 선악에 관계없이 효율성과 유용성만을 고려해야 한다"는 마키아벨리즘을 주장하지 않았다고 본다.

강정인과 마찬가지로 마키아벨리의 《군주론》을 번역하고 '마키아벨리의 정치사상 연구'라는 부제가 달린 《국가와 폭력》이라는 책을

2000년에 낸 박상섭은 마키아벨리가 "더 원초적인 정치학의 기본 문제, 즉 폭력과 권력의 문제를 역사상 처음으로 정치적 담론의 중심 문제로 부각시켰다"(박상섭, iv)고 한다. 미국의 정치사상사 학자 셸던 월린(Sheldon Wolin)도 마키아벨리를 다룬 자신의 글에 '정치 그리고 폭력의 경제학'이라는 부제를 달았다.(월린, 13) 나는 그러한 견해에도 일리는 있다고 생각하지만, 그러한 견해는 내가 이 책에서 주장하는 바와는 역시 거리가 있다.

여하튼 그 책의 결론 부분에서 박상섭은 마키아벨리가 "직업적 학자 또는 저술가"나 "전문적으로 훈련된 학자"가 아니었다고 하는데(박상섭, 297), 마키아벨리가 살던 시대에는 그런 사람이 있었을 리 없으므로 그것은 당연한 것이라고 보는 게 옳지, 그의 단점이라고 할 것은 아니다. 따라서 마키아벨리가 "높은 정도의 체계성 또는 탄탄한 논리적 구성력을 보이지 않"은 것 등은 그의 단점이라기보다는 그가 르네상스인들의 공통점, 나아가 그들의 장점을 공유했던 것이라고도 할 수 있다. 뒤에서 다시 이야기하겠지만, 나는 바로 그것을 르네상스적 정신이라고 생각한다.

나는 앞에서 본 정치학자들의 평가와 달리 마키아벨리가 서양 정치사상의 주류 전통 바깥에 서 있다고 보는 플라므나츠(J. P. Plamenatz)의 견해에 동의한다. 그에 의하면 서양의 정치사상은 마키아벨리 이전의 중세에는 물론 마키아벨리 이후인 16~17세기에도 신학에 뿌리 내리고 있었으나 마키아벨리만은 예외라는 것이다.(플라므나츠, 35) 그래서 마키아벨리는 정치사상가가 아닌 정치과학자로 불리기도 했으며, 이런 측면에서도 오로지 그만의 특징으로 볼 수 있는 것은 역사에 호소한 점이라고 한다.(플라므나츠, 37~38) 그러나 그보다 더 중요한 것은 "그의 시대에 이해된 민주주의의 관념에 비추어볼 때 그는 민주주의자였다"는 점이다.(플라므나츠, 81) 즉 우리 시대의 관념으로는 민주주의자가 아니더라도 그 시대에는 민주주의자였다고 볼 수 있다는 것이다. 그래서 나는 그를 '시민정치의 선구자'나 '시민정치의 오래된 미래'라고 부른다. 그리고 그렇기에 우리는 5백 년 전의 그를 지금 다시 생각해볼 필요가 있고, 그가 쓴 책을 '고전'으로 평가하는 것이다.

고전으로서의 《군주론》

정치학도나 정치지망생이 아닌 일반인이라면 마키아벨리 같은 사람이 쓴 책은 교양 쌓기나 고전 읽기 차원에서 읽는 것이 보통이다. 정치사상사에는 수많은 정치사상가가 등장하는데, 그중 마키아벨리는 상당히 비중 있게 다루어지기도 하고, 그가 쓴 책은 정치학과 관련된 세계적 고전의 하나로 자주 회자되기도 한다. 고전이 무엇이고 어떤 것이 고전인가에 대해서는 여러 가지 논의가 있지만, 고전을 '인류의 위대한 유산'이라고 보고 《군주론》을 고전의 목록에 넣는 것에 대해서는 거의 이의가 없는 듯하다.

그런데 고전이나 소위 '세계를 변혁한 책'의 하나로 마키아벨리의

《군주론》을 드는 것이 반드시 그것을 '인류의 위대한 유산'으로 보는 차원에서 그러는 것이 아닌 듯도 하다. 가령 '세계를 변혁한 책'의 목록에는 토머스 페인의 《상식》, 애덤 스미스의 《국부론》, 토머스 맬서스의 《인구론》, 헨리 소로의 《시민 저항》, 해리엇 스토의 《톰 아저씨의 집》, 카를 마르크스의 《자본론》 등과 함께 아돌프 히틀러의 《나의 투쟁》도 포함되는데, 적어도 히틀러의 책은 학문적으로나 세속적으로나 '인류의 위대한 유산'이기는커녕 '인류의 부끄러운 유산'으로나 평가돼야 하리라. 마르크스 등에 대해서도 그렇게 말할 사람들이 있겠지만, 마키아벨리의 경우 더욱 그러할지 모른다. 앞에서 보았듯이 그를 '악마의 교사'로 보는 견해가 5백 년 전부터 지금까지 존재해왔기 때문이다.

여하튼 《군주론》은 《성경》 다음으로 오랜 기간 많은 사람들에게 읽혔다고 하니 고전 중의 고전인 것은 틀림없다. 《평전 마키아벨리》을 쓴 마이클 화이트(Michael White)에 따르면 서양에서는 플라톤이나 초서나 셰익스피어가 쓴 책들보다 《군주론》이 더 많이 읽혔다고 한다. 말하자면 세계의 베스트셀러, 스테디셀러 경쟁에서 《성경》이 1위, 《군주론》이 2위라는 얘기다. 그러나 《성경》은 2천 년간 읽혔고 《군주론》은 5백 년간 읽혔으니 최근 5백 년간으로 한정하면 《군주론》이 더 많이 읽혔을지도 모른다. 화이트는 서양에 동양까지 합쳐 세계 전체로 봐도 부처와 공자와 마호메트의 언행을 다룬 경전류 다음으로 많이 읽힌 책이 《군주론》이라고 한다. 즉 종교의 경전을 빼고 보면 《군주론》이 가장 많이 읽힌 책이라는 것이다.

그러나 우리의 경우는 좀 다른 것 같다. 《군주론》이 우리말로 처음 번역된 시점이 정확하게 언제인지는 알 수 없지만 대충 반세기 전이라고 가정하면, 그 반세기 동안 우리나라에서 종교의 경전*다음으로 《군주론》이 가장 많이 읽혔다고 보기는 어려울 것 같다. 《군주론》이 상당히 많이 읽히다 보니 번역본도 10종 이상 나왔지만, 70종 이상의 번역본이 나온 헤르만 헤세의 《데미안》 같은 소설보다는 번역 횟수가 적다. 서양에서도 《군주론》이 많이 읽힌 시기는 현대 민주주의가 시작된 이후보다는 군주가 지배한 그 전일지 모른다.

여하튼 화이트는 《군주론》이 《성경》 다음으로 많이 읽혔다고 하면서 그 둘이 서로 반대되는 책이라고 본다. 마키아벨리에게 《성경》은 "장밋빛 안경을 끼고 세상을 바라본 책"(화이트, 14)으로 플라톤의 《국가》와 같다는 것이다. 나아가 마키아벨리가 분석 대상으로 삼은 군주들은 《군주론》을 거부하고 마키아벨리를 마키아벨리스트라고 비난한 점에서 도리어 마키아벨리스트들이었다고 화이트는 비판한다.

나는 그런 화이트의 비판에는 동의한다. 그러나 마키아벨리가 《성경》이나 《국가》를 "장밋빛 안경을 끼고 세상을 바라본 책"으로 보았다고 생각하지는 않는다. 마키아벨리는 그런 말을 한 적이 없다. 또 나는 《군주론》을 《성경》에 반하는 책이라고 생각하지 않는다. 앞에서도 말했듯이 마키아벨리가 유신론자인가 무신론자인가, 유신론자라면 기독교신자인가 다른 종교 신자인가 등에 대한 논쟁이 있고 이런 논쟁에서 확실한 것은 아무것도 없지만, 이런 것과 무관하게 봐도 《군주론》이 내용상 《성경》과 정반대의 가르침을 담고 있다고 생각되지는 않는다. 도리어 나는 《성경》의 가르침에도 《군주론》은 기본적으로 충실하다고 본다. 적어도 《성경》은 물론 《군주론》도 반윤리적인 책이 아니라 윤리적인 책이기 때문이다.

여하튼 고전이라면 여러 학문 분야에서 두루 알아야 할 텐데, 우리나라에서는 정치학 이외의 다른 학문 분야에서는 마키아벨리가 거의 무시되는 듯하다. 심지어 《군주론》의 제목이 무슨 '법칙'으로, 《로마사 논고》의 제목이 무슨 '토론'으로 오역되기도 한 것을 보면 마키아벨리의 이 두 저서가 고전으로서 대접을 제대로 받지 못해온 것처럼 보이기도 한다.(지마, 32) 가령 《성경》을 가리키는 영어 단어 'Bible'에는 '배의 갑판을 닦는 돌'이라는 뜻도 있는데, 그렇다고 《성경》을 설명하는 책에서 그것을 '갑판 닦기 돌'이라고 하면 얼마나 황당하겠는가?

마키아벨리의 진심

이상의 것들을 마키아벨리에 대한 현재의 일반적 평가라고 하기는 어렵지만, 그것들을 통해서 볼 때 마키아벨리에 대한 평가는 여전히 '마키아벨리즘의 원조' 정도여서 매우 부정적인 평가가 일반적인 듯하다. 그런 평가가 옳다면 내가 굳이 이런 책을 쓸 필요가 없을 것이다. 그렇지 않고 이런 책이 쓸 만한 가치가 있는 게 맞는다면, 그런 평가는 마키아벨리의 진심을 오해한 것이다.

방금 말한 '마키아벨리의 진심'에서 진심(眞心)을 국어사전은 '참된 마음'이라고 풀이한다. 즉 거짓이 아닌 진짜 마음을 뜻한다. 그 반대는 거짓된 마음이겠는데, 이것을 허심(虛心)이라고 하면 문제가 있다. 허심탄회(虛心坦懷)라는 말에서 보듯이 허심은 아무 생각이 없는 솔직한 마음을 뜻하기도 하기 때문이다. 그래서 진심의 반대말은 '도리에 어긋난 못된 마음'이라는 뜻의 사심(邪心)이라고 하는 것이 옳겠다.

지난 5백 년간 마키아벨리는 그런 못된 사심을 가졌던 사람, 즉 권모술수(權謀術數)를 뜻하는 마키아벨리즘의 원조로 여겨져 왔다. 우리나라에서도 권모술수라는 뜻으로 마키아벨리즘이라는 말을 쓴다. 그러나 여기에는 문제가 있다. 마키아벨리가 당시 자신의 조국 피렌체와 이탈리아처럼 부패하고 허약한 나라가 그런 상태를 극복하기 위해서는 강력한 지도자가 필요하고, 그런 지도자가 되려는 사람은 권모술수를 사용해야 하는 경우도 있다고 말한 것은 사실이다. 그러나 이는 사심의 표현이 아니라 조국을 강하게 만들어야 한다는 목적을 가진 진심에서 나온 말이었다.

게다가 그런 권모술수를 사용해야 하는 경우는 지극히 예외적인 위기상황뿐이고, 평상시에는 지도자가 당연히 도덕적이어야 한다고 했다. 그러니 마키아벨리는 지도자는 항상 권모술수에만 능해야 한다고 주장한 것이 아니라 비상시에만 필요한 한에서 권모술수를 사용해서라도 좋은 목적을 달성해야 한다고 주장한 것이다. 이는 지극히 당연한 말이 아닌가?

게다가 그런 이야기를 담은 《군주론》은 마키아벨리가 취업하기 위해 당시 군주에게 바친 글이므로 그가 100% 진심으로 쓴 책으로 보기 힘들고, 오히려 《로마사 논고》 등에서 주장한 시민 중심의 공화정이야말로 그의 진심이라고 보는 것이 옳다. 그렇다고 해서 《군주론》이 사심(邪心)의 책이라고 말하려는 것은 아니다. 취업하고 싶다는 생각을 사심(私心)이라고 본다면 사심일 수도 있겠다. 그러나 그렇다고 해서 《군주론》이 사심(邪心)에 의해서만 씌어진 것이라고 할 수는 없다. 도리어 그 속에 숨어 있는 그의 진심은 조국의 안정과 발전을 위해 새로운 지도자를 대망하는 공심(公心)이었다.

5백 년 전 마키아벨리의 그런 진심을 '시민정치' 추구로 보고 그 시민정치의 '오래된 미래'를 지금 우리네 시민정치의 내일로 삼기 위한 준비로 쓴 것이 이 책이다. 내가 굳이 이 책을 쓴 것은 그의 시대와 우리의 시대가 너무나 비슷한데 우리는 아직도 길을 찾지 못하고 헤매고 있기 때문이다. 특히 그 이유 중 하나는 권모술수를 뜻하는 마키아벨리즘이 정치를 비롯한 모든 영역을 지배하고 있는 현실이다. 마키아벨리의 진심과 같은 것은 다 없어지고 그 허울만이 판치고 있다.

지금의 한반도만큼 천박한 마키아벨리즘이 지배하는 곳이 달리 또 있을까? 자본주의니 민주주의니 사회주의니 뭐니 하는 온갖 외제 이데올로기들이 다 유행해도 결국은 모두 다 마키아벨리즘에 불과한 것이 아닐까? 모두 다 권력을 잡고 유지하기 위해 술수를 부리는 데 혈안이 돼있는 것이 아닐까? 사대니 당쟁이니 하는 것도 권력을 잡고 유지하기 위한 천박한 무한 권력욕망이 낳은 것에 불과하지 않은가? 그것도 정치판만이 아니라 경제, 사회, 문화 등 모든 영역에서 그러한 것이 아닌가?

그렇다면 무엇보다도 그 본질을 파헤치고 철저히 비판하는 것이 필요하지 않겠는가? 마키아벨리즘과 철저하게 대결하는 태도가 필요하지 않겠는가? 그런데 현실은 그 반대이지 않는가? 마키아벨리즘의 뿌리가 너무나 깊은 나머지 그것과의 대결조차 기피돼온 것이 아닌가? 속은 마키아벨리즘뿐이면서 겉으로는 반(反)마키아벨리즘을 외치는 위선과 사술만이 판치고 있지 않은가? 해방 후 반세기는 물론 일제강점기나 조선시대도 그런 이중성이 지배한 것 아닌가? 입으로는 동방예의지국이나 도덕 중심의 왕도정치를 외치면서도 속으로는 반도덕의 패도정치만이 지배하는, 아니 반도덕에 부패무능까지 겹친 허수아비 정치가 지배하는 동방무례지국이었던 것이 아닌가? 그래서 지금 우리의 정치를 비롯한 모든 것이 천박하게 돼버린 것이 아닌가? 그 결과로 오로지 복권주의적 요행을 노린 경쟁으로 이긴 소수가 모든 것을 독식하는 체제가 자리 잡은 것이 아닐까?

그런 것들은 속이 썩어서 죽기 직전에 이르렀는데도 겉을 화려하게 장식하면서 마치 영원히 살 듯이 가장하는 짓에 불과하다. 아니, 이미 속은 썩어 몇 백 년 전부터 문드러져 아무 실체도 없게 됐는데도 겉으로만 멀쩡한 듯이 가장하는 꼴에 불과하다. 그러니 전통이니 뭐니 하는 사상적 기반이 존재하기는커녕 그 실뿌리조차 전혀 없어 건드리면 당장 쓰러질 지경인 것이다. 심오한 형이상학이나 거창한 관념론이 언제나 판치지만, 그런 것은 심오하거나 거창할수록 그 허구성만이 더욱더 드러날 뿐이다.

이 땅에서는 지난 반세기 이상 자유주의니 민주주의니 시민정치니 뭐니 하여 구호는 화려했어도 실제로는 마키아벨리즘만이 지배했다. 북쪽에서도 사회주의니 뭐니 하여 역시 구호는 화려했어도 실제로는 마찬가지로 마키아벨리즘만이 지배했다. 이제는 그런 마키아벨리즘과 정면으로 대결하여 그것을 버리고 그것과 반대되는 마키아벨리의 진심, 즉 참된 시민정치로 되돌아가야 한다. 그러나 그것만으로 충분하지는 않다. 마키아벨리와 분리할 수 없는 르네상스의 진실도 알 필요가 있다.

피렌체에서 르네상스가 일어난 이유

세상에는 별일, 즉 드물고 이상한 일도 많다. 그래서 '세상에 이런 일이'라는 제목의 TV 프로그램도 있는가 보다. 별일보다 더 희한한 일이면 기적이라고 한다. 기적은 사람의 힘으로는 할 수 없거나 생각할 수 없는 신기한 일을 말한다. 그러나 실제로는 그런 기적이 없다. 기적은 그렇게 말할 정도로 대단한 별일이라는 뜻일 뿐이다. 사실 현실성이 없다면 기적은 만화 같은 심심풀이 우스개일 뿐이다.

5백~6백 년 전에 인구 6만 명 정도의 작은 도시에서 세계사에 길이 남게 되는 수십 명의 천재들(마키아벨리도 그중 한 사람이다)이 갑자기 잇달아 등장한 일도 별일이라면 별일, 기적이라면 기적 같은 일이었다. 다른 도시, 다른 시대에는 그런 일이 없었기 때문이다. 그 도시에서도 그런 일은 1백~2백 년 사이에 잠깐 벌어졌을 뿐 그 전에도, 그 뒤에도 그런 일은 다시 벌어진 바 없다. 그것은 바로 이탈리아의 피렌체에서 일어난 르네상스다. 피렌체 사람들의 머리가 특별히 좋거나 5백~6백 년 전에만 특별히 그랬다고는 생각할 수 없다.

방금 '세계사에 길이 남게 되는 수십 명의 천재들'이라고 했는데, 이 말에 의문을 갖는 사람들도 있다. 특히 피렌체의 미술에 대해 혹평하는 사람들이 있다. 19세기 영국의 미술평론가 존 러스킨(John Ruskin)이 대표적으로 그런 사람이다. 그는 내가 좋아하는 윌리엄 모리스(William Morris)가 존경한 사람인데, 모리스 역시 러스킨처럼 피렌체의 르네상스는 물론이고 르네상스 예술 전체를 좋아하지 않았다. 러스킨과 모리스는 본래부터 중세의 고딕예술을 좋아했으니 르네상스 미술을 좋아했을 리가 없다. 그들과 다른 맥락에서 중세의 고딕적인 것을 좋아하는 종교인이라면 마찬가지로 르네상스를 싫어할 수도 있겠다.

영국인만이 그런 게 아니다. 독일인 중에도 그런 예가 있다. 바로 괴테다. 우리에게도 유명한 괴테의 《이탈리아 기행》은 대단히 방대한 여행기인데도 그 속에서 피렌체는 그야말로 잠깐 보고 지나가는 곳일 뿐이다. 괴테는 젊어서 한때 낭만주의에 빠져 《젊은 베르테르의 슬픔》 같은 작품을 썼지만 다시 고전주의로 돌아섰다. 물론 이런 예외는 어떤 경우에나 있다. 그러나 '세계사에 길이 남게 되는 수십 명의 천재들'이 피렌체에서 태어났음은 누구도 부정할 수 없는 사실이다.

르네상스 시기의 피렌체를 지금 내가 사는 동네와 비교해보자. 내가 살고 있는 경북 경산이라는 도시는 인구가 26만 명이 조금 넘는데, 대학생과 대학교수 등 대학과 관계된 사람들이 그중 3분의 1 정도를 차지하는 소위 교육도시다. 그러니 도시 규모에 비교한 교육 규모의 수준은 세계 최고일지 모른다. 옥스퍼드나 캠브리지, 하이델베르크나 프린스턴 등에 비견되는 세계 최고 수준일지도 모른다.

이와 달리 르네상스 당시 피렌체에는 대학은커녕 변변한 중고등학교도 없었다. 마키아벨리도 대학은커녕 어떤 학교도 다닌 적이 없다. 그뿐만이 아니다. 다 빈치나 미켈란젤로나 라파엘로 같은 천재들도 마찬가지로 미술대학은커녕 미술학원에도 다닌 적이 없다. 당시 피렌체의 살림살이도 지금 경산만큼은 아니었다. 다른 무엇을 비교해보아도 지금 경산이 르네상스 피렌체보다 못할 것이 없다. 경산만이 아니라 우리나라의 모든 동네가 다 그렇다. 그런데도 우리나라의 그 어느 동네에서도 르네상스가 일어난 적이 없다. 앞으로도 그럴 것 같다. 이렇게 말하는 것은 너무 비관적인가?

우리나라에서만이 아니라 다른 나라에서도 그런 일이 없으니 그렇게 되기를 기대할 필요조차 없는지도 모르는데도 우리는, 그리고 다른 나라 사람들도 그런 기대를 버리지 않은 듯 르네상스라는 말을 자주 사용한다. 심지어 그런 천재를 낳는 계기를 만드는 장소라도 되라는 듯이 결혼식장이나 호텔의 이름으로도 르네상스라는 말이 자주 사용된다.

그래서 경산 같은 교육도시가 계속 생겨나고, 사람들이 끝없이 교육을 강조하는지도 모르겠다. 그러나 피렌체에서는 그렇지 않았다. 다 빈치나 미켈란젤로는 미술가였으니 미술대학이 없었던 당시에 당연히 대학에 갈 수 없었다. 그래도 그들은 선배 화가의 아틀리에에서 미술을 배우기는 했다. 그런데 현대로 치면 정치학자라고 불려야 할 마키아벨리는 대학원 석박사 과정은커녕, 대학은커녕, 중고등학교는커녕 초등학교도 나오지 않았다. 어릴 적에 당시의 유명한 라틴어 학자 파올로 다 론칠리오네의 문하에서 공부했다는 설은 있지만 그 문하라는 게 어떤 것인지, 그리고 그때 배운 것이 무엇인지가 확실치 않고, 그 외에는 대안학교 교육이든 학원 교육이든 어떤 제도교육도 받은 적이 없다. 르네상스의 천재들 대부분이 그러했듯이.

그런데 나는 바로 그랬기에, 즉 그렇게 제도교육을 받지 않았기에 그들이 독창적인 생각을 하는 천재가 될 수 있었다고 생각한다. 마치 빈센트 반 고흐가 제도교육을 거의 받지 않았기에 그때까지의 케

케묵은 전통과는 다른 그만의 독창적인 그림을 그릴 수 있었고, 그래서 현대 미술의 선구자가 된 것처럼. 마찬가지로 르네상스 사람들도 대학에서든 다른 어디에서든 전통적인 제도교육을 받지 않았기에 그때까지와는 전혀 다른 새로운 눈으로 자연과 세상과 인간을 바라볼 수 있지 않았을까? 물론 제도교육의 부재만이 반 고흐의 미술이나 르네상스 예술의 원인라고 말할 수는 없을 것이다.

피렌체에서 르네상스가 일어난 이유에 대해 많은 사람들이 많은 이야기를 했다. 누구는 당시 피렌체를 지배한 재벌급 부자 정치인 가문인 메디치가의 후원을 들먹인다. 마치 그런 부자 정치인이 있어야만 르네상스가 가능하다는 듯이. 그러나 부자 정치인이 많아서 르네상스가 이루어진 곳은 없다. 재벌이 존재하는 한국에서만이 아니라 부자 나라인 지금의 미국에서도 그런 일은 불가능하다. 또는 천재들끼리 사제지간이었다는 점 등 인간관계를 강조하기도 한다. 그러나 그런 인간관계야 한국만큼 끈끈한 곳이 또 있는가? 이런 관점들은 모두 진부한 한국식 관점일 뿐이다.

내가 보는 피렌체의 르네상스

나는 그렇게 보지 않는다. 그래서 이 책을 썼다. 이 책에서 계속 강조하겠지만, 나는 피렌체 사람들과 우리의 차이는 바로 자율과 타율의 차이에 있다고 본다. 다시 말해 자유와 예속의 차이, 자치와 통치의 차이다. 나아가 개성과 획일의 차이, 수공과 기계의 차이다. 아무리 교육을 강조해도 그것이 자율이 아닌 타율, 자유가 아닌 예속, 자치가 아닌 통치, 개성이 아닌 획일이라면 정신적 노예는 무수히 양산할지 몰라도 정신적 주인인 천재는 낳을 수 없다. 정신적 자유인이 아니면 천재가 될 수 없다. 따라서 교육을 바꾸어야 한다. 천재를 탄생시키기 위해서가 아니라 우선 사람들을 자유로운 인간이 되도록 하기 위해서 교육을 바꾸어야 한다. 물론 교육만이 아니라 모든 것을 바꾸어야 한다.

정치, 경제, 사회, 문화를 모두 타율이 아닌 자율, 예속이 아닌 자유, 통치가 아닌 자치, 획일이 아닌 개성과 다양성으로 바꾸어야 한다. 지금 여기서 그 이유를 충분히 설명할 수는 없으나, 적어도 자율은 르네상스 시기의 피렌체와 그에 비견되는 고대 아테네에 공통된 특징이었다는 점만 강조해둔다. 이런 점에서 피렌체와 아테네는 민주주의와 시민정치의 '오래된 미래'이기도 하다. 그 민주주의, 그 시민정치는 우리의 교육과 같은 암기교육, 도그마교육이 낳은 것이 아니다. 도리어 시민의 대화, 시민의 용기, 시민의 도덕성, 시민의 공공성, 시민의 참여가 그것을 낳았다.

따라서 어쩌면 교육 자체가 만능은 아닐지도 모른다. 우리는 전통적으로 교육을 중시해왔다. 아마도 교육열에서는 우리가 세계 최고일 것이다. 그 덕분에 우리 국민이 산업화를 이룩해 가난에서 벗어났다고도 한다. 그러나 그야말로 국가나 교사나 부모에 의한 타율적인 경쟁교육이 결과한 비극을 우리는 지금 충분히 목격하고 있다.

그중 가장 비극적인 것은 이기적이고 권위적이며 권력지향적인 인간들만 양산된 점이다. 그 전형이 정치인을 비롯한 소위 엘리트 지배계층이다. 그들은 좌우익에 관계없이 타율적 교육의 결과물이다. 이 때문에 개인적인 야망의 필요에 따라 좌익에서 우익으로 바뀌는 것, 그것도 극단적 좌익에서 극단적 우익으로 바뀌는 것을 얼마든지 볼 수 있다.

여기서 더욱 중요한 것은 사고방식의 변화가 필요하다는 것이다. 우리의 교육은 지식 암기가 중심이었다. 스스로 창조적인 사고를 하도록 도와주는 것이 아니라 국가가 무조건 진리라고 정한 일정한 지식을 암기라는 방식으로 모든 아이들에게 강요하는 것이다. 그래서 르네상스 시기의 사람들과 우리 사이에 너무나 큰 사고방식의 차이가 생겨났다. 개별화 존중과 도식화 경향의 차이, 다양성과 획일성의 차이, 특수성과 일반성의 차이가 그것이다. 또한 현실성과 관념성의 차이, 구체성과 추상성의 차이, 동태성과 정태성의 차이, 기능성과 원칙성의 차이가 있다. 우리는 아직도 전통이니 서양이니, 좌익이니 우익이니, 진보니 보수니 하는 도그마에 각각 사로잡혀 파쟁만을 일삼고 있다.

그런 점에서 우리는 피렌체의 르네상스를 공부할 필요가 있다. 별일이니 기적이니 하는 것에 대한 호기심 차원의 관광이나 심심풀이 유흥의 시선이 아니라 진지한 배움의 자세가 필요하다. 그래서 무엇보다도 우리의 사고방식부터 바꿀 필요가 있다. 나는 이런 점을 글로 적어 2000~2001년에 월간지 〈신동아〉에 연재한 적이 있고, 그 내용을 보완해 2008년에 《인간시대 르네상스》라는 책으로 펴냈다. 그 책의 일부로 다룬 마키아벨리에 대해 다시 한 권의 책으로 쓴 글이 이 책이다. 나는 르네상스 사람들에 관한 책을 계속 낼 생각인데, 이 책은 그 첫째 권이다.

왜 하필 마키아벨리인가

그런데 미켈란젤로나 다 빈치 같은 하고 많은 르네상스 천재들이 있는데 왜 하필 마키아벨리냐고 이상하게 생각하는 분들이 계실지 모른다. 다른 천재들과 달리 마키아벨리는 천재라고 불리기는커녕 오히려 악마라는 소리까지 들어온 희한한 사람, 별스러운 사람이다. 그러니 왜 굳이 그로부터 르네상스 이야기를 시작하는지 의문을 갖는 사람들이 있을지 모른다는 얘기다. 앞에서 보았듯이 마키아벨리라고 하면 사람들이 흔히 권모술수, 표리부동, 권력만능 등을 연상한다. 역사에 남은 르네상스 사람 중에서 유일하게 예외적인 악마적 존재다. 그 말고는 르네상스 천재 중에 악마적 존재가 없다. 모두가 위대한 예술가다.

사실 마키아벨리는 르네상스 시기의 천재 중 유일한 사회과학자이니 사회과학의 하나인 법학을 전공한 나에게는 가장 친숙한 르네상스인이다. 그는 정치학의 아버지일 뿐만이 아니라 사회과학의 아버지로도 불린다. 그런 아버지가 악마라면 정치학이나 사회과학이 악마적인 학문이라는 것인가? 대학에서 법학을 공부한 하인리히 하이네가 법전을 '악마의 성경'이라고 말한 적은 있지만, 정치학이나 사회과학을 악마의 학문이라고 말하는 사람은 본 적이 없다. 정치학을 공부한 시인이 없어서일까? 만일 그런 시인이 있었다면, 특히 우리나라에 있었다면 법학 이상으로 정치학도 악마의 학문이라고 말했을 것이 틀림없다.

사실 르네상스 자체가 별일이나 기적이 아니라 인간이 만들어낸 것이듯이 마키아벨리도 유별난 자나 악마 같은 존재가 아니라 우리와 같은 인간이었을 뿐이다. 그는 인구가 10만 명도 안 되는 동네에 살면서 그곳이 강대한 국가들의 위협에 끝없이 시달리는 것을 보고 강력한 지도자가 나타나기를 고대했다. 인구가 거의 6천만 명에 이르는 우리나라도 지금 그런데, 그 600분의 1도 안 되는 그야말로 소국 중 소국인 피렌체를 지키기 위해서야 그건 당연한 소리 아닌가? 그럼에도 그런 이야기가 마키아벨리에게서 비로소 처음 나온 것은 앞에서도 말했듯이 그가 전통적인 제도교육이나 제도종교의 영향을 별로 받지 않았고, 그래서 평생 이단아로 살았기 때문인지도 모른다.

그럼에도 그가 악마라는 소리를 들었으니 그 소리야말로 바로 별일이고 악마가 하는 소리 같은 것이었다. 그것도 로마 교황청이라는 당시 최고 최대의 종교단체가 그런 소리를 했으니 참으로 기가 차다. 교황청이 피렌체를 비롯한 여러 소국들을 지배하기 위해 그런 소리를 했다니 더욱 기가 차다. 게다가 마키아벨리가 한 말이 자신들의 정체를 적나라하게 보여주기에 다른 나라 왕이나 지배자나 철학자들이 그를 계속 악마라고 불렀다니 더더욱 기가 차다. 그럼에도 여전히 지금까지 그런 일이 그치지 않고 있으니 더더욱 기가 차서 이제는 아예 할 말을 잊을 지경이다.

21세기인 지금에는 대체로 마키아벨리가 더 이상 악마 취급을 당하지는 않는다. 20세기에 마지막으로 마키아벨리를 그렇게 취급했다는 누명을 쓴 스트라우스가 쓴 500쪽 가량의 대저 《마키아벨리》(스트라우스의 제자인 맨스필드가 쓴 《마키아벨리의 덕목》도 스트라우스의 책과 유사한 논조의 방대한 책이다)가 반세기가 지난 최근에 우리말로 번역되기도 했지만, 그런 책들도 마키아벨리에게 악마 운운하는 저주를 하지는 않는다. 그러니 이 문제에 대해서는 더 이상 고민할 필요가 없다. 그러나 마키아벨리를 어떻게 봐야 하느냐에 대한 논쟁은 여전히 격렬하다. 심지어 그를 사회주의자, 공산주의자로 보는 견해도 있다. 물론 그런 주의를 악마의 생각이라고 보는 견해도 있다. 그러나 그런 논쟁도 그다지 중요하지 않다.

이 책에서 나는 마키아벨리야말로 가장 전형적인 르네상스 사람이라는 점을 강조하고자 한다. 그가 르네상스 시대를 살았기에 르네상스인이라는 게 아니다. 그는 내가 앞에서 강조한 르네상스의 본질에 충실했던 사람, 즉 정치, 경제, 사회, 문화 모두를 타율이 아닌 자율, 예속이 아닌 자유, 통치가 아닌 자치, 획일이 아닌 개성과 다양성으로 바꾸고자 했던 사람임을 강조하고자 한다. 특히 앞에서 말한 새로운 사고방식을 가진 사람이었기에 그는 더욱 중요하다. 이 점은 그 반대가 여전히 판치는 지금 우리나라에서 강조돼야 할 필요가 있다. 마키아벨리즘적인 타율의 통치자가 여전히 숭상되는 한반도에서 특히 강조돼야 할 필요가 있다.

그러나 그렇다고 해서 마키아벨리를 무조건 숭상하거나 사회주의자니 뭐니 하며 이상하게 과장하거나 미화하거나 신비화하는 짓을 해서는 안 된다. 그는 5백 년 전 사람이니 지금 우리가 볼 때 당연히 한계가 있다. 특히 그는 서양이 비서양을 침략하던 시대의 사람이니 당연히 문제가 있다. 마키아벨리를 정치학의 아버지라고 떠받치려면 동시에 그를 제국적 침략, 식민주의적 팽창의 선구자라고 비판해야 한다. 그런 비판을 하기는커녕 무조건 서양 사람들의 마키아벨리 찬양에 넋을 놓거나 우리 현실과는 별 상관도 없는 사회주의니 뭐니 하는 소리를 그에게 대고 지껄이는 정신없는 학자들은 더 이상 우리나라 사람이라고 보기도 어렵다.

특히 지금 우리가 권모술수, 표리부동, 권력만능 등의 성격을 가진 절대적 군주를 필요로 한다고는 말할 수 없다. 물론 마키아벨리도 통설과는 달리 꼭 필요한 경우에만 지도자가 그러해야 한다고 주장했다. 지금도 지도자는 그래야 할 필요가 있다. 그러나 마키아벨리의 주장은 관념주의가 아닌 현실주의가 필요하다는 것으로 이해되어야지 그런 술수에 익숙한 사람만이 정치 지도자가 돼야 한다고 그가 말한 것은 아니다. 여기서 현실주의라는 말이 이상을 무시하는 것이어서는 안 된다. 그것은 관념이나 도그마를 거부한다는 것이지 이상을 추구하는 것마저 거부한다는 것은 아니라는 점에 특히 주의해야 한다. 도리어 타율적 지배를 강요하는 정치인이 아니라 그런 정치인을 거부하는 자율적 시민이 정치의 주인이어야 한다는 것이 그의 주장이다. 이런 의미에서 마키아벨리는 시민정치의 오래된 미래다.

마키아벨리의 초상

티토가 그린 평범한 초상

옆에 실린 마키아벨리의 초상을 보자. 어떤 사람의 얼굴이나 몸이 그 사람의 사상과 무관하다고 느껴질 때도 있지만, 역시 무관할 수는 없다. 꼭 그런 이유에서가 아니라 최소한의 생생한 친근성을 갖기 위해서라도 그의 초상을 들여다보자.

우리가 흔히 보게 되는 이 마키아벨리의 초상은 1505년에 피렌체의 화가 산티 디 티토(Santi di Tito, 1536~1603)가 그린 것으로, 지금까지도 피렌체 시청에 걸려 있다. 무려 5백 년 이상을 거기에 걸어둔 셈이다. 마키아벨리가 14년간 근무한 곳이니 거기에 걸 만하다고 말할 수도 있겠지만, 그가 이탈리아를 대표하는 정치사상가이니 이탈리아의 수도 로마의 대통령 관저에 걸어야 한다고 생각

마키아벨리 / 산티 디 티토

할 사람도 있을지 모른다. 그러나 자신들이 한때 세상의 중심이었다고 생각하는 피렌체 사람들은 물론 이탈리아 사람들 가운데 누구도 그렇게 생각하지 않는다.

그러나 14년간 시장이나 국회의원을 지낸 것도 아니고 그저 시청의 사무직원이었을 뿐인 자의 초상화를 시청에 건다는 것부터가 우리 상식으로는 이상하게 생각될지 모른다. 당시의 피렌체는 인구 6만 명 정도의 시였으니, 지금 우리의 수준으로 보면 면이나 읍 또는 군 정도이지 시도 아니다. 즉 그는 면서기 정도를 지낸 것에 불과하다. 그가 '제2재무성장관'을 지냈다거나(구민정, 16) '제2대법정'에서 일했다(왓슨, 717)고 하는 등 각종 정체불명의 고위 관직을 그에게 갖다 붙이기도 하지만, 이런 것은 도대체 무슨 말인지 나로서는 알 수 없다.

지금 우리나라의 면서기라면 화가에게서 그런 초상화를 그려 받을 기회가 거의 없겠지만, 당시의 초상화는 지금의 사진과 같이 흔한 것이었으므로 지금으로 치면 면서기의 사진과 같은 것이었다고 생각하면 된다. 즉 면서기가 폼을 잡고 찍은 사진과 같은 것이다. 그런 면서기의 사진이야 우리나라에도 많다. 그러나 아무리 면사무소라고 해도 그런 면서기의 대형 사진을 걸어둘까? 그러나 이탈리아의 르네상스기에 그려진 그런 직원들의 초상화는 지금까지도 그렇게 걸려 있다. 마키아벨리만 그런 게 아니다.

이런 이야기를 굳이 길게 하는 이유는 16세기 피렌체의 르네상스라는 것을 실감해보기 위해서다. 그런 초상화가 엔간한 사무실이나 집안이면 다 걸렸던 시대가 르네상스라는 것을 실감해야 앞으로의 이야기가 제대로 이해될 수 있기 때문이다. 면서기도 그런 초상화로 그려질 정도로 대단한 인간으로 취급받았던 것이다.

티토라는 화가는 마키아벨리의 초상 외에는 널리 알려진 작품이 없는 화가이지만, 그렇다고 무명 화가는 아니고 르네상스에 관한 책에 가끔 나오는 정도의 화가이다. 마키아벨리와 친구였던 다 빈치가 그의 초상을 그렸으면 좋았을 것이라고 안타까워하는 사람들도 있지만, 다 빈치는 어떤 친구의 그림도 그린 적이 없다. 이유는 여러 가지였겠지만, 가장 큰 이유는 마키아벨리는 그림 값으로 많은 돈을 줄 형편이 아니라는 것이었으리라. 티토는 싼값에 그의 초상을 그려주었을 것이 틀림없다.

티토는 다 빈치나 미켈란젤로나 라파엘로 정도로 유명하지 못했다. 그런 그가 면서기로부터 초상을 그려달라는 의뢰를 받은 데서 알 수 있듯이 당시 화가들은 대부분 화가로서 대접받았다. 지금은 상당히 달라졌지만 20~30년 전만 해도 대한민국에서는 남자가 화가가 되기를 희망하는 것은 쉬운 일이 아니었다. 5백 년 전 피렌체에서도 화가가 최상의 직업으로 간주된 것은 아니었다. 하지만 화가가 된다는 것이 부모의 반대를 무릅써야 할 정도는 아니었다.

이런 이야기도 르네상스를 이해하기 위해 알아두어야 할 부분이다. 화가가 되어도 직업인으로서 당당하게 살아갈 수 있었고, 면서

기나 서민도 자신의 초상을 그렇게 비싸지 않은 가격으로 화가에게 의뢰해 그려 받을 수 있었던 시대가 르네상스다. 우리가 우리의 르네상스 운운할 때에는 그런 인프라가 필요하다는 것을 반드시 명심하고 그래야 한다. 국민 대부분이 예술을 사랑하는 예술의 생활화가 이루어져야 르네상스가 가능하다.

마찬가지로 국민 대부분이 인간으로 대접받게 되어야 나라가 잘 지켜질 수 있고, 민주공화국이 가능해진다. 그렇게 민주주의가 국민의 생활이 되어야 민주정치가 가능해지고, 시민정치가 이루어진다. 우리가 지금 마키아벨리를 생각해보는 이유도 마키아벨리를 위해서가 아니라 우리의 시민정치를 이루기 위해서다. 그것을 위해 마키아벨리를 생각해보자는 것뿐이다. 마키아벨리가 제대로 된 시민정치를 이룬 사람이라면 그로부터 배우면 된다.

그러나 불행히도 그는 그런 사람이 아니다. 평생 시민정치를 제대로 실천해본 적이 없는 사람이다. 그냥 천 몇 백 년 전 옛날의 고대 그리스·로마 시대에는 그런 게 실천됐다고 옛날이야기를 하면서 그러니 우리도 그렇게 한번 해보자고 당시 피렌체 사람들에게 권했을 뿐이다. 따라서 우리는 그를 백 퍼센트 신뢰할 필요도 없고, 그냥 그가 하는 옛날이야기를 들어본 뒤 우리 식으로 판단해 유용하다고 생각되면 받아들이고 아니면 미련 없이 쓰레기통에 집어 던지면 된다. 마키아벨리의 태도도 바로 그랬다. 그리고 그것이 르네상스적 태도다. 우리가 배워야 할 점은 바로 그것이다.

초상 속 마키아벨리

초상이 그려질 때 마키아벨리는 36세였는데, 너무 큰 옷을 입은 탓에 몸이 상당히 왜소하게 보이고 얼굴이 나이보다 더 늙어 보인다. 짧게 깎은 머리에 이마 윗부분이 약간 벗겨져 있고, 얼굴은 여우상에 가죽과 뼈만 남아 있으며, 작고 검은 눈과 얇은 입술이 냉소적인 느낌을 준다. 초상이 주는 이런 느낌은 1498년에 29살로 사무직원이 된 그를 묘사한 다음 글의 내용과 거의 같다. 최초로 그의 전기를 쓴 빌라리(Pasquale Villari, 1827~1917)가 쓴 글이다.

> 보통 키에 마른 체구, 반짝이는 눈과 검은 머리, 다소 작은 두상이며 약간 매부리코에 굳게 다문 입. 모든 면이 날카로운 관찰자요 사색가라는 인상을 준다. 끊이지 않고 입언저리를 실룩거리며 눈에서 뿜어져 나오는 냉소적인 표정, 차갑고 무감각한 계산기 같은 분위기를 연출하는 그 표정을 그는 쉽게 지우지 못했다. 그럼에도 그는 강력한 상상에 사로잡힐 때가 잦았다. 때로는 가장 기이한 공상가에게나 어울릴 정도의 상상에 사로잡히기도 했다.(화이트, 74~75에서 재인용)

관찰자이자 사색가이면서 상상가이자 공상가인 사람. 이성과 감성, 냉정과 열정이 동시에 강렬한 사람. 〈모나리자〉의 야릇한 미소와는 다르게 마키아벨리의 초상에는 분명히 조소하면서도 환상에 사로잡힌 듯한 분위기의 묘한 웃음이 있다. 눈은 교활하게 빛나고 얇은 입술은 굳게 다물어져 있으나 언제나 비웃는 듯하다. 권모술수를 뜻하는 마키아벨리즘과 관련시켜 보면 대단히 교활한 얼굴로 보이지만, 귀족에 대항한 시민정치 사상가로 보면 영민한 지혜와 저항의 조소를 표상하는 얼굴로도 보인다. 그러나 앞으로 이 책에서 보게 되겠지만, 그는 분명 교활한 사람은 아니다. 도리어 시민정치의 열렬한 주창자다. 그러나 엄숙한 운동가의 모습만은 아니다. 어딘가 장난꾸러기 같은 모습이 비친다.

그러나 그가 입은 붉고 검은 옷은 꽤나 엄숙하게 보인다. 마키아벨리는 복장에서는 당시의 관습을 따른 듯하다. 당시 사람들은 '나이와 사회적 지위에 맞게 옷을 잘 입어야 한다'고 생각했다. '위대한 로렌초'라고 불린 로렌초 데 메디치는 30벌이 넘는 예복을 소유하고 있었는데, 그중 몇 벌의 값은 중산층 가정의 1년 생활비보다 비쌌다.(타임라이프북스, 78) 마키아벨리에게는 그렇게 비싼 소위 명품 예복은 없었겠지만, 초상에 그려진 예복은 분명 그의 것이었으리라. 박봉의 공무원인 그에게 그것이 단벌이었는지는 모르지만.

이 예복은 그가 44세의 나이에 낙향한 뒤 58세에 죽기까지 밤마다 입은 옷이었는지도 모른다. 낙향한 해인 1513년 12월에 친구에게 보낸 편지를 보면 그는 아침에 자기네 숲에서 벌목작업을 감독하고, 장작을 내다 팔고, 연애시를 읽고, 주막에 가서 사람들과 이야기를 나누다가 집에 돌아와 식사를 한 뒤에 다시 주막에 가서 놀았다.

그곳에는 통상적으로 주막 주인, 푸주한, 방앗간 주인, 그리고 두 사람의 벽돌 제조공이 와 있습니다. 이들과 크리카나 주사위 놀이를 하다보면 그날의 나머지 시간은 이들과 같은 불한당의 수준으로 떨어집니다. 그러면 수많은 언쟁이 벌어지고 무수한 욕설들이 난무하게 되는데 대부분의 경우는 동전 한 닢을 둘러싸고 벌어지는 것입니다.(군주, 142)

브로노프스키가 마키아벨리를 두고 “일반적으로 인상이 무뚝뚝하고 약간 수줍은 말투를 가진 사람으로 묘사되고 있다”(브로노프스키, 55)고 한 것은 위 편지에서 마키아벨리가 자신을 묘사한 것과 일치하지 않는다. 그러나 저녁이 되면 그의 태도가 완전히 뒤바뀐다.

저녁이 되면 저는 집으로 돌아와 저의 서재로 발을 옮깁니다. 문지방에서 저는 흙과 먼지로 뒤덮인 일상복을 벗고 왕실 궁정의 예복으로 갈아입습니다. 적절하게 복장을 갖춘 다음 저는 숭엄한 고대인들의 궁정으로 발을 들여놓습니다. 그곳에서 그들로부터 성의껏 영접을 받고 저만의 것이고 또 제가 태어난 이유이기도 한 [정신의] 양식을 섭취합니다. 이곳에서 저는 부끄러움도 모르고 이들과 대화하고 이들의 행동의 동기에 관해서 묻습니다. 이들은 인간적 친절에서 저에게 대답해줍니다. 한 번에 네 시간 가량 지속되는 이러한 대화에 아무런 권태도 느끼지 않고 그동안 저의 모든 시름을 잊고 가난을 겁내지 않고 죽음에 대해서도 두려움을 느끼지 않습니다. 저는 그 [대화] 속에 완전히 몰입합니다.(군주, 142~143)

이러한 극단적 전환을 이해할 수 있는가? 우선 고급 공무원을 지낸 그가 불한당의 수준으로 논다는 것도 이해하기 어렵지만, 낮에는 그렇게 놀다가 밤에는 궁정의 예복(우리가 초상에서 본 예복 같은 것이리라)으로 갈아입고서 고전을 읽고 책을 쓴다는 것도 이해하기 어렵다. 고대인과의 대화란 당시 르네상스 지식인들에게 기본적인 것이었으니 마키아벨리에게만 특이한 것이 아니었다고 보지만, 당시에 그렇게 이중적으로 산 사람은 마키아벨리뿐이었으리라.

여기서 이중적이라는 말을 했다고 해서 마키아벨리즘의 이중성을 연상하지는 말기를 바란다. 도리어 지성과 감성이 함께 풍부한 사람, 지성인이자 예술가의 면모를 갖춘 사람, 서민과도 잘 어울리면서도 대단히 지적인 사람으로 마키아벨리를 볼 필요가 있다. 즉 그의 이중성은 감성과 이성의 이중성이었다.

로렌스의 피렌체인 묘사

우리에게 《채털리 부인의 연인》 등으로 유명한 D. H. 로렌스의 소설 중에 《아론의 지팡이》라는 것이 있다. 그 주인공인 아론이 피렌체의 시뇨리아 광장에서 만난 피렌체 남자들에 대한 묘사가 꼭 마키아벨리를 묘사한 것 같아 인용해본다.

> 시뇨리아 광장은 남자들로 가득 차 있었다. 정말로 남자들뿐이었다. 모두 농민으로, 지주와 소작인들이었다. 토스카나의 농민은 훌륭한 코를

갖고 있고, 눈은 냉소적이고 호박색을 띠고 있다. 그들은 사람의 흥미를 끄는 개성을 갖고 있어, 옷은 헐렁하게 되는대로 걸치고 모자도 마음 내키는 각도로 쓰고 있다. 뺨은 기묘하게 부풀은 계란형이고, 너무 살이 쪄서 배가 나와 중량감이 넘친다. 검은 머리를 찰싹 붙였다. 무엇보다도 특징적인 점은 사람을 찌를 듯한, 아니 오히려 독살스럽게 조소하는 듯한 표정이다. 획 구부러진 코, 영원한 도전이라 할 태도, 게다가 뿌리 깊은 곳에 숨어 있는 깊은 불신감. 그런데 남자, 남자들뿐이다. 어떤 일이 벌어지든 여기는 남자들의 마을이다. 남자다운 성질을 공유하고 있다. 영원히 변하지 않는, 독살스런 대담함이 있을 뿐이다. 인간의 혼에서 없어지지 않고 타오르는 영원한 도전이다. 도전할 것이 무엇 하나 없는 현대에 그들이 빚어내는 것은 실로 독살스러워, 너무나 도전적으로 생각된다. 그러나 남자들은 존재한다. 변명도 해명도 하지 않고 살아가는 남자들이 있다. 자신을 해명하거나 변명하지 않는 남자들. 진짜 남자들이다. 이것이 바로 아름다운 기독교 국가에 남아 있는 진실로 귀중한 유산이다.(로렌스, 338~339)

《아론의 지팡이》는 1922년에 출판된 책이어서 그 책에 나오는 피렌체에 대한 묘사는 지금의 피렌체와 많이 다르겠지만, 그래도 그렇지, 남자들뿐이라니 놀랍다. 유럽에서도 이탈리아는 가부장주의가 강한 곳이긴 하지만 그래도 광장에 남자들밖에 없었다니, 지금으로서는 상상하기 어렵다. 어쩌면 작가가 스스로 남성주의 내지 가부장주의에 젖은 탓에 그렇게 보인 것은 아닌지, 아니면 고의로 그렇게 쓴 것인지도 알 수 없다. 20세기 영국의 촌놈이었던 로렌스가 16세기 이탈리아의 촌놈과 통하는 바가 있었던 듯하다. 하기야 나도 21세기 한국의 촌놈으로 이 글을 쓰고 있다.

여하튼 토스카나 농민의 얼굴이나 성격에 대한 로렌스의 묘사는 놀라울 정도로 마키아벨리와 닮았다. 나는 어떤 나라나 지역의 사람들이 시대를 넘어서까지 일정한 공통성을 갖는다고 생각하지는 않지만, 위의 두 가지 묘사, 즉 5백 년 전의 마키아벨리에 대한 묘사와 1백 년 전의 토스카나 농민에 대한 묘사가 놀라울 정도로 닮은 것이 신기하기 짝이 없다. 그런데 그 두 가지 묘사는 피렌체 출신으로 《마키아벨리 평전(Vita di Niccolò Machiavelli)》(1978)을 쓴 리돌피(Roberto Ridolfi)가 피렌체인에 대해 "성격상 괴팍한 측면들을 많이 지니고 있었"다고 한 것과 통해서 더욱 놀랍다.

> 피렌체인의 이러한 기질을, 변덕스러우면서도 본질적으로는 한결같고 가혹한 듯하면서도 때로는 감미로운 가운데 그것을 발생케 하고 또 성숙시킨 그곳의 토양에 비유할 수 있을 것이다. 피렌체의 땅은 추위와 더위에 의해, 아니 그보다는 인간의 노동을 통하여 길들여져야 하는 단단한 돌덩이들로 되어 있어서 열성적이고도 끊임없는 노력을 요구한다. 그러므로 피렌체인의 기질은 겉으로는 부드럽지만 속으로는 가혹하고 심술궂은 데가 있다. 이는 아마도 도시민의 세련성 아래 가혹함의 불꽃

이 번쩍이는 것으로 비유될 수 있을 것이다. 그들의 신랄한 풍자와 그 유명한 조소적 태도는 반드시 유쾌함과 선의에서 비롯된 것만은 아니다.(리돌피, 31~32)

피렌체에 대해서는 뒤에서 살펴보도록 하자. 그 전에 리돌피가 마키아벨리의 그러한 성격을 드러내 보여주는 것으로 든 다음 시를 읽어보자.

나는 바라네, 하지만 바람은 나를 더욱 괴롭게만 하네.
나는 우네, 하지만 울어도 가슴은 그저 쓸쓸하기만 하네.
나는 웃네, 하지만 웃어도 마음은 허망하기만 하네.
나는 태우네, 하지만 불꽃은 밖으로 피어나지가 않네.
나는 내가 보고 느끼는 것들이 두렵기만 하네.
모든 것들이 나에게 새로운 고통을 주네.
그래도 바라면서, 나는 울고 웃고 태우며,
또 내가 듣고 보는 것들을 두려워하네.(리돌피, 36)

독자들은 마키아벨리가 쓴 이 시를 충분히 이해하시겠는가? 나는 알 듯 모를 듯하다. 그런데 이 시는 마키아벨리가 가끔 인용한 페트라르카의 다음 소네트와 유사하다는 점에서 그는 역시 르네상스인이다.

때로 내가 웃고 노래한다 해도
그건 단지 이렇게 하는 것이
내 괴로운 눈물을 감출 수 있기 때문이지.(리돌피, 229)

마키아벨리에게는 이런 이중성이 있었다. 이중성은 인간이면 누구에게나 있는 것인지도 모르지만, 마키아벨리에게는 특히 심했다. 그것이 난세를 살아야 했던 그의 지혜였는지도 모른다. 불운의 고통을 웃음으로 이겨내야 했던 탓인지 모른다. 그래서 나는 그에게 공감한다. 그런 이유만으로도 이 책을 쓰기에 충분한 의의가 된다.

바람둥이 마키아벨리가 아내의 사랑을 받았다고?

일본 출신의 대중역사가(이 말은 소설가 중에도 대중소설가가 있다는 점에서 사용하는 것이지 대중역사가를 낮춰보기 때문에 사용하는 것이 전혀 아니다. 그러니 이 말이 자신을 지칭한 것이 아니냐는 생각이 드는 분이 있다 해도 화를 내지는 말기를 바란다)인 시오노 나나미는 우리나라에서도 인기를 끈 《나의 친구 마키아벨리》라는 저서에서 "마키아벨리는 이른바 소설가의 상상력을 자극하는 따위의 역사상 인물이 아니었던 모양으로, 그를 다룬 소설은 거의 없다"(시오노, 229)고 했다. 시오노는 서머싯 몸이 70세가 된 1946년에 쓴 《예나 지금이나(Then and Now)》가 유일하게 그런 책이라고 하지만, 몸이 24세에 쓴 《어느 성자의 형성(The Making of a

Saint)》도 마키아벨리를 주인공으로 한 소설임을 몰랐던 것 같다. 게다가 최근에는 마키아벨리를 주인공으로 한 소설이 많이 나오고 있다.

몸은 위의 두 작품과 함께 16세기 스페인을 배경으로 한 《카탈리나(Catalina)》(1948) 외에는 역사소설을 쓰지 않았다. 그러니 이 셋은 그의 작품세계에서는 꽤나 특이한 작품이라고 할 수 있는데, 몸과 같은 대중소설가의 상상력을 충분히 자극할 만한 삶을 마키아벨리가 살았으니 그가 일생에 두 번이나 마키아벨리를 주인공으로 한 소설을 쓴 것은 지극히 당연하다고 할 수 있다. 대중역사가인 시오노도 그래서 '대중적인 마키아벨리'에 대한 '대중적인 책'을 썼고, 예상한대로 '대중적인 인기'를 끌었으리라.

그런 수법의 한 측면에서 시오노는 마키아벨리의 아내가 남편을 진실로 사랑했다고 하면서, 몸의 소설 《예나 지금이나》의 3절 앞부분을 그대로 번역하여 자기가 쓴 것처럼 옮겨 실었지만(시오노, 230~231), 이는 마치 그 소설이 마키아벨리 부부의 사랑을 담은 것으로 오해하게 할 수 있다는 점에서 문제다. 몸의 소설은 마키아벨리가 귀족 유부녀와 바람을 피우는 이야기를 주된 내용으로 한 것이지 아내와의 아름답고 모범적인 부부지정을 주제로 한 소설이 아니기 때문이다.

또한 시오노는 마키아벨리가 "인텔리 여성에게는 흥미를 나타내지 않았다"(시오노, 237, 379)고 하지만, 적어도 몸의 소설에 나오는 마키아벨리의 상대 여성은 귀족 유부녀이고 상당한 인텔리 여성이다. 소설에서 마키아벨리는 그녀의 남편이 도시의 유력자로 그녀보다 20세나 연상인 것을 알고 마키아벨리는 온갖 계략을 꾸며 그녀를 유혹하고자 하지만, 그녀는 마키아벨리의 시종인 피에로와 동침하여 임신함으로써 결국 마키아벨리가 망신을 당한다. 그 후 마키아벨리는 자신의 이런 경험을 토대로 《만드라골라(Mandragola)》라는 희곡을 쓰고, 피에로는 미망인이 된 유부녀와 결혼하는 것으로 몸의 소설은 끝난다.

그러나 마키아벨리가 쓴 《만드라골라》는 반대로 마키아벨리 역을 맡은 주인공 칼리마코가 귀족 유부녀와 동침하는 데 성공하는 해피엔드로 끝난다. 이는 마키아벨리가 현실에서 이루지 못한 꿈을 희곡에서 이룬 것이라고 할 수 있다. 그만큼 마키아벨리에게는 그것이 이루고 싶은 사랑이었던 모양이다. 특히 마지막에 유부녀가 칼리마코와 사랑을 나눈 뒤 그에게 "당신과 남편은 이제 한 가족 같은 사이가 되는 거예요"라며 셋이 함께 살자는 괴상한 제안까지 한다.(만드라골라, 94) 이런 황당한 이야기가 당시 사람들에게 웃음을 주고 인기를 끌었는지 모르지만, 현실에서는 당연히 불가능한 이야기였으리라.

그런데 더 황당한 점은 시오노가 "이 대사만 듣기 위해서도 모든 여성에게 《만드라골라》를 보라고 권하고 싶다"고 한 것이다.(시오노, 384) 도대체 무슨 말인가? 나는 그 대사는 물론이고 《만드라골라》 자체를 어느 여성에게도 보라고 권하고 싶지 않다. 무조건 마키아벨리를 찬양한 시오노와 달리 스키너는 《만드라골라》에 대해 "다소 잔인하기는 하지만 뛰어난 희곡"(스키너2010, 96)이라고 평했다는 점에서 스키너는 그래도 학문적인 객관성을 유지했다고 볼 수 있을지 모른다.

여하튼 이처럼 몸의 소설은 마키아벨리가 《만드라골라》를 쓰게 된 경위를 중심으로 한 것이지만, 그 주제는 몸이 평생 추구한 삶의 아이러니, 즉 아이러니한 인간관계의 묘사다. 즉 호색한으로서 여성을 유혹하는 데 천부적인 재주가 있다고 자부하는 마키아벨리가 치밀한 계획을 세우지만 실패하고 결국은 그의 시종과 귀부인이 결혼하게 된다는 몸 특유의 아이러니한 테마가 《예나 지금이나》에서도 되풀이되고 있다. 시오노가 몸의 문학에 내포된 이러한 본질은 전혀 언급하지 않고 소설의 주제와 전혀 관련이 없는 마키아벨리와 그의 부인 사이의 깊은 애정 관계를 소개하기 위해 이 소설을 언급한 것은 참으로 이해하기 어렵다. 그녀는 몸의 소설을 제대로 읽지 못한 것이다.

더욱이 마키아벨리가 그렇게도 바람을 피웠음에도 불구하고 부인이 그에게 충실했다고 하는 시오노의 설명에도 문제가 있다. 그런 시오노의 설명은 그녀의 특이한 상상에 따른 것에 불과하고, 그것을 뒷받침할만한 자료는 전혀 없다. 적어도 상식적으로 생각한다면, 살만 루슈디(Salman Rushdie)의 소설에 나오는 그에 대한 묘사가 더 적절할 것이다.

소설 속의 마키아벨리

루슈디가 묘사한 마키아벨리의 호색

아무리 세계 최고의 고전이라고 해도 그 책이 "아무리 험한 세월일지라도 여인네와의 화끈한 하룻밤이면 만사형통"이라고 생각하면서 어려서부터 죽을 때까지 여자만 지독하게 밝힌 놈팡이가 쓴 책이라면 그것을 읽을 사람이 몇이나 될까? 그러니 우리의 주인공 마키아벨리가 바로 그런 사람이었다고 하면 이 책을 읽는 분들 가운데 당장 이 책을 쓰레기통에 집어던질 분이 계시지 않을까? 그러나 잠깐만 참으시라. 책을 펼치자마자 덮는 것은 너무나도 허무한 일 아닌가? 적어도 호색은 마키아벨리의 사상과 직접 관련된 것은 아니니 조금만 참아주시기를 바란다.

방금 인용한 말은 인도 출신의 영국 소설가 살만 루슈디가 2008

년에 쓴 소설《피렌체의 여마법사(The Enchantress of Florence)》에 나오는 마키아벨리에 대한 묘사다. 미심쩍어 찾아볼 분들을 위해 그 말은 번역서(루슈디, 송은주 옮김) 200쪽에 나온다는 것을 밝혀 둔다. 이 소설은 참된 사랑을 찾아 세계를 방랑하는 이야기다. 그것도 5백 년 전에 인도를 지배한 무굴제국을 떠나 르네상스 시대의 피렌체를 거쳐 아메리카 신세계로 건너가서 사라져버린 매혹적인 공주 카라 쾨즈의 '세계적인' 또는 '세계화된' 사랑 이야기다. 그 속에서 마키아벨리는 공주의 애인의 친구로 나와 그 공주의 애인의 생애 전체를 보여준다.

공주의 애인인 안토니노 아르갈리아는 공주와 마찬가지로 가상의 인물이지만, 그와 함께 어려서부터 3총사였다는 마키아벨리는 물론이고 아메리고 베스푸치도 실존한 인물이다. 실제로 베스푸치가 어린 시절에 마키아벨리의 친구였는지는 확실하지 않지만, 당시 피렌체에서 마키아벨리와 함께 살았음은 분명한 사실이며 피렌체는 읍 정도의 마을이었으니 서로를 충분히 알 수 있었을 것이다. 여하튼 소설에 나오는 마키아벨리 이야기는 공주와 관련된 부분을 빼면 거의 사실과 일치한다. 마키아벨리는 무엇보다도 어려서부터 죽을 때까지 여자를 지독하게 밝힌 놈팡이였음도 명백한 사실이다. 물론 마키아벨리는 그런 인물만은 아니었다.

루슈디가 묘사한 마키아벨리는 가상인물인 아르갈리아 또는 공주와 관련된 부분 등에서는 사실과 다르지만 그 외의 설정은 대부분 사실과 일치하고, 더 나아가 마키아벨리를 그 나름으로 독특하게 바라보는 관점이 매우 흥미롭다. 루슈디는 책 말미에 마키아벨리에 대한 최근의 연구문헌까지 참고자료로 제시하고 있으니 그가 한 이야기를 상당부분 믿어도 좋을 듯하다. 그중 몇 가지를 요약해보자.

첫째, 마키아벨리와 베스푸치는 커서 관리가 되는 것을 당연한 일로 생각했지만, 이는 그들이 그런 직장을 좋아해서가 아니었다고 루슈디는 본다. 도리어 그들은 관리가 하는 일에 대해 "책임도 희망도 미래도 없이 빌어먹을 장부나 끼적이는 빌어먹을"(루슈디, 186) 암울한 짓으로 생각한 것으로 루슈디는 묘사한다. 이는 그 둘이 피렌체 시청의 직원이 된 것에 대한 묘사인데, 지금 한국의 조그만 시골 시청의 직원 자리에 대해서도 마찬가지로 그렇게 느낄 젊은이들이 있을지도 모른다. 최근 한국에서는 공무원의 인기가 하급의 경우에도 높다고 하지만, 시골 시청의 공무원도 그렇게 인기가 있을까? 마키아벨리에게 피렌체 시청은 "이탈리아에서 제일 개 같은 병신새끼만 득실거리는 곳"일 뿐이었다고 루슈디는 말한다.(루슈디, 247) 그러면서도 마키아벨리는 바로 그런 개처럼 공무원 노릇을 하게 됐으니 더욱 여자를 밝혀야 했는지도 모른다는 것이 루슈디의 설명이다.

루슈디의 이러한 묘사와 설명처럼 실제의 마키아벨리가 그렇게 생각했는지는 알 수 없다. 실제로는 도리어 마키아벨리가 자신이 공무원 노릇을 하는 것을 꽤 자랑스럽게 생각했을 것 같기도 하다. 게다가 그는 말단 공무원에 머물지 않고 그런 공무원들을 거느리는 과장이나 국장 수준의 관리자로 출세했기에 더욱 더 자신의 공무원 노릇을 자랑스러워했을 수도 있다. 특히 그가 14년간 그 자리에 있다가 쫓겨난 뒤에 그가 싫어한 메디치가가 피렌체 시청을 차지했음에도 다시 그와 비슷한 자리로 복귀하려고 무던히도 애쓴 것을 보면 그렇게 볼 수도 있다. 물론 달리 할 일이 없어서 그랬는지도 모르지만. 마키아벨리의 공무원직 멸시에 대한 루슈디의 묘사는 난봉꾼으로서의 마키아벨리를 더욱 선명하게 부각시키기 위한 과장이라는 생각이 들 정도다.

둘째, 당시 피렌체에서는 남성 동성애가 유행하여 피렌체가 그 분야에서 세계의 수도라는 평을 들었고, 그럼에도 마키아벨리와 그의 친구들은 동성애를 전혀 하지 않은 것은 아니지만 그보다는 이성애에 대한 관심이 컸다는 점을 둘러싼 루슈디의 묘사다. 즉 당시 피렌체에서는 동성애를 막기 위해 교회의 원조 아래 '품행관리소'가 설치됐고, 거기서 매춘을 장려하고 전 유럽에서 창녀와 포주를 모아들였다는 것은 역사적 사실이다. 이런 일이 사보나롤라(Girolamo Savonarola)의 집권으로 인해 4년간 중지됐다가 마키아벨리가 29세가 됐을 때 다시 부활했을 정도로 당시에 매춘이 성행한 것도 사실이다. 그러니 루슈디의 묘사는 역사적 사실과 일치한다. 이 점은 르네상스기가 다 빈치, 미켈란젤로, 라파엘로를 중심으로 하여 성스러운 시대로 이미지화된 우리에게 상당히 충격적인 것일지 모르지만, 보기 나름으로는 마키아벨리의 호색과 함께 그 시대의 인간적 측면으로도 볼 수 있다.

여하튼 마키아벨리의 호색은 큰 문제가 아니니, 이 책에서 더 이상 이것을 시비하지 말도록 하자. 조선 5백 년 역사에서도 그렇지만 동양 전체의 과거 역사에서도 호색은 영웅의 자질이라고 하지 않았던가? 게다가 적어도 마키아벨리는 첩을 두거나 여종을 두고 성적 노리개로 삼지는 않았다. 당시 피렌체에서 불륜은 교회의 법과 국가의 법을 모두 위배하는 범죄였지만, 불륜을 이유로 실제로 처벌된 경우는 거의 없었다.(타임라이프북스, 60)

'권력욕의 화신'이라는 이미지

사보나롤라의 신정(神政)정치가 끝난 해에 마키아벨리는 시청 직원이 됐다. 그리고 그 자신이 "외국인이랑 놀아날 동안"에 "제일 지겨운 문서작업"(루슈디, 206)을 친구 베스푸치에게 맡기고 더욱 줄기차게 여색에 탐닉했다고 루슈디는 말한다.

동시에 마키아벨리는 권력 추구에도 몰두했다고 한다. "권력이야말로 어떤 마법의 뿌리보다 더 확실한 최음제였다."(루슈디, 221) 루슈디는 그야말로 권력을 위한 권력만을 추구하는 자, 어떤 목적을 위해 불가피한 권력 추구가 아니라 오로지 권력 자체가 목적인 권력의 악마, 권력의 화신인 것처럼 마키아벨리를 묘사한다. 루슈디에 의하면 마키아벨리에게는 권력욕에서나 성욕에서나 "목적이 수단을 정당화"하며, "살아남기 위해서는 무슨 짓이든 기꺼이 해야 한다"는

'적자생존론'이 삶의 원칙이었다.(루슈디, 233) 그러나 한낱 시청 사무직원이었던 마키아벨리를 권력욕의 화신인 듯이 묘사하는 것은 그를 성욕의 화신인 듯이 묘사하는 것과 마찬가지로 문제가 있다.

당시 인도 땅에 있었던 무굴제국의 황제는 잔인한 군주 칭기즈칸의 후손에 대해 "제 동포를 죽이고, 친구를 배신하고, 믿음도 종교도 자비도 없이 사는 것을 능력이라고 부를 수 없"다고 하면서 마키아벨리의 사상을 부정한다.(루슈디, 290) 이러한 묘사는 당시 공무원에 불과했던 마키아벨리의 생각이 무국제국 황제에게 전해졌음을 전제로 한 것이므로 상당히 황당한 것이기는 하지만, 여하튼 인도인의 경우, 뒤에서 네루를 통해 보겠지만, 마키아벨리즘을 부정하는 경향이 있을 수 있었음은 분명하다. 이는 인도인만이 아니라 도덕을 중시한 중국인이나 한국인도 마찬가지였을 것이다.

루슈디에 의하면 마키아벨리는 신심이 깊지 않았고 미사에도 잘 나가지 않았으나 평생 기독교인으로 살면서 다른 종교는 전부 거짓이라고 믿었다. 그러면서도 당대 전쟁의 대부분에 대한 책임이 교황에게 있다고 보았고, 주교와 추기경들을 범죄자로 생각했다. 마키아벨리는 14년간 공무원으로서 피렌체 시민들을 위해 봉사했으나 시민들은 그를 배신하고 파면했다. 그래서 그는 피렌체 시민들에게는 공화국이 과분하고 오히려 폭군이 어울린다고 생각하기도 했다. "사람들의 애정은 변덕스럽고 쉽사리 변하므로 이런 애정을 좇는 것은 어리석은 짓이다. 애정 따위는 없다. 있는 것은 권력뿐이다."(루슈디, 327) 그래서 그는 《군주론》을 썼다고 루슈디는 보는 것 같다.

그 뒤 마키아벨리는 결혼을 하지만 아내와는 출산을 위해서만 성관계를 하고 "활력을 유지하기 위해 매일 다른 여자와 잠자리를" 했다고 한다.(루슈디, 331) 루슈디가 묘사한 바에 따르면 아내는 그에게 애정을 바쳤지만, 그는 "싸구려 젊은 계집 꽁무니나 쫓아다녔다." "그는 품위 있고 박식했으며 작지만 먹고 살기에 충분한 영지도 있었지만, 메디치 궁전에 매일 아무 거라도 공무를 달라고 비굴하게 애걸하는 굴욕적인 편지를 썼다."(루슈디, 341)

루슈디에 따르면 마키아벨리는 항상 처자를 버리고 달아나고 싶었지만 실제로는 그렇게 하지도 못하고 궁정의 호의를 바라는 책을 썼다. 그 책은 앞에서 보았듯이 그가 매일 밤 궁정 예복을 입고 옛사람들과 대화한 결과였다. "한 세대에서 다음 세대로, 재탄생의 주기를 거치며 대를 이어 내려오는 것, 그것이 지혜다. 그 외의 것은 전부 야만이다."(루슈디, 343) 이러한 그의 순환적 역사관에 대해서는 뒤에서 상세히 살펴보도록 한다.

그러나 로렌초 데 메디치는 말했다. "실패자인 주제에 감히 군주에게 어떻게 성공해야 하는지를 가르치려 들다니. 분명히 내가 즉시 기억할 만한 책이렷다." "한 가지는 확실하겠군. 이 니콜로 마키아벨리의 이름이 행여나 기억된다면 사상가로서가 아니라 희극배우로서일 거야."(루슈디, 393)

이처럼 세계적인 소설가가 쓴 21세기적 마키아벨리는 여전히 부정적인 이미지다. 그는 권력욕의 화신일 뿐이다. 정치적 권력만이 아니라 성적 권력도 평생 광적으로 추구했다는 것이다. 그에게 그러한 측면이 있었던 것은 사실이지만, 그러한 측면만이 있었던 것은 아니다. 따라서 권력욕의 화신이라는 마키아벨리의 이미지가 반드시 정확한 것은 아니다. 도리어 나는 그가 쓴 책이나 그의 삶에서 그가 도덕을 매우 중시한 점을 읽었다. 따라서 그가 정치에서 도덕성을 없애버린 소위 마키아벨리즘을 창시했다는 이야기는 잘못된 것이다. 그야말로 소설 같은 이야기에 불과하다.

마키아벨리의 호색 설은 사실인가

위에서 본 시오노나 루슈디와 같은 작가들과 달리 학자들은 마키아벨리의 호색 설을 부정한다. 가령 스키너는 아내 이외에 마키아벨리가 관계한 여성들에 대해 전혀 언급하지 않으면서 "마키아벨리가 평생 그녀를 좋아했"고 그녀는 "마키아벨리의 부정도 참아냈다"고 한다.(스키너2010, 24) 스키너를 많이 인용한 강정인은 마키아벨리가 "오랫동안 구애해" 결혼을 했다고 하지만, 스키너가 그렇게 말한 적도 없고 사실과도 다른 이야기다. 사실은 마키아벨리가 중매결혼을 했으니 '오랫동안' 구애하기는커녕 결혼하기 위해 구애를 하지도 않았다.

반면 박상섭은 마키아벨리의 아내에 대해서는 전혀 언급하지 않으면서 '마지막 사랑과 마지막 좌절'이라는 소제목 아래 그가 연극

배우 바르바라와 벌인 연애를 상세히 설명한다. 박상섭은 리돌피가 쓴 《마키아벨리 평전》을 인용하여 마키아벨리가 여인들에 대한 관심이 컸다고 하면서도, 그의 여성편력이 많았다는 이미지는 바르바라와의 관계를 두고 마키아벨리의 친구가 마키아벨리를 '모든 여인의 연인'이라고 장난삼아 부른 것이 과장되어 와전된 것이라고 한다.(박상섭, 95) 그러나 리돌피를 비롯해 마키아벨리 전기를 쓴 작가들은 마키아벨리가 평생 많은 여성들과 사랑을 나누었다고 한다. 리돌피는 마키아벨리 전기를 쓴 이유에 대해 데 상크티스(Francesco De Sanctis)의 마키아벨리 묘사, 즉 "그는 로렌초 데 메디치와 흡사하다. 쾌락을 즐기는 성격에다 사교 모임에서든 난봉꾼들과든 가리지 않고 잘 어울리는 묘한 데가 있었다"고 한 것에 대한 불만에서라고 말했다.(리돌피, 6)

소설에 탐정으로 등장한 마키아벨리

마키아벨리에 관한 소설 중에 루슈디의 소설처럼 부정적인 것만 있는 것은 아니다. 마키아벨리를 탐정으로 묘사한 《마키아벨리의 눈물》이라는 소설도 있다. 이것은 2003년에 나온 프랑스의 소설을 2009년에 우리말로 번역한 것인데, 소설의 배경은 십여 년간 이어진 전쟁으로 피폐해진 1498년의 피렌체다. 그 해 초에 피사는 반란이 일어나 반란군의 점령 하에 있었고(실제로는 반란이 그로부터 4년 전에 일어났다), 다른 소도시들에서도 반란이 준비되고 있었다.

그때는 사보나롤라가 처형된 뒤 마키아벨리가 스물아홉 살로 막 사무관에 취임한 직후였다. 그때 엽기적인 연쇄살인 사건이 터진다. 소설의 중심인 이 연쇄살인 사건은 당연히 픽션이다.

30세 청년이 처녀작으로 쓴 이 작품은 가령 마키아벨리가 일곱 살 때 그의 부모가 죽었다고 했다가 다시 그가 19세 때 아버지가 죽었다고 하는(실제로는 마키아벨리가 31살 때 그의 아버지가 죽었다) 등 서로 맞지 않는 부분들이 많다. 또 소설에서 마키아벨리가 사무관에 취임한 뒤에도 사보나롤라가 설교를 계속하고 심지어 시뇨리아의 위원 8명 중 한 명으로 참석한다는 묘사도, 그 뒤 마키아벨리가 피치노에게 배운다는 묘사도, 그가 피치노의 질녀와 사랑을 한다는 묘사도 다 사실과 다르다.

이 소설에는 사창가의 창녀들에 대한 이야기가 끊임없이 나오는데, 루슈디의 작품에서와 달리 마키아벨리가 그녀들을 사랑하는 장면은 하나도 나오지 않는다. 그밖에도 여러 가지가 사실과 다르지만, 마키아벨리에 관한 것으로는 그가 기독교인으로서 매주 미사에 참석한 듯이 묘사된 것 등이 사실과 다르다. 마키아벨리가 착실한 기독교인이었는가 아닌가는 지금까지도 논쟁이 되고 있는 것인데, 대체로 마키아벨리를 좋게 보는 사람들(이탈리아인이 많다)은 그가 기독교인이었다고 하고, 그를 좋게 보지 않는 사람들(주로 루슈디 같은 외국인)은 그가 기독교인이 아니었다고 보는 경향이 있다.

이 소설은 역사스릴러라는 외장에도 불구하고 전혀 흥미롭지 못한데도 번역됐다. 왜 이런 책까지 번역하는지 까닭을 알 수 없지만, 혹시 10여 년 전에 나온 시오노 나나미의 《은빛 피렌체: 메디치가 살인사건》처럼 대중적인 인기를 끌지도 모른다는 기대감에서인지도 모르겠다. 나에게는 시오노의 모든 책이 역겹지만 특히 그 소설이 싫었는데, 《마키아벨리의 눈물》도 그 아류에 불과하다.

여하튼 5백 년 전에 정치학자(물론 아직 이런 말이 나오기 전이었지만)였던 사람이 이렇게 소설의 주인공으로 등장하는 경우가 마키아벨리 외에 또 있는지는 나는 모른다. 마키아벨리는 특별히 매력 있는 얼짱이거나 몸짱이지도 않았다. 5백 년간 인기가 있었다기보다는 오히려 인기가 없었다고 볼 수 있다. 그런데 왜 여러 소설의 주인공으로 그가 등장하는가? 아마도 악명이건 뭐건 간에 그가 유명한 탓이리라.

《산타 비토리아의 비밀》 속의 《군주론》

앞에서 본 소설들과 달리 마키아벨리가 등장하지는 않지만 그의 《군주론》이 주인공처럼 등장하는 소설이 있다. 바로 로버트 크라이턴(1925~93)의 《산타 비토리아의 비밀》(1966)이다. 이 작품의 주인공은 이탈리아의 산골인 산타 비토리아에서 늘 술에 젖어 사는 무능한 공처가인데, 배우 앤서니 퀸을 아는 사람들은 그의 연기를 떠올리면 되겠다. 그는 1969년에 만들어진 같은 제목의 영화에서 주연을 맡아 그 역할을 잘 소화했다.

그 작중 인물인 이탈로 봄볼리니는 1943년에 무솔리니가 실각할 때 파시스트 시장이 물러나자 몇몇 마을사람들의 취중 추대로 얼떨결에 시장이 된다. 무엇을 해야 하는지를 모르는 그는 마키아벨리를 떠올리고 밑줄을 그어가며 《군주론》을 43번이나 읽는다. 그러고는 무슨 일이든 마키아벨리의 가르침을 따라 한다. 특히 "신의를 지키는 것이 자신의 이익과 위배될 경우 군주는 결코 신의를 지키면 안 된다"는 구절을 모토로 삼아 몇 차례의 불신임 위기를 교활한 꾀로 넘기는가 하면 공짜 포도주를 풀어 마을사람들의 환심을 사기도 한다.

소설의 후반부는 독일군이 산타 비토리아의 생명줄이나 다름없는 포도주를 접수하기 위해 들이닥친 뒤 봄볼리니와 마을사람들이 포도주 1백만 병을 동굴 속에 숨긴 것을 둘러싸고 전개된다. 독일군 지휘관인 폰 프룸은 클라우제비츠의 《전쟁론》으로 무장한 엘리트 장교로, 《군주론》을 신봉하는 봄볼리니와 대결한다. 소설은 물론 야비한 꾀와 천부적인 더듬수쟁이인 봄볼리니가 포도주와 마을을 지켜내는 해피엔드로 끝난다.

'인간 봄볼리니'는 매우 야비한 인물이지만 '시장 봄볼리니'는 거꾸로 매우 유능한 리더다. 특히 그의 야비함은 마을의 안녕이라는 공익을 지키기 위한 중요한 덕목이 된다. 국가의 이익을 위해서는 수단의 도덕적 선악을 가리지 말아야 한다는 마키아벨리즘의 대전제에 충실한 것이다.

이 소설에서 주인공이 읽은 《군주론》이 적군 지휘관이 읽은 《전쟁론》에 승리하는데, 이는 《군주론》의 시민정치가 《전쟁론》이 상징하는 독일 나치스의 권력에 승리한다는 이야기인가? 그런 것처럼 보이지만, 사실 그 두 고전 사이에 그렇게 큰 거리가 있는 것은 아님을 주의해야 한다. 클라우제비츠는 19세기 프로이센의 군인이었지만, 그의 《전쟁론》은 전쟁은 물론이고 군사 및 외교 전략을 고찰하는 데서 《군주론》과 함께 쌍벽을 이루는 고전이다. 게다가 《군주론》에도 전쟁에 대한 논의가 있고, 나아가 마키아벨리는 《전술론》이라는 군사론의 걸작까지 썼다. 사실 《군주론》은 《전술론》을 정치에 응용한 책이라고 해도 과언이 아니다.

위 소설에서는 무솔리니가 처형되고 파시스트 시장이 물러난 뒤에 선출된 시장이 《군주론》에 입각하여 훌륭한 시민정치를 펴는 것으로 나오지만, 사실은 파시즘이 《군주론》에서 비롯됐다고 해도 과언이 아니다 싶을 정도로 무솔리니는 그 누구보다 마키아벨리를 좋아했고, 특히 《군주론》을 좋아했음을 주의해야 한다. 마키아벨리와 같이 이탈리아인인 무솔리니와 달리 오스트리아 출신의 독일인인 히틀러도 무솔리니만큼은 아니었지만 역시 파시스트로서 마키아벨리를 좋아했다. 물론 히틀러는 클라우제비츠의 《전쟁론》을 더 열심히 읽었다.

이탈리아인인 마키아벨리를 그가 죽은 뒤 5백 년 동안 이탈리아인들이 좋아한 점에 대해서는 이상하게 생각할 것이 없을지도 모른다. 《군주론》은 5백 년 전에 씌어진 책이니 지금 그것을 읽으면 당연히 한계는 있겠지만 그 책에서 취할 것이 있다면 그야말로 그것은 고금의 통시성을 갖춘 고전인 것이다. 마찬가지로 가령 정약용의 《목민심서》나 《흠흠신서》도 지금 공무원들의 공무 수행에 귀감이 될 부분이 있으므로 고전이다.

그러나 위 소설에서 보듯이 정치의 사상이나 기술이라는 측면에서 《군주론》이 현대에도 쓰임새가 있다고는 할 수 있어도, 그 책이 현대 민주주의의 시민정치를 논한 책이라고 할 수는 없다. 분명 마키아벨리는 봄볼리니 같은 시골 무지렁이가 시장이 되는 것을 용납하지 못했을 것이고, 그가 자신이 쓴 책에서 말한 군주도 그런 사람이 아니다. 그리고 정약용도 민주주의자는 아니었다.

무솔리니와 마키아벨리

무솔리니 이야기를 좀 더 할 필요가 있다. 왜냐하면 같은 이탈리아 사람인 마키아벨리와 무솔리니는 각각 살던 시대가 몇백 년 차이가 날 정도로 다르지만 묘하게도 비슷한 부분이 많기 때문이다. 그럼에도 그 둘의 공통점을 지적하는 견해는 거의 없다는 게 참으로 이상하다. 이는 마치 니체와 히틀러가 비슷한 점이 많아서 그렇다고 말하면 독일인은 물론 니체를 좋아하는 한국인도 화를 내는 현상과 비슷하다. 히틀러와 니체는 다르다고 하듯이 무솔리니와 마키아벨리는 다르다는 것이다. 위에서 본 영화에서처럼 말이다. 그러나 21세기에 마키아벨리가 문제가 된다면 그것은 니체의 경우처럼 히틀러나 무솔리니의 파시즘 때문이다.

《장미의 이름》 등을 쓴 움베르토 에코는 "무솔리니에게 철학 따위는 없었다. 단지 그럴듯한 말뿐"이라고 했다. 무솔리니는 극좌에서 극우로 변신했고, 코스모폴리탄이었다가 국가주의자가 됐고, 무신론자였다가 집권 중에는 자신을 "신이 이탈리아에 내리신 선물"이라고 했고, 왕정을 기필코 타도해야 한다고 했다가 거꾸로 국왕의 보호자를 자처했다가 또다시 왕정 반대론자로 돌아섰다. 그 스스로가 이렇게 말한 적이 있다. "파시즘은 어떤 고정된 신념체계가 아니다. 권력을 장악하기 위한 방법일 뿐이다."

무솔리니의 전기를 쓴 라우라 페르미가 지적한 것처럼, 파시즘이 마키아벨리에게서 나왔다고 할 수는 없지만 무솔리니가 마키아벨리에게서 깊은 영향을 받은 것은 분명하다. 무솔리니는 마키아벨리를 "정치학의 모든 스승 가운데 가장 훌륭한 스승"이라고 격찬하면서 자신의 스승으로 삼았다. 무솔리니의 아버지는 사회주의자였으나 어려서부터 그에게 자주 마키아벨리의 책을 읽어주어 깊은 인상을 남겼다. 그는 40세가 된 1923년에 마키아벨리의 책을 다시 읽고 깊은 감동을 받기도 했다. 그러나 그는 이미 1918년부터 마키아벨리를 자주 인용했고, 특히 "모든 무장한 예언자는 성공하나 무장하지 않은 예언자는 실패한다"는 마키아벨리의 말을 가장 자주 인용했다.(페르미, 189)

무솔리니와 히틀러

무솔리니는 1924년에 쓴 《마키아벨리 서론》에서 인간을 지배하는 자가 반드시 휴대해야 할 교과서가 《군주론》이라면서 마키아벨리가 정치를 도덕에서 분리한 점을 찬양했다. 또 니체의 사상과 유사한 마키아벨리의 '인간 일반에 대한 비관론'과 '소수자의 우월성에 대한 주장'으로부터 영향을 받았다. 니체가 초인을 말한 바와 비슷하게 마키아벨리는 체사레 보르자와 같은 절대군주에게는 그의 목적을 위해서라면 모든 것이 허용된다고 했다고 그는 이해했다.

무솔리니가 1923년에 〈힘과 동의〉라는 제목으로 쓴 글의 일부를 읽어보자.

> 동의라는 것은 바닷가의 모래언덕처럼 변하기 쉽다. … 결코 모든 사람의 동의를 얻을 수는 없다. … 어떤 정부의 어떤 조치에 대해서도 한편에서 불만을 느끼는 사람들이 있을 것이다. … 정부는 불만이 확대되기 전에 필요한 경우에는 가차 없이 힘을 행사해서 그것을 방지하지 않으면 안 된다. 왜냐하면 자기를 강화하고 정부를 확고히 지키는 것이 여당의 책임이며, 또한 힘이라는 것은 동의를 회복하는 데 도움이 될 수 있기 때문이다.(페르미, 190)

페르미는 이 구절을 무솔리니에 대한 마키아벨리의 영향을 보여주는 것이라고 해서 인용하지만, 그러한 평가는 옳지 못하다. 왜냐하면 마키아벨리는 불만을 무조건 없애라고 하기는커녕 불만에 의해 시민정치 공화정이 구현된다고 주장했기 때문이다. 따라서 무솔리니는 마키아벨리를 정확하게 이해하기는커녕 세속적인 마키아벨리즘을 추종한 무지막지한 독재자에 불과했다고 말하지 않을 수 없다. 그러나 그렇다고 해서 무솔리니와 마키아벨리가 전혀 무관하다고 말할 수는 없다. 적어도 무솔리니는 마키아벨리의 이름으로 파시즘을 형성했기 때문이다. 따라서 우리는 무솔리니와 마키아벨리의 연관성을 철저히 파헤쳐야 한다. 이는 가령 공자나 맹자가 형성한 유교에서는 쿠데타를 해서 독재를 하라고 한 적이 없지만 쿠데타로 집권한 군사독재정권이 공자나 맹자의 이름을 팔아 독재를 정당화하는 경우에 그 둘을 무관하다고 볼 수 없는 것과 같다.

그람시와 마키아벨리

무솔리니의 파시즘에 의해 오랫동안 감옥살이를 하다가 죽은 사회주의자 안토니오 그람시도 마키아벨리를 좋아했다. 무솔리니가 마키아벨리를 팔아 파시즘 독재를 하는 동안 그람시는 감옥에서 마키아벨리야말로 이탈리아를 사회주의화하는 데서 가장 중요하게 참고해야 할 사상가로 보았다. 그는 '국민적·민중적 집단의지의 형성'을 도모할 사회주의 정당, 즉 '현대의 군주'를 마키아벨리의 《군주론》에서 찾았다. 그람시가 파악한 이러한 마키아벨리는 그 뒤 루이 알튀세르, 안토니오 네그리 등에게로 이어졌다.

그런데 사회주의 내지 마르크스주의의 원조인 마르크스와 엥겔스는 정작 마키아벨리를 끔찍이도 싫어했다. 가령 마키아벨리 연구의 대가인 스키너에 의하면 마르크스와 엥겔스는 "'마키아벨리적 정책'의 진정한 옹호자는 혁명적 격변기에 '민주세력을 무력화시키고자' 기도하는 자들"이라고 주장하며 마키아벨리주의의 원칙을 비난했다.(스키너2010, 8) 반면 스탈린은 젊을 때 마키아벨리의 책을 읽고 또 읽었다.(오버리, 54)

러시아 과학아카데미연구소가 펴낸 《세계철학사》에 의하면 마키아벨리의 입장은 "부르주아적이고 반인민적인 사회학 이론의 한 전형"으로 "착취 받고 있는 인민대중의 불만을 억압하고 이탈리아에 통일 세속국가를 확립하기 위해서는 '철권정책'을 비롯하여 수단방법을 가리지 않고 이용해야 한다는 것"이다. 그리고 《군주론》은 "폭력, 배신, 이중성에 대한 얄궂은 변호론"이다.(러시아 과학아카데미연구소, 58~59)

물론 마르크스나 레닌이 마키아벨리를 싫어했는데도 마르크스주의자들이 마키아벨리를 좋아한다고 해서 안 될 것은 없다. 그러나 사회주의와는 아무런 관련이 없고 도리어 사회주의 같은 것에는 철저히 반대했을 마키아벨리를 사회주의자들이 좋아한다는 것을 나로서는 도저히 이해할 수 없다. 그들은 마키아벨리가 '인민의 해방'이라는 이상을 가졌다고 하지만, 이런 관점은 수긍하기 어렵다. 마키아벨리는 기껏해야 부르주아 계급적인 시민 중심의 제한된 공화정치를 이상으로 가졌을 뿐이다.

게다가 그런 '마키아벨리=인민해방자'라는 주장을 하려면 적어도 그람시가 감옥에서 그런 생각을 했을 때 감옥 밖에서는 무솔리니가 전혀 반대되는 주장, 즉 '마키아벨리=인민억압자'라는 주장을 했다는 것도 말해야 대중에게 객관적인 역사적 사실을 공정하게 알려주는 것이다. 특히 그람시니 뭐니 하는 자들이 그렇게 말했으니 그렇다고 할 것이 아니라 마키아벨리의 사상을 정확하게 분석해서 그렇다고 해야 할 것이다.

국내외를 막론하고 좌파는 자기들끼리만 통하는 이야기를 하는 것으로 유명한데, 이는 우파의 경우도 마찬가지다. 그러나 그람시의 마키아벨리와 무솔리니의 마키아벨리를 동시에 말한 사람도 있는데, 영국의 우파인 폴 존슨이 유일하게 그런 사람이다. 그는 저서 《모던타임스》에서 무솔리니는 근본적으로 마르크스주의자였으며 레닌처럼 "우유부단한 대중의 감정과 신념, 의지를 사로잡을 소수 전위대"의 결성을 주창했고(존슨, 116), 그람시와도 정확하게 일치하는 지적 전통인 마르크스주의와 함께 마키아벨리식 실용주의의 입장이었다고 했다.

존슨에 의하면 "자신에게 지도자의 자질이 부족하다고 생각한 그람시는 무솔리니와는 달리 마키아벨리로부터 군주가 아니라 집단을 이끌어냈다." "따라서 무솔리니가 로맨스와 드라마에 기댔을 때 그람시는 생디칼리슴에 매달렸고, 공장점거를 주장했다."(존슨, 188) 그러나 생디칼리슴이나 공장점거는 마키아벨리와 무관하다. 존슨은 파시즘을 마르크스주의의 이단, 즉 그 레닌주의적 변형에 불과하다고 하지만(존슨, 196), 무솔리니나 히틀러의 파시즘은 본질적으로 반(反)사회주의, 반(反)공산주의였다.

우파인 존슨에게 신뢰감을 갖지 못하는 사람이 있다면 좌파인 에른스트 블로흐가 마키아벨리에 대해 한 말을 들려주고 싶다. 블로흐는 그람시가 아닌 소렐을 언급하면서 소렐이 폭력에 대해 "냉정한 꿈"을 꾼 반면 마키아벨리는 "폭력의 끓어오르는 열정을 가르친 사람"이라며 "소렐의 이론이 좌익 세력 및 우익 세력에 제각기 작용한 것과 달리 마키아벨리는 나중에 프롤레타리아 운동에는 전혀 영향을 끼치지 않았다. 이와 관련하여 마키아벨리의 사고는 파시즘의 모든 근원적 내용을 담고 있다"고 한다.(블로흐, 1976)

나아가 블로흐는 마키아벨리가 "객관적 경향성을 철저히 불신한다는 점에서" 파시즘과 일맥 상통한다고 보고 "객관적 경향성을 철저히 불신하는 자는 시민시대의 시작과 종말을 추상적으로 결부시킨다. 세계는 이곳저곳에서 수많은 정열들과 우연으로 뒤덮인 무더기로 나타난다. 마키아벨리의 생각과 파시즘 사이에 차이가 있다면 그것은 다음과 같다. 즉 전자의 경우 르네상스 시대 사람들이 법의 개념을 문 안으로 맞이하지 못했던 반면에, 후자의 경우 파시스트들은 법의 개념을 문 바깥으로 내팽개친다는 사실 말이다"라고 한다.(블로흐, 1979)

나는 마키아벨리를 비롯한 르네상스 시대 사람들에 대해 법을 몰랐다는 식으로 주장하는 블로흐의 견해에 찬성하지 않는다. 뒤에서 보겠지만, 마키아벨리는 물론 르네상스 시대 사람들만큼 법을 중시한 사람들이 없었기 때문이다. 그 점에서 그들의 생각은 파시즘과 달랐다. 또 마키아벨리가 폭력을 숭상했다고 보는 블로흐의 견해에도 문제가 있다. 마키아벨리가 객관적 경향성을 불신한 것은 사실이지만 파시스트들만큼 그것을 철저히 불신한 것은 아니었다. 그러나 블로흐가 그람시와는 달리 파시즘과 마키아벨리의 상관성을 정확하게 인식한 사회주의자라는 점은 기억할 만하다.

마키아벨리는 19세기 민족주의 지식인들에 의해 민족주의 사상의 선구자로 평가됐고, 특히 헤겔과 같은 국가주의자들로부터 환영받았다. 그리고 그것은 나치즘과 파시즘을 결과했다. 이에 대한 가장 날카로운 비판자는 물론 블로흐일 것이다. 《군주론》에 표현된 인간성 무시와 교활한 군주의 통치술을 보면 블로흐가 《군주론》을 그렇게 비판한 데는 충분한 근거가 있다고 할 수 있다.

반면 파시즘에 대항한 이탈리아 공산당의 창시자인 그람시는 《현대 군주》에서 《군주론》을 압박받는 시민들의 집단의지를 폭발시키고자 한 책으로 보면서 그런 폭발을 가능하게 하여 사회주의 혁명을 완수하려는 이탈리아 공산당을 마키아벨리의 군주와 동일시했다(그람시, 115). 이러한 견해는 다시 존 산본마쓰의 《탈근대 군주론》으로 이어져, 그 자신이 대안이 없다고 비판한 푸코 류의 포스트모더니즘을 극복할 대안으로 《군주론》이 원용된다.

《군주론》에 대한 그람시의 새로운 해석은 그가 파시즘이 본격화하기 전인 1937년에 죽었기에 블로흐가 지적한 파시즘과 마키아벨리의 연관성을 보지 못한 탓만은 아닐 것이다. 이에 대해서는 그람시가 자기 나라인 이탈리아의 고전을 나름대로 재해석하여 공산당의 혁명의지를 부각시켜보려고 한 것이라는 정도로 이해할 수 있다고 나는 생각한다. 특히 주의할 것은 그람시가 《군주론》에 대한 전반적 이해를 중시한 것이 아니라 《군주론》에서 마키아벨리가 운명에 대해 의지를 상당히 강조한 측면만을 원용하고 있다는 점이다. 이는 산본마쓰의 경우도 마찬가지다.

포스트모더니즘을 극복할 대안이 반드시 《군주론》일 필요는 없다. 도리어 《군주론》은 현실을 냉정하게 바라보고 이데올로기를 극복하고자 한 르네상스적 실용성의 지혜로 보는 것이 타당하지 않을까? 이런 점에서 나는 마키아벨리의 진정한 후배는 막스 베버라고 생각한다.

한때 반공학자로 우리나라에 이름을 떨친 막스 베버가 이제는 프로테스탄티즘이 아닌 유교를 토대로 한 자본주의 발전을 설명하는 이론적 토대를 형성한 사람으로 인용되고 있다. "동아시아는 유교로 인해 자본주의가 발전하지 못했다"는 그의 주장은 간과된 채로. 사실 베버의 사상과 이론은 마르크스주의를 부정한 것이 아니라 물질만으로는 문화를 설명할 수 없다는 시각에서 정신의 측면을 보충한 것에 불과하다.

안토니오 그람시

그런 점에서 베버는 겹눈을 가진 르네상스적 인간이다. 그는 19세기 말 독일에 만연한 이데올로기병을 치유하고자 노력했다. 정치를 하나의 관념으로 보면서, 그것을 긍정하면 무조건 미화하고 부정하면 무조건 비난하는 태도를 극복하고자 한 것이다. 그렇게 하기 위한 방법으로 베버는 긍정에 대해서는 부정, 부정에 대해서는 긍정이라는 균형적 태도를 취했다. 이는 국수주의가 판치면 평화주의를 옹호하고, 평화주의가 판치면 국수주의를 변호하는 것으로 표현됐다.

베버의 이런 행동을 두고 일관성이 없다고 매도할 수도 있겠으나, 베버에게 정치는 윤리와는 아무 상관도 없는 실용주의의 대상에 불과했다. 그래서 그는 하나의 가치를 선험적인 것으로 고정해두지 않고, 강인한 주체성을 바탕으로 하여 구체적인 상황에 따라 끊임없이 바뀌고 모든 것을 상대화하는 유연한 사고를 구사했다. 이러한 사고는 당시 독일에서 철저히 매도됐지만, 유연한 사고의 부재야말로 나치와 동서독 분단의 '씨앗'이었다. 지금 우리의 사정도 그와 마찬가지가 아닐까?

2장

시민도시 피렌체의 르네상스

마키아벨리의 고향 피렌체

아름다운 도시 피렌체

마키아벨리를 이해하기 위해서는 그가 살았던 시간과 공간 및 그 정치적 배경을 살펴볼 필요가 있다. 그가 살았던 시간은 15세기 말~16세기 초의 르네상스 말기였고, 그가 살았던 공간은 이탈리아 피렌체였다. 그 두 가지 중에서 공간인 피렌체를 먼저 살펴보고, 이어 르네상스기의 도시국가에 대해 알아본 뒤, 다시 피렌체의 역사와 정치를 들여다보기로 하자.

피렌체라는 말은 꽃을 뜻한다. 실제로도 꽃의 도시이지만, 도시 자체가 한 송이 꽃이다. 아름다운 도시라고 할 수 있는 곳은 이 세상의 수많은 도시 중에서 그렇게 많지 않다. 파리도, 런던도, 더욱이 뉴욕도, 로스앤젤레스도 결코 아름다운 도시가 아니다. 아름답기는커녕 추악한 대도시다. 피렌체와 함께 아름답다고 할 수 있는 도시는 겨우 프라하 정도뿐이다. 피렌체는 같은 이탈리아의 도시인 로마나 베네치아보다 월등 아름답다.

나는 아름답다는 말을 내가 사는 동네나 시골 또는 도시라는 공간에서 실감해본 적이 없기에 피렌체를 아름다운 예술품처럼 사랑한다. '삼천리금수강산'이란 말은 적어도 오늘의 한반도에는 맞지 않는 말이다. 지금은 '삼천리아파트'라고 해야 한다. 아파트를 예술이라고 할 사람은 없다. 특히 한반도의 그 획일적인 아파트들을 두고야 절대 그렇게 말할 수 없다. 반면 피렌체는 그 자체가 예술이다. 이 세상에서 가장 아름다운 예술품이라고도 한다.

무엇보다도 피렌체는 르네상스 그 자체다. 다 빈치, 미켈란젤로, 라파엘로의 동네일뿐만 아니라 단테, 마키아벨리, 갈릴레이의 동네이기도 하다. 그곳에 세계적인 미술품의 5분이 1이 있다. 그리고 인문학의 아버지라는 단테, 사회과학의 아버지라는 마키아벨리, 자연과학의 아버지라는 갈릴레이가 있다. 르네상스 없이 유럽은 없다. 피렌체 없이 유럽은 없다. 피렌체 없이 예술도 학문도 없다. 적어도 서양의 경우는 그렇다.

그래서 피렌체는 언제나 내 마음속에 남아 있다. 그곳에 너무나 자주 갔고, 너무나 좋아서 그곳에 아예 눌러 앉아 살고자 한 적도 있다. 그러나 아름다움은 아쉬움과 짝이다. 아마 실제로 거기서 오래 살았다면 이렇게 아쉽게까지 아름답게 기억되지 못했을지 모른다.

나는 피렌체의 아름다움을 여기서 글로 표현할 수 없다. 글재주가 없기 때문이기도 하지만, 표현 자체가 불가능하다는 생각도 들기 때문이다. 자연경관이나 건물들이 아름답다는 것만이 아니다. 도시가 너무나 인간적이어서 아름답다.

여기서 '인간적'이라 함은 시장이나 버스 등이 언제나 시끌벅적하고 술집과 음식점이 24시간 365일 개방되어 온통 흥청망청하는 한국적인 것을 말하는 게 아니다. 도리어 조용하고 깨끗하며 영업시간이 엄격하게 제한된 것을 말한다. 또 4층 고도제한이나 9퍼센트 이내 주차장과 같은 도시계획상 인간적 배려가 있는 것을 말한다. 이 모든 것이 우리에게는 익숙하지 않다. 인간은 4층 이하에서 살아야 고립되지 않고 세상과 연결된 느낌을 받는다. 수십 층 아파트에 사는 것을 행복이라고 생각하는 한국인은 이 점을 이해하기 어렵다.

어떤 부지의 9퍼센트 이상이 주차장이면 역시 인간적인 분위기와 접촉을 해친다는 것도 한국인은 이해하기 어렵다. 공공 야외공간, 소형 개인상점, 노상 카페, 길모퉁이 소형 잡화점 등이 반드시 있어야 한다고 보는 것에 대해서도 마찬가지다. 그런데 그런 것들이 많기에 피렌체는 아름답다. 반면 초고층 아파트와 대형 주차장과 거대한 쇼핑센터만 우글거리는 한국의 도시는 아름답지 않다.

피렌체를 인간적이라고 하는 가장 큰 이유 세 가지를 들라면 우선 시내는 물론 주변 시골도 가고 싶은 곳이면 어디든 걸어서 갈 수 있는 작은 도시라는 점을 꼽을 수 있다. 둘째는 도심의 도로가 대부분 보행자 전용이고 차량출입이 금지된다는 점이다. 셋째는 아름다우면서도 독일이나 스위스의 도시처럼 과도하게 청결하지는 않다는 점이다. 피렌체의 악취는 19세기에도 세계 최악으로 유명했으니 마키아벨리가 살았던 15세기 말에서 16세기 초에는 더욱 심했으리라.

우리의 주인공 마키아벨리가 세상에서 가장 아름답고 인간적인 도시 피렌체에서 태어나 살다가 죽었다는 사실은 분명 그가 자주 말한 운 중에서도 운이었다. 그래서 르네상스인 팔미에리(Matteo Palmieri)가 1430년대에 쓴 다음 글에 공감이 간다.

> 고귀한 천품을 타고난 재사들이 지난 천 년 동안 세상이 목격한 것보다 더 많이 배출되어 이미 기쁨을 맛보고 있는, 희망과 약속으로 가득 찬 이 새로운 시대에 태어나도록 허락받았음을 생각이 있는 사람이라면 모두가 신에게 감사드려야 한다.(스키너2004, 201에서 재인용)

마키아벨리가 그런 곳에서 평생 살았다는 것의 의미를 모르면 그의 사상을 충분히 이해할 수 없다. 그런 인간적인 분위기의 의미를 모르고서는 그의 시민정치를 제대로 알 수 없다. 비인간적인 거대도시에서는 시민정치와 반대되는 독재정치가 횡행하기 쉽다. 민주적인 도시에서만 시민정치가 꽃필 수 있다.

따라서 고층 아파트나 대형 도서관에서 그의 책을 읽어서는 그 맛을 제대로 알 수 없다. 그의 시민정치를 제대로 맛볼 수 없다. 그의 일상생활을 모르고서는 그의 책을 이해할 수 없다. 그런데 지금 우리로서는 그의 일상생활을 도저히 알 수도, 경험할 수도 없다. 그래서 그의 사상을 알기 위해서는 최소한의 상상이라도 해보는 것이 필요하다.

그는 아름다운 피렌체에서도 가장 유명하고 아름다운 베키오 다리를 매일 아침저녁에 건너서 도심으로 들어갔다가 나와 집으로 가곤 했다. 그의 집은 베키오 다리에서 100미터 내에 있었고, 그가 태어났을 때 막 지어진 피티궁에서도 가까웠다. 그 집은 2차대전 때 연합군의 포탄에 맞아 파괴되기 전까지 거의 5백 년 이상 그대로 보존됐다. 모양은 지금의 3층 아파트와 비슷한 카사(Casa) 형태였고, 친척들이 사는 몇 개의 주거지가 안뜰을 둘러싸고 배치됐다. 각 주거지의 1층은 상점이나 작업실, 2층은 거실과 침실, 3층은 주방이었다. 그야말로 거주자들이 자유롭고 평등하게 함께 살아가는 시민공동체였다.

그밖에도 그는 도시의 모든 곳을 다녔을 것이다. 놀기를 좋아했으니 말이다. 특히 1백 개가 넘는 광장을 언제나 쏘다녔을 것이다. 그 광장에서 친구나 친지는 물론 별별 종류의 사람들을 다 만나서 그들과 이야기하고 토론했을 것이다. 정보와 아이디어, 특히 다양한 인간적 감정을 교환했을 것이다. 그곳은 그야말로 마음의 광장, 정신의 광장이었을 것이다. 그가 쓴 모든 책은 그런 광장생활의 소산이기도 하다. 그러니 우리는 그가 살던 도시를 이해해야 한다. 시민정치의 무대인 광장을 모르고서는 시민정치나 민주주의에 대해 말할 수 없다.

아마도 대부분의 피렌체 사람들처럼 마키아벨리도 매일 해가 뜰 즈음 잠자리에서 일어났으리라. 피렌체 특유의 금속 덧문들이 올라가고 집안에서는 식구들이, 거리에서는 상점 주인들이 우렁찬 목소리로 서로 아침인사를 건넸을 것이다. 좁은 골목과 넓은 광장에서는 주민들이 친근하게 이야기하는 소리가 끊이지 않았을 것이다. 그러니 지금 우리네 생활보다는 더욱 시끄러웠으리라. 마키아벨리의 목소리도 시끄러웠으리라. 그의 책은 그런 목소리를 그대로 옮긴 것이라고 해도 과언이 아니다.

일탈 또는 해방의 땅

그런 피렌체의 일상을 영화에서 살펴보자. 할리우드나 홍콩의 상업 영화만 판치는 우리나라에서 유럽 영화, 특히 이탈리아 영화는 쉽게 보기 어렵다. 그나마 우리에게 친숙한 것 중에 영국 영화 〈전망 좋은 방〉(1985)이 있다. 이 영화는 20세기 초의 피렌체를 배경으로 한 것이다. 영국에서 온 보수적인 처녀가 피렌체에 여행 왔다가 알게 된 남자와 사랑에 빠져 집안에서 정해준 약혼자를 버리고 그 남자와 결혼한다는 이야기다. 피렌체는 그런 일탈 또는 해방의 땅으로 그려진다.

여주인공이 피렌체에서 처음으로 산책하다 만난 흰 벽의 산타크로체 교회에는 마키아벨리와 미켈란젤로를 비롯한 이탈리아 천재들의 무덤이 있다. 이어 다비드 상을 비롯한 조각상들이 즐비한 시뇨리아 광장에 갔다가 거기서 벌어진 청년들끼리의 싸움과 그로 인한 백주의 살인극을 보고 여주인공은 기절한다. 이 장면은 이탈리아의 정염, 특히 피렌체를 중심으로 하는 토스카나 지방의 정염을 상징한다. 물론 그것이 치열한 정치논쟁 때문이었을 수도 있다. 르네상스 당시에도 "내가 신이다"라고 주장한 사보나롤라가 이곳에서 화형 당했다.

이 영화를 충분히 이해하려면 19세 말엽께 피렌체의 주민 20만 명 중 3만 명이 영국인 또는 미국인이었다는 사실을 알 필요가 있다.(리비트, 64) 당시 피렌체는 영국이나 미국의 도시들에 비해 물가도 엄청 쌌지만, 무엇보다 동성애를 비롯한 성적 금기에서 엄격하지 않고 관대한 탓에 영국인, 미국인들로 들끓었다. 이 영화의 원작 소설을 쓴 작가 E. M. 포스터도 동성애자였다. 《르네상스》를 쓴 19세기 영국의 문필가 월터 페이터는 동성애자는 아니었지만 역시 19세기 영국의 보수성에서 벗어나고자 했다.

앞의 1장에서 말한 서머싯 몸도 동성애자였고, 20대에 피렌체를 여행하고 마키아벨리를 주인공으로 한 소설을 썼다. 《멋진 신세계》의 작가 올더스 헉슬리는 피렌체를 사랑했다가 그곳을 "영국인 변태성욕자들과 중년의 레즈비언들이 거주하는 3류 지방도시"라고 비난하며 로마로 갔다.(리비트, 68) 그는 피렌체에 대해 "모든 풍경이 다

좋다. 단지 사람이 싫을 뿐이다"라고 내뱉기도 했다.(리비트, 72) 여기서 사람이란 영국인을 말하는 것이지 이탈리아인을 말하는 것이 아니다. 즉 돈이 많은 영국인들끼리의 이야기다. 당시 영국은 자본주의의 선진국으로서 후진국인 이탈리아를 압도했다.

20세기에는 일본인들이 이탈리아에 몰려왔다. 우리나라 사람들에게 〈전망 좋은 방〉보다 피렌체를 더욱 유명하게 만든 일본 영화 〈냉정과 열정 사이〉(2001)가 그런 상황의 한 모습을 보여준다. 이 영화는 '30세가 되는 생일에 피렌체의 두오모에서 만나자'는 헤어진 여인과의 약속을 둘러싸고 벌어지는 일을 줄거리로 한 것인데, 〈전망 좋은 방〉에서와는 달리 피렌체가 문화적인 상징의 장소가 아니라 미국 영화 〈러브 어페어〉에 나오는 마천루처럼 사랑의 상징일 뿐이다.

여하튼 두 영화 모두 피렌체에서 가장 아름다운, 아니 세계에서 가장 아름다운 건물인 두오모를 잘 보여준다. 백, 녹, 홍이 어우러진, 정말로 아름다운 성당이다. 그 정식 명칭은 '산타 마리아 델 피오레' 즉 '꽃의 성모'이니 역시 꽃의 도시인 피렌체를 상징한다고 해도 과언이 아니다. 1296년 모직물 업자와 상인의 동업조합이 건축을 주문하여 125년만인 1421년에 완성됐다. 이런 건축 과정은 르네상스가 시작된 연대에 시작되고 그것이 극성을 이룬 연대에 완성됐다는 점에서 상징적이다. 높이는 112미터로서 그곳에 오른 사람들에게 피렌체를 굽어볼 수 있게 해준다. 오랜 기간 그 성당의 주인인 추기경들이 피렌체를 굽어보며 지배했다. 그러나 이제는 그 성당을 시민들이 오르고, 연인들이 오른다.

그러나 시민들의 장소, 특히 연인들의 장소로는 두오모보다 시뇨리아 광장이 더 친숙하다. 피렌체에 1백 개가 넘는 수많은 광장 중 가장 아름다운 곳은 역시 시뇨리아 광장이다. 마키아벨리가 아침마다 집을 나와 베키오 다리를 건너자마자 만난 광장이다. 그가 매일처럼 다닌 피렌체 시청사도 여기에 있고, 그 앞에 미켈란젤로의 다비드 상 모조품이 서있다. 이 광장은 언제나 사람들과 동물들로 붐빈다.

시청사가 있는 이곳은 정치의 중심이기도 하다. 세계 최초의 노동자 혁명인 1378년의 치옴피의 난(Tumulto dei Ciompi, 이에 대해서는 뒤에서 상세히 설명한다)이 터진 곳도 이곳이었는데, 그 주모자 중에 마키아벨리의 선조가 있었다. 마키아벨리가 20대일 때인 1497년에 사보나롤라가 사치품

시뇨리아 광장 / 베르나르도 벨로토

등을 태운 '허영의 소각'도 이곳에서 벌어진 일이었고, 그 이듬해에 그가 화형에 처해진 것도 여기에서였다. 매년 피렌체의 수호성인을 기리는 산 조반니 축일을 기념하는 축제가 수백 년 동안 벌어진 곳도 여기다. 올해도 어김없이 불꽃놀이를 비롯한 각종 행사가 벌어지리라. 그리고 앞으로도 지구가 망할 때까지 그럴 것이다.

시뇨리아 광장에 있는 베키오 궁전의 우측에 우피치 미술관이 있다. 이 미술관의 3층에는 보티첼리의 〈봄〉, 다 빈치의 〈수태고지〉, 미켈란젤로의 〈성가족〉 등 명화와 명조각들이 즐비하다. 이탈리아의 미술관은 번잡한 오후보다 아침 일찍 가서 보는 편이 낫다. 인류의 재산인 이 미술관은 2차대전 중에도 폭격을 당하지 않았으나, 1993년 5월 마피아에 의한 폭탄 투척으로 엄청난 피해를 입어 2년간 복구공사를 해야 했다.

우피치는 오피스란 뜻이다. 르네상스 시절에 그곳은 메디치가의 사무실이었다. 메디치가는 천재들을 후원한 부르주아를 대표하는 가문으로서 14세기부터 16세기까지 피렌체를 번영케 했고, 18세기까지 피렌체를 지배했다. 그러나 피렌체는 이미 13세기부터 공화국으로 발전했다. 그 핵심은 14종의 동업조합이었다. 예컨대 단테는 의료조합에 속했다. 각종 직업의 조합들은 각기 자기네 회관을 짓고 독립자존의 길을 걸었다. 18세기 이후 피렌체는 나폴레옹의 지배를 받았으나 여전히 공화국이었다. 1860년 피렌체가 통일 이탈리아에 참가한 것도 시민투표로 결정된 것이었다. 그것이 시민정치다.

피렌체의 이면과 풍토

지금까지 피렌체라는 도시의 풍경을 배경으로 놓고 앞으로 이 책에 등장할 중요 인물과 사건들을 살펴보았다. 그러나 피렌체는 언제나 아름답지만은 않았다. 앞에서 말한 백주의 살인 이야기가 그것을 단적으로 보여준다. 그런 살인사건은 영화 속 장면에 그치는 것이 아니라 실제로 자주 벌어진다. 그런 식의 살인사건이 연상시키는 이탈리아 마피아는 피렌체에도 물론 있다.

피렌체는 자살하기에 가장 좋은 곳으로도 명성(?)이 높다. 특히 두오모나 그 옆의 종탑 꼭대기가 그렇다. 이왕이면 세상에서 가장 아름다운 곳에서 뛰어내리고 싶은 것이 자살자의 심리인 모양이다. 피렌체가 이단과 해방의 땅이라면 그 절정은 자살일지도 모른다.

반드시 죽음에 이르지는 않더라도 피렌체의 미술품 앞에서 쓰러지는 현상, 즉 '스탕달 신드롬'이라고 하는 것도 있다. 이는 스탕달이 1817년 피렌체의 산타크로체 성당을 방문하는 동안 심장이 뛰고 쓰러질 것 같은 느낌을 받았다고 일기에 쓴 데서 비롯된 말이다. 우리가 우리나라 안의 어떤 건물에서 그런 느낌을 받기란 쉽지 않아서인지 한국에는 그런 신드롬이 없는 듯하지만 나 자신도 피렌체에서는 그런 경험을 한 적이 있다.

이런 현상의 원인을 피렌체가 분지인 데서 기인하는 지독한 날씨 때문이라고 설명하는 사람들도 있다. 정말로 여름에는 살인적 더위, 겨울에는 살인적 추위가 온다. 봄과 가을을 빼면 일 년 내내 날씨가 살인적이다. 내가 사는 대구도 그런 곳이어서 '한국에서 르네상스가 일어난다면 대구에서이겠지'하고 막연한 기대를 해본 적도 있지만, 대구는 자율적인 피렌체에 비해 워낙 타율적인 곳이어서 그런 기대를 이내 포기했다. 르네상스가 일어난 것이 날씨 탓은 분명 아닌 듯하다.

그러나 날씨도 하나의 요인이 되어 피렌체 사람들의 특별한 기질을 형성한 것은 틀림없다. 시끄럽고 과장된 말버릇이 있다는 피렌체 사람들의 기질은 대구 사람들의 기질과 크게 다르지 않다. 이탈리아 북부를 제외하고는 이탈리아 국내 대부분의 지역 사람들이 그런 기질을 갖고 있는 것 같아 구분하기 힘들기는 하지만, 여하튼 그것이 넓게는 한국인들, 좁게는 경상도 사람들과 비슷한 것도 부정하기 어려운 사실이다.

피렌체의 광장들

마키아벨리는 앞에서 소개한 것과 같은 시를 읊조리며 광장을 헤맸을 것이다. 그런데 인구 6만 명 정도가 살았던, 지금 우리 읍 정도 규모의 동네에 광장이 1백 개 이상이었다니, 이해가 되는가? 그 백 배가 넘는 인구가 사는 지금의 서울에서도 그 말 많은 시청 앞 서울광장과 광화문광장 등 몇 개 외에는 광장이라는 것을 잘 모르는 우리로서는 이해하기 힘든 일이다. 지금 내가 사는 인구 26만 명 규모의 동네에는 광장이 1백 개는커녕 하나도 없다. 피렌체의 광장들은 하나하나가 아름답기도 하지만, 아름다움 이전에 도시라는 것이 무엇인지, 함께 산다는 것이 무엇인지, 인간이란 어떻게 사는 것인지를 생각하게 한다는 점에서 매우 중요하다.

솔직히 말해 나로서는 서울광장이 과연 광장이기는 한 것인지 의문이다. 광장이 너무 크면 대형 집회가 열리는 곳이 된다는 것 외에는 제 구실을 하지 못하고, 사람들이 함께 즐겁게 모이고 만나서 이야기하고 토론을 벌이며 정을 나누는 광장 본래의 인간적인 의의가 없어진다. 그런 곳은 광장이라기보다 운동장 같은 것이다. 독재적인 행사나 전체주의적인 매스게임이 벌어지는 곳이기도 하다. 서울광장은 역사적으로 그런 성격이 짙은 곳이었다. 그래서 나는 그곳을 광장이라고 생각해본 적이 한 번도 없다.

다시 피렌체로 돌아가자. 그곳의 광장은 도시에 빽빽하게 들어선 주택과 건물, 도로들 사이에서 잠시 쉬어가게 해주는 여백이나 숨통 같은 곳이다. 광장은 태양과 함께 활기를 띤다. 어떤 광장은 따사로운 해변 같은 분위기를 만든다. 광장 주변의 돌로 축조된 건물들은 매끈한 현대 건물과는 전혀 다른 빛과 음영의 파노라마를 보여준다. 빛을 받은 돌은 만져보며 그 결을 느낄 수도 있고, 그 위에 올라가 웅혼함을 느낄 수도 있다. 게다가 그곳 인간들이 광장에 색채와 활기를 불어넣는다. 그리고 가로수, 숲, 정원이 광장을 더욱 부드럽게 만든다.

앞에서 소개한 시뇨리아 광장에서 북쪽으로 공화국광장이 있다.

가장 오래된 광장이지만 그리 매력적이지는 않다. 1865년 피렌체가 통일된 이탈리아의 수도가 되고 이어 1880년대에 행해진 도시정비로 인해 옛 모습을 잃었기 때문이다. 그 정비로 인해 피렌체 전역의 도로가 지금처럼 넓어지기 전의 과거에는 거리가 좁았지만, 그때에도 광장이 도시의 중심이기는 마찬가지였다. 그밖에도 수많은 광장들이 있다.

광장에는 공공건물과 성당 건물이 있다. 13세기부터 세워진 그 건물들이 없다면 역시 피렌체는 아름답지 못했을 것이다. 도시는 천 조각처럼 복잡한 블록과 무질서한 작은 건물들로 어지러울 뿐이었을 것이기 때문이다. 특히 성당은 중세 천 년의 당대를 지배했다. 피렌체의 4개 구역도 성당 이름으로 구분됐다. 서쪽의 산타 마리아 노벨라 구역, 남동쪽의 산타 크로체 구역, 아르노 강 남쪽의 산토 스피리토 구역, 두오모가 있는 중앙의 산 조반니 구역이 그것이다.

게다가 그 건물들은 아름답다. 그 안에 있는 수천 점의 조각과 그림들도 아름답지만, 그것들이 들어 있는 건물들도 아름답다. 마키아벨리 역시 평생 그 그림과 조각과 건물들을 바라보며 그 속에서 살았다. 정말 운이 좋았다. 그러나 그에게 행운만이 있었던 것은 아니다. 불운도 있었다. 주변 강국들이 그가 사는 약소국 피렌체를 호시탐탐 노리다가 침략해온 것이다. 그것도 너무나도 아름다운 조국을 침략해온 것이었으니, 그 침략에 대해 그가 느낀 아픔이야 더욱 크지 않았겠는가?

피렌체의 산타크로체 성당

피렌체 찬가

피렌체에 관한 책에 흔히 제일 먼저 나오는 것은 1302년에 단테가 "이 세상에 피렌체보다 놀라운 곳은 없다"고 한 말을 비롯한 수많은 피렌체 찬가다. 그러나 나는 단테의 그 말을 수긍하기 어렵다. 당시 단테가 세상을 다 다녀보았다는 이야기를 들은 적이 없으니 말이다. 물론 시인인 단테의 그런 시적인 말에 더 이상 시비할 필요는 없고, 그가 자기 고향에 대한 찬사를 말한 것이라는 정도로 받아들이면 되겠다. 마찬가지 이유로 그로부터 백년 뒤에 레오나르도 브루니가 다음과 같이 말한 것에 대해서도 굳이 시비할 필요는 없겠다.

> 이 도시에 살고 있는 사람들, 건축물의 화려함, 교회의 아름다운 장식들, 믿을 수 없을 정도로 경탄을 자아내는 도시 전체의 위대함에 대해 제가 과연 무엇을 말할 수 있겠습니까? 신에게 맹세코, 이 도시의 모든 것은 놀라우며 뛰어난 아름다움으로 꾸며져 있습니다.(브루니, 17)

우리말로도 번역된 브루니의 《피렌체 찬가》에 나오는 구절이다. 르네상스의 절정을 살았던 브루니가 한 권의 책으로 찬양한 피렌체의 위대함은 지금 우리가 찾는 그곳과는 조금 다르기도 하지만(가령 너무나도 청결하고 정갈한 곳이라고 한 점 등), 앞에서 말했듯이 적어도 그 아름다움은 지금도 여전하다. 이탈리아는 물론 유럽이나 세계에서도 가장 아름다운 도시 중 하나라는 것을 부정할 수 없다. 그래서 피렌체라는 이름의 뜻이 '꽃의 도시'라는 점이 조금도 이상하지 않다.

그러나 꽃보다 더 아름다운 것은 역시 사람이다. 사실 피렌체라는 말도 '꽃처럼 아름다운 로마의 젊은 병사들이 세운 마을'이라는 어구에서 생겼다. 이는 역사적인 연원이었을 뿐만 아니라 누구보다도 마키아벨리가 시민군을 시민정치의 핵심으로 본 것과 연관된다. 시민들이 시민군으로서 자신의 도시를 방어해야만 시민정치가 가능하다는 것이다.

그 아름다운 병사들로부터 시작된 '꽃의 도시'에서 천재들의 르네상스가 꽃피었다. 이탈리아의 르네상스를 시작한 새로운 문화인 세대 천재들은 1460년에서 1479년 사이에 출생한 85명이었는데, 그 중에서 피렌체 중심의 토스카나 출신은 21명이었다. 그 전의 단테처럼 13세기에 태어난 사람들부터 세어보면 그 숫자는 더욱 많아진다. 그 중에서도 단테를 비롯해 페트라르카, 보카치오, 조토와 같은 14세기 르네상스 개척자들, 이어 15세기의 브루니, 알베르티, 브루넬리스코, 도나텔로, 마사초 같은 르네상스의 절정을 이룬 사람들, 그리고 16세기의 메디치가 사람들과 플라톤주의자들, 그리고 보티첼리와 미켈란젤로를 비롯해 세상을 보는 시각을 새롭게 한 피렌체의 르네상스인들이 르네상스를 꽃피운 사람들이다.

르네상스 당시에 피렌체는 인구 6만 명 전후의 작은 도시였다. 지금 우리나라로 치면 작은 읍 정도의 크기였다. 당시 이탈리아의 도시별 인구를 보면 나폴리가 가장 많은 약 21만 명, 다음이 베네치아가 16만 명, 이어 밀라노와 팔레르모가 각각 7만 명이었고, 볼로냐와 피렌체, 제노바는 그보다 적은 6만 명 정도에 불과했다. 당시 유럽 전역에서 인구가 2만 5천 명 이상인 도시는 20개에 불과했다고 하니, 그중 대부분의 도시를 가진 이탈리아가 어느 정도로 번성했는지를 알 수 있다.

게다가 피렌체는 다른 어디에서도 볼 수 없는 변혁의 도시였다. 이 점을 알려주는 사실을 몇 가지만 들어보자. 1434년에는 추방됐던 코시모 데 메디치가 돌아와 피렌체를 장악했고, 1458년에는 70인평의회가 이 도시를 장악했고, 1494년에는 메디치가가 추방되어 베네치아의 의회와 같은 의회가 설립됐고, 1502년에는 종신 수장제가 실시됐고, 1512년에는 다시 메디치가가 외국 군대를 끌고 와 복귀했고, 1527년에 다시 추방된 메디치가가 1530년에 또 다시 귀환했다.

단테는《신곡》에서 피렌체의 이런 상태를 '아무리 몸을 움직여도 편하지 않은 병든 여성'에 비유했다. 그곳 사람들은 자신들의 정치체제에 결코 만족하지 않았고, 그것을 있는 그대로 인정하지도 않았다. 그래서 언제나 변화를 추구하여 하나의 정체가 15년 이상 유지된 적이 없다. 이러한 정치적 변혁과 예술의 변혁 사이에는 상당한 관련이 있다고 볼 수 있다. 이는 피렌체와는 대조적으로 베네치아에서는 예술의 변혁이 뒤처진 점을 통해서도 알 수 있다.

게다가 당시 문화인들은 서로 충분히 알았고, 친밀한 관계를 유지했다. 이탈리아의 르네상스란 그런 사람들이 이룩한 것이다. 예를 들어보자. 1503년에 미켈란젤로의 다비드 상을 어디에 둘 것인가를 둘러싸고 피렌체 교회의 조형 담당자가 30명을 넘는 전문가들을 불러 모았다. 그 대부분은 미술가였다. 그때 모인 보티첼리를 비롯한 여러 사람들이 의견을 교환하여 다비드 상을 놓을 자리를 결정했다는 사실이 기록으로 남아 있다. 다비드는 피렌체의 상징으로서 미켈란젤로의 조각 외에도 다양하게 형상화됐다.

흔히 이탈리아 르네상스는 도시국가와 공화정의 산물이라고 한다. 11세기 이전에는 이탈리아에 도시가 드물었으나, 13세기 무렵에는 도시국가가 2백~3백 개나 있었다. 15세기에 와서 그 대부분은 독립성을 상실했으나, 르네상스가 꽃핀 피렌체나 베네치아 등은 독립성을 유지했다. 특히 피렌체의 경우 공화국의 자유를 지키고자 하는 시민과 예술가들의 투쟁이 르네상스를 형성했음은 미켈란젤로의 다비드 상이 웅변한다.

마키아벨리가 본 피렌체

그런데 우리의 주인공 마키아벨리는 자신의 고향 피렌체를 다르게 보았다. 그는 저서 《피렌체사(History of Florence)》 7권 5장에서 젊은이들이 자제력을 갖추지 못하고, 의복이나 축제 같은 사치에 빠져 낭비를 일삼고, 직업도 없이 도박을 하거나 창녀를 찾아가는 데 시간을 허비하는, 철저히 부패한 곳으로 보았다.(피렌체사, 374) 이 책은 아직 우리말로 번역되지 않았다. 우리말로 번역된 그의 책 중에서 피렌체가 언급된 부분을 찾아보자. 가령 《벨파고르 이야기》를 보면, 대마귀(大魔鬼) 벨파고르(Belfagor)가 피렌체를 거주지로 택한 이유가 "돈놀이로 먹고 살려는 사람에게는 가장 적당한 데로 보였기 때문"이라고 한다.(벨파고르, 173) 《벨파고르 이야기》는 마키아벨리가 지어내어 저녁식사 때나 술자리에서 사람들에게 재미있게 들려주던 많은 이야기 중에서 유일하게 글로 옮겨진 것(리돌피, 282)이라고 하니, 여기에 나오는 피렌체 묘사를 마키아벨리의 진심과 같다고 볼 수는 없을지도 모른다. 그러나 그가 당대의 피렌체 사회에 대해 비판적이었던 것은 숨길 수 없다.

마키아벨리는 《벨파고르 이야기》에서 결혼한 피렌체 남자가 사치한 아내와 처가에 대해 지는 엄청난 경제적 부담을 고발한다. 그리고 "사육제며 산 조반니 축일이 되면 예부터의 풍습에 따라 온 도시가 시끌벅적한데다, 고명하고 부유한 많은 시민들이 휘황찬란한 연회를 열어 사람들을 대접하지 않는가"(벨파고르, 175)라고 한다.

이처럼 마키아벨리는 축제에 대해서도 부정적으로 말하고 있으나, 축제는 지금도 피렌체를 비롯한 이탈리아 도시들에서 가장 소중한 관습이라고 할 수 있다. 1410년에 피렌체의 어느 상인은 "봄이 다가오면 모든 피렌체 시민들은 아름다운 산 조반니 축제를 보내려는 생각에 빠져들기 시작했다"고 했다. 축제에서 상인들은 '도시의 무궁한 영광'을 기원하며 보석, 갑옷, 유물 같은 온갖 귀중품을 전시했다. 축제일 전후로 성서의 여러 장면을 묘사한 수레들의 시가 행렬, 성직자들의 행진, '팔리오'라는 이름의 경마대회 등이 벌어졌다.(타임라이프북스, 136)

"청년들과 처녀들이여, 오늘을 즐겨라. 그 누구도 내일을 알 수는 없다"는 말은 1480년대 로렌초 데 메디치가 지은 시의 후렴에 나오는 말로, 사육제의 축제정신을 요약한다.(타임라이프북스, 141) 사육제는 엄격한 사순절(독실한 기독교도들은 그 40일간 육식을 금했다) 이전에 벌여져 일상생활을 뒤죽박죽으로 만들었다. 기원전부터 행해져온 사육제는 추수감사제 같은 것이었으나 르네상스 이후 더욱 화려하고 거창하며 무질서하게 바뀌었다. 로렌초 데 메디치가 축제를 특히 강조한 것은 삶에 대한 그의 강렬한 열정의 표현이자 일종의 정치적 술수이기도 했다.

르네상스기의 도시국가

이탈리아 도시국가의 형성

앞에서도 말했듯이 르네상스는 도시국가와 공화정의 산물이다. 이미 1300년에 이탈리아 중북부에는 도시국가가 약 4백 개나 있었고, 인구가 2만 명이 넘는 도시도 23개였다. 15세기에 와서는 그 대부분이 독립성을 상실했으나, 르네상스가 꽃핀 피렌체나 베네치아 등은 독립성을 유지했다.

서로마 제국이 망한 뒤 14세기까지 1천 년간의 유럽은 흔히 말하는 '암흑의 시대'는 아니었다고 해도 거의 변화가 없는 세월이었음은 분명하다. 11세기 말에서 12세기 초 사이에 도시국가가 이탈리아에서 생겨났다. 그 전의 이탈리아 중북부 지방은 중세 후기 카롤링거 제국의 일부로서 단일 국가였으나, 10세기부터 지방 귀족세력의 강화로 인해 분권화가 시작되면서 코무네(comune)라고 불리는 도시국가가 나타났다.

도시형성의 중요한 계기는 자연적 조건과 로마시대 이래의 도로(당시 도로는 지금의 철도에 비견될 만한 교통의 중심이었다)였다. 자연적 조건으로 보면 당시 도시는 해양도시와 강변도시로 분류된다. 전자의 보기는 베네치아, 제노바, 나폴리 등이고, 후자의 보기는 피렌체, 로마, 피사 등이다. 그러나 유리한 자연적 조건만으로는 도시의 발생을 설명하기에 충분하지 않다. 도시를 필요로 하는 다른 지역이 배후에 존재해야 한다. 그것에 따라 이탈리아의 도시는 다음 세 가지로 구분된다.

첫째는 상업도시인 베네치아와 그 호적수였던 제노바다. 베네치아의 상인들은 유럽의 동방무역에서 중심적인 역할을 하는 중개상이었고, 15세기 말 포르투갈인들이 희망봉을 도는 항로를 이용하게 되기 전에는 경쟁상대가 없었다. 따라서 그때까지 베네치아는 세계 최강의 상업도시로서 목면, 비단, 향신료(특히 후추)를 수입하여 유럽 전역에 팔았고, 대신 모직물과 은화를 수출했다. 제노바는 곡물과 양모 무역으로 프랑스, 스페인, 북아메리카와 깊은 경제관계를 맺었다.

둘째는 공업도시인 피렌체와 밀라노다. 피렌체는 모직물과 수공예의 중심 도시로서 15세기 후반에 모직물 공장 270개를 비롯하여 수많은 공장이 있었다. 모직물 공업은 밀라노에도 중요했으나, 여기서는 특히 무기제조업을 비롯한 금속세공업이 발달했다. 베네치아와 제노바의 경우에도 공업은 발달했다.

셋째는 서비스도시다. 서비스업 중 가장 이익이 큰 분야는 금융업이었는데, 14세기부터 16세기까지 이탈리아가 유럽 전체의 은행업을 지배했다. 예컨대 피렌체의 메디치가는 그 자체가 당대 최대의 은행이었다. 정치적, 종교적 서비스를 제공한 로마와 나폴리도 일종의 수도로서 관리들의 도시이자 권력의 중심이었다. 특히 로마는 교회국가의 수도로서 가톨릭 세계 전체에 정치적, 종교적 서비스를 제공했다. 로마는 '그리스도에 관한 모든 것을 판매하는 거대한 상점'으로서 특히 값비싼 면죄부와 각종 허가서를 수출했다. 그 경영은 교황청에 딸린 은행가들이 맡아 했다. 그런 은행가들 가운데 대표가 바로 메디치가였다.

이상의 어느 도시든 그것을 뒷받침한 것은 농업이었다. 즉 자치도시들은 자족적 공동체가 아니라 식량, 노동력, 원료 등을 보급해주고 지역시장, 교역로, 방어시설 등의 기능을 맡아주는 배후지로서의 농촌지역에 대한 통제를 필요로 했다. 포 강 유역은 유럽 대평원의 일부로 특히 토지가 비옥했다. 그 비옥함은 농경에 적합한 강우라는 자연적 조건과 함께 15세기의 백 년간에 걸친 운하 파기를 비롯한 관개사업에 의한 미개간지의 경지화라는 인위적 노력에 의한 것이었다. 그러나 14~15세기에는 토스카나에서 경지가 상당부분이 포기됐고, 촌락의 10%가 소멸했다.

그보다 더 남쪽에서는 바위가 많은 지형에 재배기 강우량이 적어 농경이 쉽지 않았다. 이 때문에 나폴리 주변의 풍요한 지역을 제외하면 이탈리아 남부의 농업은 쇠퇴하여 경지가 방목지로 전환되고 인구도 감소했다. 영국의 토머스 모어가 "양이 인간을 먹는다"고 개탄한 현상이 이곳에서는 더 일찍 발생했다. 거대한 도시인구를 먹여 살리기 위해 농업은 시장을 위한 상업적 생산이 돼야 했다.

이탈리아의 도시들은 주변의 농촌을 지배하고 그 농촌을 희생시켜 도시민에게 값싼 식량을 제공하는 경제정책을 실시했다. 지금 자본주의의 기본정책과 별반 다를 바가 없다. 또한 농민에게는 높은 세금이 부과되었고, 이로 인해 부유한 농민은 도시로 이주했다. 도시 주민이 향유하는 법적, 정치적 특권이 농촌 주민에게는 인정되지 않았다. 그래서 16세기에 농촌의 임신부들은 자녀가 그런 특권을 누리게 하기 위해 도시로 가서 아기를 낳았다. 당시 이탈리아에는 '농촌은 동물을 위한 곳이나 도시는 인간을 위한 곳이다'라는 격언이 있었다. 따라서 르네상스 시대에 도시와 농촌이 균형을 이루었다는 평가에는 의문이 있다.

여하튼 이탈리아의 여러 자치도시들은 농촌에 대한 지배권을 놓고 끊임없이 전쟁을 벌였다. 피렌체도 1384년에 남동부 지역의 아레초와 그 주변의 농촌지역을 쟁취했고, 외항 역할을 해줄 수 있는 피사를 1406년에 점령했다. 피사는 1494년 프랑스가 이탈리아를 침략했을 때 독립을 위해 반란을 일으켰는데, 그로부터 4년 뒤인

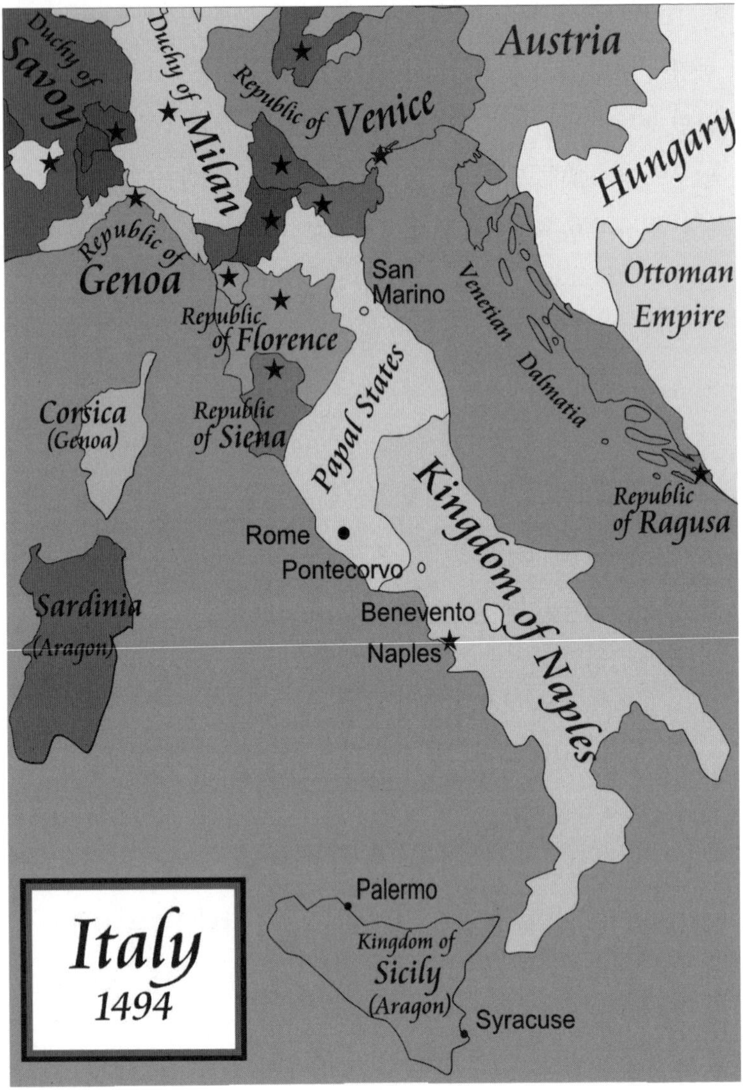
Duchy of Savoy
Duchy of Milan
Republic of Venice
Austria
Hungary
Republic of Genoa
San Marino
Venetian Dalmatia
Ottoman Empire
Republic of Florence
Papal States
Corsica (Genoa)
Republic of Siena
Kingdom of Naples
Republic of Ragusa
Rome
Pontecorvo
Sardinia (Aragon)
Benevento
Naples
Palermo
Kingdom of Sicily (Aragon)
Syracuse
Italy
1494

1494년 프랑스 왕 샤를 8세가 침공해오기 직전의 이탈리아 도시국가 분포도

1498년 사무관이 된 마키아벨리에게 피사를 억압하기 위해 프랑스의 원조를 얻어낸다는 목적의 외교활동 업무가 맡겨졌다. 그때 그는 피렌체의 독립을 주장하는 애국자였으면서도 다른 자치도시들의 독립에는 아랑곳하지않고 오직 피렌체의 강화를 위해 다른 도시를 점령하는 것을 정당화했다. 이는 모든 제국주의의 공통된 특징이니 굳이 마키아벨리만을 탓할 필요가 없다고 말할 사람이 있을지도 모르지만, 나는 그렇게 생각하지 않는다. 이것은 분명 그의 문제점으로 지적해야 한다.

도시국가의 군주정과 공화정

이탈리아의 르네상스를 대표하는 두 도시는 앞에서도 말했듯이 피렌체와 베네치아다. 그런데 그 두 도시는 서로 대조적이었다. 흔히 베네치아는 안정과 균형 및 조화가 특징인 도시였다고들 한다. 그 이유로 베네치아의 정치가 세 가지 형태, 즉 군주제에 해당하는 수장제, 귀족제에 해당하는 원로원, 민주정에 해당하는 의회의 혼합으로 구성된 점을 흔히 든다. 그러나 그 셋 중에서 수장은 힘이 약하여 실질적인 권력을 갖지 못한 상징적 존재에 불과했고, 귀족으로 구성된 의회는 실제로는 민주적인 것이 아니었다. 따라서 소수 귀족에

의한 지배, 즉 과두정이었다고 보는 것이 정확하다.

그러나 군주정 아래서 르네상스를 빛낸 미술과 문학이 없었던 것은 아니며 도리어 더욱 번성했다는 점을 주목할 필요가 있다. 피렌체와 베네치아를 제외한 이탈리아의 나머지 3개 강국의 정체는 군주정이었다. 밀라노와 나폴리는 세습 군주국이었고, 교황이 다스리는 교회국가인 바티칸은 추기경들에 의한 간접선거로 교황을 선출하는 군주정이었다.

군주정의 무대인 궁정은 수백 명으로 구성됐다. 예컨대 1527년 교황의 궁정은 약 7백 명으로 구성됐다. 이에 비하면 피렌체 공화국을 지배한 메디치가의 구성원은 수십 명 정도였다. 궁정에는 귀족이 차지하는 상위직부터 시작해 갖가지 직업이 있었는데, 시인이나 음악가 또는 미술가 같은 예술가는 군주를 즐겁게 해주는 기능을 맡아 하는 하층 직업군에 속했다.

군주정은 군주와 그 가족이라는 사적 부분과 국가를 운영하는 귀족이라는 공적 부분으로 이루어졌다. 군주는 가족 및 귀족과 함께 식사를 하고 항상 그들과 함께 움직였는데, 그 자체가 거대한 식사이고 행렬이었다. 궁정을 구성하는 귀족들은 물질적, 시간적 여유가 있어서 예술에 관심을 가졌고, 이 점이 민중과 그들을 결정적으로 구별되게 했다. 이는 르네상스기 이탈리아에서만 그랬던 것이 아니라 17세기 파리의 살롱문화에까지 이어진 유럽의 전통이었다.

그러나 당시 궁정의 군주나 귀족이 고상했다고는 결코 말할 수 없다. 당시에 씌어진 문헌은 궁정문화를 미화하는 경향이 있으나, 그것은 사실 시간을 죽이는 오락 정도에 불과했고, 그것도 대부분 예술이기보다는 헛되고 소비적이며 퇴폐적인 향락인 경우가 대부분이었다. 르네상스 예술로 남은 것들은 그러한 쓰레기 속의 가치 있는 일부다. 그런 군주와 귀족에 의한 정치도 분열을 일삼고 통일을 방해하는 소비행위에 불과했다.

마키아벨리는 그런 군주나 귀족에 의한 정치에 반대하여 새로운 정치를 대망했다. 그것은 군대에 의한 강제장치, 종교에 의한 동의장치, 그리고 법에 의한 권력장치로 구성되는 것이었다. 그것은 근대국가의 운동원리를 분석한 최초의 현실주의적 정치학이었으나, 이탈리아에서 그것이 현실화되는 것은 19세기까지 기다려야 했다. 그런데 20세기에도 이탈리아는 파시즘을 거치는 등 시행착오를 거듭한다. 이는 존 그레이가 비판한 '추악한 동맹'이나 막스 베버가 경고한 이데올로기병과 같은 것으로, 독일과 함께 이탈리아가 앓아야 했던 병이다. 지금 한반도에 사는 우리라고 그런 병에 걸리는 데서 예외일 수 있을까.

르네상스기 이탈리아의 정치와 사회

정치나 사회 분야에서 오늘날 우리가 사용하는 용어 중에는 근대 이후에 생겨난 것이 많다. 예컨대 '사회'라는 말은 17세기 후반에 등장했다. 르네상스 시기에는 이 말 대신 플라톤과 아리스토텔레스가 사용했던 '정체'라는 말이 주로 쓰였고, 그것은 신체에 비유됐다. 즉 '신체에서 모든 기관이 심장의 지배에 복종하듯이 정체에서 사람들은 군주에 복종하는 것'이 가장 자연스럽다고 보았다.

지배자가 정체의 '내과의사'로 비유되기도 했다. 예컨대 마키아벨리는 《군주론》에서 '진단과 치료'라는 개념으로 정치를 설명했다. 그가 군주를 정체에 대한 내과의사로 보았음은 《군주론》 3장에서 읽을 수 있다. 그는 정치적 혼란은 진단하기 어려우나 치료는 쉬운 상태에서 시작되어 그 반대로 끝난다고 설명한다.

당시 '국가'라는 말은 정체에 대립되는 것으로서의 공공복지나 권력구조를 가리키는 데 사용됐다. 예컨대 마키아벨리는 《군주론》에서 국가라는 말을 115회나 사용했다. 그리고 '정부'라는 말은 군주정이나 공화정, 또는 과두정이나 민주정을 뜻하는 말로 사용됐다. 당시 그 네 가지 정부는 물론 두 쌍 각각의 중간 형태도 병존했으므로 사람들은 정부란 인간에 의해 변화되는 것으로 인식했다.

마키아벨리를 비롯한 당시 사람들은 정부를 선택하는 것이 가능하다고 믿었다. 즉 신이 부여하는 것이 아니라 건축물처럼 인간이 만드는 것으로서 얼마든지 변경할 수 있는 것으로 정부를 인식했다. 당시 건축론은 사회건축론이기도 했다. 예컨대 알베르티의 건축론은 건축술의 유토피아에 대한 것인 동시에 사회 유토피아로서 당시의 이상적인 도시국가를 구상한 것이었다. 레오나르도 다 빈치의 상상도시 설계도도 사회생활의 계획이 가능하다는 인식을 바탕으로 한 것이었다. 야코프 부르크하르트가 저서 《이탈리아 르네상스 문화》의 '예술작품으로서의 국가'라는 장에서 강조한 것도 바로 그것이었다.

부르크하르트는 개인주의적인 정치의식에 의해 르네상스가 발전했다고 한다. 그러나 최근에는 관료제를 가지고 르네상스의 발전을 설명하는 학설이 우세하다. 베버는 관료제를 가산제(家産制)에 대립시켰다. 가산제는 재산과 권력을 개인에 귀속시키나, 관료제는 비개인적이고 전문가에 의해 운영된다. 전자는 전통에 의존하나, 후자는 법과 이성에 의존한다.

르네상스기 이탈리아에서는 도시화가 진행되어 사람들 사이에 식자율과 계산능력이 높아졌고, 공화국이 존재했다. 또한 레온 바티스타 알베르티는 공사의 구분을 주장했다. 정부에는 감사제가 있어서 관리들이 사적 이익을 취하지 못하도록 제어하는 제도로 기능했다. 또한 상근하는 관리의 수도 많았고, 그들은 법학사 수준의 전문교육을 받았으며 정액의 급여도 지급받았다. 이처럼 당시 이탈리아에서는 예술의 영역에서도 그랬지만 정치의 영역에서도 혁신이 추구됐다. 그러나 당시 대부분의 군주국에서는 공사가 명확하게 구분되지 않았다. 공직은 매매되는 것이 보통이었고, 공직자의 급여는 비숙련 노동자의 급여에도 미치지 못해 부정부패가 만연했다. 따라서 당시의 관료제에도 문제는 많았다.

특히 당시 이탈리아의 도시국가는 우리의 읍 정도에 불과한 크기였기 때문에 비인격적 관료제 행정이 발달하기에는 한계가 있었다. 그러나 당시 이탈리아의 도시가 우리의 과거 시골과 같은 농촌사회였던 것은 물론 아니다. 빈부격차가 격심하여 개인간 소득격차가 최대 350배에 이르렀다. 이같은 소득격차는 1500년경 베네치아에서 가장 부유했던 추기경의 수입은 1만 4천 리라, 1450년경 피렌체에 거주한 사환의 수입은 40리라였다는 기록을 가지고 계산해본 결과다. 이처럼 르네상스기 이탈리아 도시국가는 평등사회가 아니라 신분의 차이가 명확하게 존재하는 사회였다. 그러나 직업군을 성직자, 군인, 농민이라고 간단하게 구별하는 것이 불가능할 정도로 그 사회는 복잡했다.

먼저 직무 분류를 위해서가 아니라 징세 편의를 위한 부자, 중산층, 빈민의 구별이 존재했다. 또한 가문에 따른 귀족이냐 아니냐, 정치적 권리 유무에 따른 시민이냐 아니냐는 구별도 있었고, 소속 길드에 따른 직업의 구별도 있었다. 당시 가장 중요하면서도 모호한 개념으로 지금 우리 사회에서도 사용되는 '대중' 또는 '민중'이라는 말이 있었다. 그것은 누가 사용하느냐에 따라 전혀 다른 뜻을 가졌다. 예컨대 상층부는 그 말을 자기들을 제외한 일반인을 경멸하고자 사용했고, 중산층은 정치적 권리를 갖지 못한 서민으로부터 자신들을 구별하고자 사용했다. 전자의 용법은 지금과 유사하나, 후자의 용법은 당시의 사회상황을 이해하여 생각할 필요가 있다. 당시에는 정체가 인간에 의해 변화된다는 믿음도 있었지만, 신분도 변화되는 것이라는 믿음도 있었다. 그래서 귀족성이 출신에 따른다고 인정돼야 하는가, 아니면 개인의 가치에 의해 판단돼야 하는가 하는 논쟁이 벌어졌다.

그런데 사람들이 실제로 이러한 구별을 넘나들 수 있을 정도로 이탈리아 도시가 개방적이었을까? 예컨대 사환이 추기경이 될 수 있었을까? 조토를 비롯하여 농민 출신이 예술가가 된 경우도 있고, 빈민의 자녀가 교수나 사제, 심지어 교황으로까지 출세한 사례도 있다. 그래서 단테는 《신곡》의 지옥편에서 벼락출세자와 벼락부자가 많은 것을 가지고 피렌체 사회를 비판했고, 당시의 귀족들은 농촌 출신이 시민이 되거나 공직자가 되는 것을 격렬하게 비판했다.

이는 그만큼 그 사회가 개방적이었음을 뜻한다. 그래서 그 사회는 경쟁적이었고, 사람들 사이에 질투심이 많았다. 당대 사람들은 벼락출세를 단테처럼 부정적으로 보기는커녕 도리어 대체로 긍정적으로 보았다. 특히 상인들이 지배하는 피렌체에서는 업적을 중시하는 상인적 문화가 형성됐고, 문화인의 가치가 쉽게 인정됐다. 이는 당시에 같은 이탈리아의 도시 나폴리나 프랑스, 스페인 등을 지배한 '출신을 중시하는 군인적 문화'에 비해 업적에 대한 존중이나 창조력에 대한 높은 평가가 더 쉽게 이루어졌음을 의미한다.

그러나 당시에 사회적 유동성이 일반적이었다고 볼 증거는 없다. 지금 우리 사회에서 자유와 평등이 구가되고 있음에도 불구하고 사회적 유동성은 지극히 제한적임을 고려하면, 당시 피렌체 사회에서도 사회적 유동성이 그리 높지 않았으리라고 짐작된다.

특히 15세기 후반에 이르면 사회적 상승의 길이 거의 막혀버린다. 이는 베로나 등 여러 지역이 베네치아에 편입된 결과이기도 했다. 이로 인해 베네치아에서는 새로운 귀족이 탄생하기가 극히 어려웠다. 또 르네상스기의 도시가 개방적이었다고 해도 외국인에게는 그렇지 않았다. 따라서 흑인 오셀로가 베네치아에서 장군이 됐다고 셰익스피어가 상상력을 발동해 만들어낸 이야기는 역사적 사실에 안 맞는다.

르네상스기의 경제

지금 우리의 경제체제인 자본주의가 과연 무엇인가에 대해서는 여러 가지 논의가 가능하나, 그 특징으로 소수 기업가에게 자본이 집중되고 경제가 합리적, 계획적으로 제도화된 점을 들 수 있다. 르네상스기 이탈리아의 경제체제는 어떠했을까?

첫째, 자본 집중도가 높아 메디치가처럼 거대한 자본을 가진 기업가가 존재했다. 그러한 자본 축적은 노동자 창출과 병행했다. 당시의 모직물공업은 지금의 공장 규모로 가동되고 분업이 고도로 발전하여 25단계 이상의 전문 직인을 요구했고, 그들은 일급을 받았다. 방적공업은 상당부분 재택 여성 인력에 의존했으나, 그 여성 인력은 원료를 공급하는 기업가에게 종속됐다. 상인들은 원료만이 아니라 기계나 공장까지 직공들에게 대여했고, 훗날 19세기에 노동자들을 직접 관리한 것과는 다르게 간접적 수단을 통해 직공들에 대해 지배력을 행사했다.

둘째, 자본주의적 제도로서 추상적 경제개념과 계산을 기초로 한 복잡한 신용제도, 은행, 공채, 상업회사, 해상보험 등이 존재했다. 특히 공식으로 정해진 이자를 물리는 공익 전당포 제도가 교회의 장려에 의해 만들어졌다. 그것은 14세기 피렌체에서 시민을 국가에 대한 투자자로 삼은 공채 제도를 모델로 한 것이었다. 심지어 그곳에는 딸을 결혼시킬 때 그 전에 투자한 돈을 이자와 함께 받는 결혼자금기금 제도까지 있었다. 마키아벨리는 당시에 피렌체에서 딸을 결혼시키는 데 얼마나 많은 돈이 들었는지를 《벨파고르 이야기》에서 비판적으로 묘사했다.

상업회사의 투자자는 회사가 파산하는 경우 유한책임을 졌다. 선박 상실에 대비하는 보험도 있었다. 특히 베네치아가 그러한 해상보험의 중심지였다. 따라서 보험에 들지 않은 셰익스피어의 '베네치아의 상인'은 당시의 현실에 맞지 않는다. 심지어 제노바에서는 남편이 출산하는 처를 대상으로 보험에 들기도 했다.

특히 당시에 예술가와 예술작품의 거래가 시작된 점이 주목된다. 베네치아는 중부 유럽 지역과의 무역을 통해 향신료와 함께 예술가와 예술작품을 수출하거나 수입했다. 그래서 티치아노는 지금의 독일로, 다 빈치는 프랑스로 갔고, 반면에 뒤러는 독일에서 베네치아로 왔다. 또 피렌체에서 그려진 회화가 프랑스 왕실로 팔려 가기도 했고, 그중에는 다시 돌아온 것도 있었다. 14세기에는 페스트의 창궐로 인한 경기후퇴의 영향으로 미술품에 대한 투자가 늘어났고, 15~16세기에는 개인적 과시의 경향이 더해져 미술품에 대한 투자가 더욱 늘어났다.

그러나 당시의 경제제도에는 시장화되지 않은 전통적인 요소도 많이 남아 있었다. 공업생산과 상거래의 방식은 여전히 소규모 공방과 가족경영이 가장 보편적이었다. 또한 대다수 소작농은 현물로 지대를 납부했다. 따라서 르네상스 시대의 경제를 근대 자본주의와 같은 것이라고 볼 수는 없다.

지금까지 학자들은 르네상스기의 이탈리아 도시들을 부르주아 사회로 보아왔으나, 이에는 여러 가지로 의문이 있다. 15~16세기에 이탈리아는 유럽에서 가장 도시화된 사회이기는 했다. 1550년에 인구 1만 명 이상의 도시가 약 40개였고, 그중 20개는 인구가 2만 5천 명 이상이었다. 도시의 인구집중도도 높았다. 예컨대 토스카나 지역의 인구 중 4분의 1은 피렌체를 비롯한 도시들에 집중됐다. 당시 유럽에서 그 정도의 집중도를 보인 곳은 네덜란드의 플랑드르뿐이었다.

그러나 도시민 전부가 부르주아였던 것은 물론 아니다. 도리어 도시민의 대부분은 노동자였다. 물론 상인, 기술자, 전문직 종사자 등이 존재했고, 그들이 르네상스 문화의 주축을 형성했던 것이 사실이다. 그러나 그들이 반드시 부르주아적 가치관을 지녔다고는 할 수 없다. 예컨대 부르주아에 속했다고 볼 수도 있는 마키아벨리는 단테와 마찬가지로 '상점주인'들이 다스리는 피렌체를 경멸했다. 마키아벨리는 부르주아를 찬양하지 않았다.

근대 부르주아 사회는 봉건적 대가족제도를 탈피한 것으로 흔히 설명되나, 르네상스 시대에는 대가족제도에 근거한 가계의 중요성과 가계 구성원간 결합에 커다란 가치가 두어져 조상숭배를 바탕으로 하는 거대한 궁전과 가족집회소, 가족예배당 및 가족묘소가 다수 건설됐다.

르네상스기 이탈리아에서는 경제에서만이 아니라 정치에서도 길드(이탈리아어로는 아르테(arte))라고 불리는 동업조합이 중요한 역할을 했다. 길드를 통해 정치적, 경제적 지위를 확보한 평민 중산층은 포폴로(popolo)라고 불렸는데, 이들은 귀족들과 계급투쟁적 갈등을 빚기도 했다. 그 최초의 사건이 1378년에 터진 치옴피의 난이다.

르네상스기 피렌체의 역사와 정치

피렌체의 역사

피렌체의 역사는 2천 년 전까지 거슬러 올라간다. 피렌체는 기원전 1세기의 율리우스 카에자르(영어 발음으로는 줄리어스 시저인데, 이 책에서는 이탈리아어 발음으로 표기한다) 시대에 로마인이 건설한 도시로, 당시에는 플로렌티아라고 했다. 플로라는 라틴어로 꽃을 뜻하므로 플로렌티아란 꽃의 도시라는 뜻이고, 번영이라는 뜻도 있다.

그러나 피렌체의 본격적인 역사는 1000년경에 시작됐다. 당시 유럽의 여느 도시와 마찬가지로 피렌체도 성당을 중심으로 한 작은 마을로 출발했다. 그 뒤 1120년경부터 급속하게 발전했고, 13세기 중반에는 인구 3만 명의 독립적 도시국가가 됐다. 국가라고 하지만 인구로 보면 지금 우리의 면 정도였다. 그러나 1265년에 그곳에서 태어난 알리기에리 단테가 당대의 시대정신을 종합하고 르네상스의 토대를 놓은 데서 보듯이 문화적으로는 상당한 수준에 이르렀고, 14세기에는 문화적으로 더욱 번성했다. 프란체스코 페트라르카(1304~1374)를 비롯한 많은 문인들이 피렌체에서 활약했다.

14~15세기에 유럽은 전반적으로 비참했다. 14세기 중반 몇 년간에만 페스트로 인해 유럽 인구의 3분의 1이 죽었다. 생존한 자들도 끊임없는 전쟁으로 죽어갔다. 프랑스와 영국은 1337년부터 1453년까지 백년전쟁을 이어갔다. 피렌체에서도 1400년과 1417년의 페스트 창궐로 인해 1380년에 6만 명을 넘던 인구가 1427년에는 4만 명 정도로 줄었고, 15세기 말에야 인구가 6만 5천 명으로 늘어났다. 당시 약 10만 명에 이른 나폴리와 베네치아의 인구보다 적었고, 런던이나 세비야와 비슷한 정도였다. 당시 피렌체의 시가지는 한 쪽 끝에서 다른 쪽 끝까지 20분 정도면 걸어갈 수 있는 넓이였다.

시기를 좀더 넓혀 보면 유럽은 1180년부터 1350년까지 급속한 인구증가와 지속적인 인플레이션, 기근, 전염병, 전쟁 등으로 인해 기나긴 불안의 세월을 보냈고, 1400년 무렵부터 1470년까지는 그 전에 비하면 안정기였다. 마키아벨리가 태어난 1469년 전후부터 약 20년간도 비교적 평온한 시기였으나, 그 평온함은 1490년대에 프랑스의 확장정책이 부활하면서 끝났다.

그러나 15세기는 르네상스의 절정기였다. 15세기 초(화이트, 37은 14세기라고 하나 이는 오류다)에 레오나르도 브루니는 "어느 누구도 이 도시보다 더욱 빛나고 영광스러운 곳을 이 세상 어디에서도 발견할 수 없을 것"(브루니, 13)이고 "피렌체인들이 지닌 천부적인 능력, 사리분별력, 우아함, 고귀함은 다른 어떤 지역 사람들과도 비교될 수 없"으며 "피렌체 또한 최고의 지정학적 탁월함, 도시의 장엄함, 도시를 수놓은 장식물, 청결함에서 다른 도시를 능가해왔"다고 썼다.(브루니, 15~16)

앞에서 말했듯이 이는 피렌체의 열렬한 애국자가 쓴 글이기는 하지만 전혀 허무맹랑한 이야기는 아니다. 가령 피렌체에 인쇄술이 처음 등장한 1471년에 3만 권이었던 책이 1500년에는 8백만 권으로 늘어났다(화이트, 38)는 데서도 볼 수 있듯이 피렌체는 지적 활동의 첨단에 있는 도시였다. 인쇄된 책의 상당수는 고대 그리스·로마 고전의 번역이었다.

14세기 이후의 피렌체는 메디치가의 도시이기도 했다. 가톨릭교회에 융자를 하는 은행업자로 출발한 메디치 가문은 그 후 3세기 동안 피렌체를 지배하면서 예술과 학문의 발전을 지원했다. 그러나 로렌초 데 메디치가 죽은 1492년부터 메디치가와 함께 피렌체의 국력은 약해졌고, 그로부터 2년 뒤에는 수도사 사보나롤라가 권력을 잡았다.

치옴피의 난

우리말로 번역된 르네상스 개설서 중 프랑스의 유명한 문고인 크세주에 포함된 것을 번역한 책이 있다. 마키아벨리에 대해서는 전혀 언급하지 않는 그 책을 번역한 어느 서울대 교수는 번역서에 실은 해설에서 그 책이 "'치옴피의 난'과 같이 르네상스와는 좀 거리가 먼 사회적 현상을 그려 보이는"(포르, 165) 점을 좀 의아하다는 듯이 지적했다. 그러나 나는 "1378년 피렌체에서 양모 소모공이 권력을 탈취한"(포르, 49) '치옴피의 난'이야말로 르네상스를 이해하는 데 본질적인 사건이라고 본다. 따라서 단 한 문장으로 그것을 너무나도 간단히 설명하는 것은 너무나 부족하다고 본다. 그러나 그 정도로도 그것을 설명한 책을 국내외에서 거의 찾아볼 수 없다. 유일한 예외는 하우저가 쓴 《문학과 예술의 사회사》다.

그 정도로 르네상스에 대한 우리의 이해는 지극히 피상적이라고 할 수 있다. 지금까지 르네상스는 다 빈치, 미켈란젤로, 라파엘로 등 천재 화가들을 중심으로 설명돼왔다. 르네상스를 그런 천재들의 업적으로 보는 관점에서는 그런 설명이 당연할지 모른다. 그러나 나는 당시의 인민 내지 민중, 즉 노동자와 농민이 어떻게 살았는지에 관심이 있다. 천재라고 하는 사람들도 그런 인민에 대해 무관심했다면 문제가 있는 태도였다고 생각한다. 하물며 정치학의 원조라고 하는 마키아벨리가 그런 인민에 대해 무관심하고 그들을 다스리는 군주에게만 관심을 가졌다면 역시 문제가 아니었겠는가?

치옴피의 난이란 백과사전에도 나오는 유명한 역사적 사건이다. 이는 치옴피, 즉 양모를 빗질하는 하층 일용노동자인 소모공(梳毛工)

들이 1378년 7월 이탈리아 피렌체에서 일으킨 폭동을 가리킨다. 피렌체는 13세기부터 직기를 개발해 유럽에서 가장 유명한 모직물 생산지가 됐다. 당시 피렌체에 대항할 수 있는 곳은 11세기부터 번창한 라인 강 델타 지역의 플랑드르뿐이었다. 피렌체는 견직물이 풍부한 시에나를 정복해 병합한 뒤 견직물 제조업도 발전시켰다. 피렌체는 이러한 상공업의 발달로 부유해져 14세기 초에 '유럽의 보석'으로 불렸으나, 그 부는 대상인들에게 집중됐다.

대상인들은 금융으로 로마 교황과 밀접하게 결탁하여 13세기 말에 단테와 같은 황제파(기벨린(Ghibelline)파라고도 한다) 귀족들을 추방하고 정권을 장악했다. 그 후 대상인과 대지주 등 대시민과 중산계급 이하 소시민 사이의 갈등이 심해졌다. 그들은 각각 대조합(arti maggiori)과 소조합(arti minori)을 조직하여 서로 대립했다(당시의 조합을 아르테(arte)라고 하는데, 앞에서 든 폴 포르의 책 번역서는 이것을 '예술'로 번역하여 어안을 벙벙하게 만든다). 1378년 5월에 살베스트로 데 메디치가 정부 수반으로 뽑혔다. 당시 메디치가는 대지주이면서도 일반 상공업자와 중산 시민들의 입장을 대변했다.

그러나 당시 하층 노동자인 치옴피들은 정치적 권리를 갖지 못하고 조합으로 단결하는 것도 금지되어서 빈곤 속에서 생활하고 있었다. 14세기 후반의 불황 속에서 불만이 폭발했다. 미켈레 디 란도를 지도자로 하여 그들은 정청을 점거하고 종래의 체제를 뒤집어엎었다. 란도는 수공업자와 치옴피를 포함한 혁명정부를 만들고 스스로 정부 수반이 되어 정치를 했다. 노동자의 참정권이 인정되고 그 조합이 결성됐다. 하층민에게 부당하게 부과되던 각종 세금이 철폐되고 낮았던 임금도 인상됐다.

란도는 새롭게 조직된 노동자조합에서 4명, 소조합에서 2명, 대조합에서 2명을 뽑아 새로운 시뇨리아(정부)를 구성하여 종래 대조합 중심으로 조직됐던 그것을 혁신했다. 그러나 하층 노동자들은 다시 자신들이 뽑은 8명의 대표로 최고위원회를 조직하여 란도의 시뇨리아로 하여금 최고위원회의 결재를 받도록 했다.

그런데 연합정부에 참가한 온건파 소상공인들은 치옴피의 급진적 개혁에 불안해했고, 치옴피와의 분열로 치달았다. 이를 기화로 대시민 부자들이 외국인 용병을 고용하고 플랑드르에서 저임금 노동자를 데려와 작업장에 투입했다. 부자들의 사주를 받은 온건파가 치옴피 조합에 해산 명령을 내렸고, 치옴피가 이에 저항하자 용병을 투입하고 100명을 처형했다. 1382년에 혁명정권은 무너졌다. 이로써 소시민 계층의 정권이 세워진 뒤 불과 4년 만에 그 피렌체 민주정은 끝났다. 그러나 그 뒤를 이어 1382년 성립되어 1387년 개혁되고 1393년 강화된 유력한 시민정부는 공화국에 유례없는 행복과 위대함을 가져다주었다고 리돌피는 말한다.(리돌피, 23)

'치옴피의 난'은 우리에게 그다지 잘 알려져 있지 않으나, 그것이 터진 지 3년 뒤인 1381년에 영국에서 와트 타일러의 난이 일어나자 당시 옥중에 있으면서 각지의 농민에게 은유로 작성된 회람문을 보내 농민봉기군을 조직한 존 볼(John Ball, 1338?~1381)은 우리에게도 친숙하다. 반란군에 의해 구출된 그는 런던으로 가서 군중에게 "아담이 밭을 갈고 이브가 베를 짜던 때에 누가 귀족이었는가"라며 반란을 선동했다. 반란이 실패로 돌아간 후 그는 체포되어 사형에 처해졌다. 그리고 그가 설파한 이상사회의 꿈은 나중에 토머스 모어의 《유토피아》로 이어진 것도 우리는 알고 있다.

피렌체의 정치·행정 조직

이탈리아에서는 반도 전체를 지배하는 단일 세력이 없었기에 여러 도시국가들이 경쟁을 벌이며 발전했다. 프랑스, 스페인, 영국, 독일의 정체는 왕위세습제였으나 피렌체의 정체는 선거에 의해 구성된 대표자 집단과 관료가 통치하는 공화제였다. 그러나 마키아벨리가 《로마사 논고》에서 말하듯이 "참으로 공화국이라 부를 만한 정도의 정부형태는 결코 갖추지 못했다."(논고, 1~49, 223) 즉 실질적으로는 소수 지배가문을 중심으로 한 과두제였다. 30세 이상의 남성으로서 7개 대조합 또는 14개 소조합에 속하면 정치활동에 참여할 수 있다고 했으나, 그런 사람들은 전체 인구의 10%에 불과한 6천 명 정도였고, 실제로 정치에 참여한 인구는 전체 인구의 1%에 불과한 6백 명 정도였다.

피렌체 시는 4개의 지구로 나누어졌다. 각 지구는 독립성이 강해

독자적인 상점, 교회, 장인길드를 가졌다. 세금도 지구별로 징수했고, 각 지구는 제반 시설에 필요한 자금을 스스로 마련했으며, 그 대가로 정부로부터 정치적, 사회적 자치권을 인정받았다. 각 지구는 다시 4개의 동(洞)으로 나누어져 모두 16개 동이 있었다. 이는 위기 시에 시민을 무장시키기 위한 단위로 시작됐으나, 나중에 전쟁을 용병에게 맡기게 된 뒤에도 그대로 유지됐다. 무장한 시민들이 소지구의 깃발 아래 모였다. 그 깃발을 곤팔로네(gonfalone)라고 했고, 각 깃발 아래 무장 시민들의 대장을 곤팔로니에레라고 했는데 이는 행정부의 수장을 부르는 말이기도 했다.

이러한 행정구역 구분은 중앙정부 조직과 관련이 있었다. 최고 권력기관은 시뇨리아(Signoria) 즉 총무회로, 의장인 '정의의 기수'와 8명의 총무로 구성됐다. 총무 중 6명은 대조합 가입자들의 추첨, 나머지 2명은 소조합 가입자들의 추첨으로 선발됐다. 의장은 권한에서는 총무와 같았고, 다만 국가의 수장이라는 권위만 추가로 부여됐다. 총무들은 매일 시청사에 출근하여 회의를 열고 합의에 의해 국정을 운영했다.

총무는 오늘날의 장관에 해당되는 것처럼 보이지만, 당대의 피렌체에는 삼권분립이 없었으므로 행정, 입법, 사법 등 국정 전반에 관여했고 임기도 2개월에 불과했다는 점에서 오늘날의 장관과 달랐다. 그들은 국가의 최상위에서 국정을 감독하고 국정 전반에 대해 책임을 졌다는 점에서 대통령이나 수상에 해당되는 것처럼 보이기도 하지만, 2개월 임기의 8~9인이라는 점에서 달랐다. 다른 정부기관 책임자의 임기도 3개월에서 6개월을 넘지 않았다.

이렇게 임기를 짧게 한 이유는 처음에는 각자 자신의 업무를 갖고 있는 시민들에게 원치 않는 행정업무 부담을 최소한으로 줄여준다는 것이었으나, 점차 모든 사람에게 기회를 고르게 제공하고 전제권력의 출현을 방지한다는 이유가 더해졌다. 그래서 시뇨리아에 근무하는 사람은 1년에 9명씩 6회에 이르러 모두 54명이었다. 퇴임 후 2년간에는 같은 직책에 취임할 수 없었으므로 3년간 162명의 총무가 임명됐다.

총무회를 일종의 정부로 볼 수도 있을 것 같긴 하지만, 총무들의 단순한 합의체를 오늘날의 정부와 같다고 볼 수 있을지는 의문이다. 왜냐하면 다른 정부기관인 입법기관이 2개 있었고, 그 구성원들이 총무회에 출석해 의견을 말하고 법안을 심의했기 때문이다. 그중 하나는 12선인회(Dodici Buonuomini), 또 하나는 16기수회(Sedici Gonfalonieri di Compagna, 지구대표의원회라고도 번역된다)였다. 이 둘과 총무회를 합쳐 중요 3기관이라고 했다. 중요한 안건을 다룰 때에는 중요 3기관 외에 각 문제마다 자문하는 전문가나 유식자들의 모임인 심의회가 있었다.

그 밖에 여러 행정분야를 감독하는 각종 위원회(Balia)가 있었다. 그중 가장 중요한 상설기관은 치옴피의 난 이후에 만들어진 공안8인위원회(Otto di Guardia)였고, 이것은 국가에 대한 범죄를 예방하고 조사하는 비밀경찰의 역할을 맡았다. 그리고 상공업, 세무, 공공사업 등을 다루는 여러 위원회가 상설기관으로 설치됐다. 또 임시 군사기구인 '자유와 평화의 10인위원회(Dieci di Libertà e Pace)'도 있었다. 이것은 전쟁이 터지면 설치되어 용병계약 체결, 작전지휘, 외교를 담당했다. 이러한 위원회들은 총무회에 대해 책임을 졌고, 그중 일부는 독자적인 행정권과 사법권을 행사하기도 했다.

입법의 최종기관은 두 개의 평의회였다. 그중 하나는 시민평의회(Consiglia del popolo), 또 하나는 코무네평의회(Consiglia del comune)였다. 평의원의 수는 각각 3백 명과 2백 명이었다. 모든 법안은 평의원 3분의 2 이상의 찬성을 얻어야 확정되어 공포될 수 있었다. 평의회는 오늘날의 국회와 유사하지만, 의안제출권이 없고 정부가 제안한 것에 대해 질문하고 표결할 수만 있으며 정부의 간부 공무원을 선출하거나 파면할 수 없었다는 점에서 달랐다.

비상사태가 발생하면 시민총회가 소집됐다. 시민총회는 위에서 본 여러 기관의 기능을 정지시키고 전권위원회를 뽑아 거기에 전권을 맡겼다.

이상의 여러 기관 밑에 실무집행 기관인 사무국과 하부 행정기관에 파견되는 사정관이 있었다. 사무국은 제1사무국과 제2사무국으로 나누어졌다. 마키아벨리는 제2사무국에 사무관으로 들어가 일했고, 나중에 사무국장으로 승진했다. 사무관 등 행정기관 종사자들의 임기는 최소 1년 이상이었는데, 업무능력에 따라 연장됐다.

피렌체의 관직추첨제

피렌체에서는 권력이 장기간 소수에게 집중되는 것을 막기 위해 중요한 관직의 임기를 2~6개월로 짧게 정했고, 그런 관직에 앉힐 사람들을 선거가 아닌 추첨에 의해 선발했다. 총무회, 16기수회, 12선인회의 임기는 각각 2, 3, 4개월이었고, 평의원회의 임기도 4개월이었다. 매년 선발된 관직자의 수는 1650명이었고, 사정관을 더하면 매년 3천 명 이상이 교체됐다. 이러한 제도는 당연히 효율성이나 일관성 등에서 문제가 많을 수도 있지만, 피렌체 사람들은 그것이 공화제의 실현이라고 보았다.

관직추첨제의 기본 이념은 '자격이 있는 시민 간 무차별 평등'이므로 자격심사가 엄격했다. 3개 중요 기관, 즉 총무회, 16기수회, 12선인회의 구성원 자격요건은 30세 이상의 남성이고, 7개 대조합 또는 14개 소조합에 가입해 있으며, 파산 선고를 받거나 세금을 체납하지 않았어야 한다는 것이었다. 또 유임이나 중임을 인정하지 않았고, 선발된 사람은 3개월 이내에 취임해야 했다. 가족을 대리로 내세워도 안 됐고, 가족 중 누군가가 최근 1년 이내에 근무한 관직에는 취임할 수 없었다.

15세기 초에는 중요 3기관 관직의 후보자가 2천 명 정도였고, 임기는 각각 2, 3, 4개월인데 임기가 끝날 때마다 추첨이 이루어져 매년 13회의 추첨이 실시됐다. 매번 2천 명에 대한 자격심사를 한다는 게 현실적으로 불가능하여 자격심사와 추첨을 나누어 실시했다. 즉 자격심사는 2~3년마다 1회씩 했고, 추첨이 끝나면 그대로 명찰 꾸러미를 폐쇄하여 다음 추첨 때까지 정부가 보관했다. 명찰 꾸러미는 하나가 아니라 관직의 수만큼 있었다. 자격심사와 추첨은 총무회의 지휘 하에 위원회를 구성해 실시했다.

따라서 자격심사를 통과한 시민의 명찰을 어느 꾸러미에 포함시킬 것인가가 중요했다. 꾸러미는 먼저 중요 3기관의 것과 기타의 것으로 구별됐다. 이렇게 구별할 때 부정이 개입되는 것을 막기 위해, 준비위원들이 기관별로 10명씩 총무회에 의해 선발되면 그들이 자격심사를 통과한 시민의 명찰을 나누어 꾸러미에 담아서 총무회에 건네주되 추첨에는 관여할 수 없게 했다. 그러나 하나의 당파가 총무회를 장악하게 되면 준비위원회도 자기네 당파로 구성하게 되어 부정이 개입할 여지가 있었다. 이것이 관직 추첨제도의 구멍이었다.

준비위원회가 특정 당파에 의해 장악될 경우 추첨에 의한 선출 과정을 조작하는 술책이 사용될 수 있었다. 가령 총무 8명을 선발하기 위한 명찰 꾸러미가 7개일 수 있었다. 이 경우 대조합에 속한 자들로부터 뽑는 정원 6명은 6개 명찰 꾸러미에서 각각 1개씩 6장의 명찰을 끄집어내어 정하고, 소조합에 속한 자들로부터 뽑는 정원 2명은 1개의 명찰 꾸러미에서 2장의 명찰을 끄집어내어 정해야 한다. 그런데 도저히 총무로 뽑아주고 싶지 않은 적 당파의 후보자가 여러 명 있는 경우 그들의 명찰을 전부 어느 하나의 명찰 꾸러미에 집어넣은 뒤 거기서 1장(대조합 소속의 경우) 또는 2장(소조합 소속의 경우)의 명찰을 끄집어내면 적 당파는 아무리 운이 좋아도 총무로 1~2명만 선출된다는 계산이 나온다.

그러나 이러한 술책도 총무 후보자가 2천 명에 이르게 되면 사용하기 어렵다. 하나의 꾸러미에 3백 장 이상의 명찰을 넣는다면 특정인을 당선시킬 수 있는 확률은 대단히 낮아진다. 따라서 하나의 꾸러미에 넣는 명찰의 수를 더욱 줄여야 한다. 그러나 이렇게 할 수 있는 것은 비상시에 파를라멘토(공공집회)를 열어 전권을 특별위원회(Balia)가 쥐는 것을 승인받는 경우에 한정됐다.

정치제도의 변화

1434년 메디치 정권이 시작된 뒤 필요에 따라 입법기구와 자문기구가 신설됐으나, 이런 제도는 1494년 피렌체가 공화정으로 복귀한 후 폐지됐다. 대신 베네치아의 대의회(Consiglio Maggiore)를 본뜬 '시민 및 코무네 의회(Consiglia del Popolo e Comune)'가 설치됐다. 이것은 이후 베네치아에서처럼 대의회로 불리게 됐고, 그 의원 수는 3천 명에 이르렀다. 군사문제 담당 행정기관으로는 마키아벨리도 계속 주장한 민병대 설치 안이 채택되어 1506년 민병대9인위원회(Nove Ufficiali dell'Ordinanza e Milizia Fiorentina)가 설치됐다.

3장

반항아 마키아벨리의 생애

마키아벨리의 삶

리돌피와 화이트의 마키아벨리 전기

마키아벨리의 삶을 알고자 하면 그의 전기를 읽어야 한다. 마키아벨리 전기에는 여러 가지가 있으나 우리말로 번역되어 소개된 것은 두 가지다. 마키아벨리 연구자들 사이에서도 높은 평가를 받아 자주 인용되는 것은 로베르토 리돌피가 쓴 책이지만, 더 큰 감동을 주는 것은 마이클 화이트가 쓴 책이다. 리돌피의 책은 반세기도 더 전인 1953년에 초판이 나온 원저의 7판(1978년)을 2000년에 번역해 출판한 것이고, 화이트의 책은 2004년에 나온 원저를 2006년에 번역해 출판한 것이다. 더 최근에 쓴 후자가 전자보다 낫다고 할 수는 없지만, 최신 연구결과를 반영하고 있는 것은 틀림없다.

리돌피는 르네상스와 마키아벨리를 연구한 전문가이지만 화이트는 전기작가라는 점에서 서로 다르다. 전기 읽기를 좋아하는 사람들이면 이미 화이트가 쓴 여러 전기들, 가령 다 빈치, 갈릴레오, 뉴턴, 에디슨, 톨킨, 호킹 등의 전기를 읽었으리라. 그가 쓴 책 중에서 우리말로 번역된 게 많은 것을 보면 그는 우리나라에서 호평을 얻고 있는 것 같다.

화이트는 전기의 주인공으로 왕, 교황, 정치가, 법률가, 부자, 군인 등은 다룬 적이 없는데, 이는 그들을 중요하게 여기지 않기 때문이라고 한다. 그에게 중요한 사람은 창조자다. 그것도 평범하게 자라나 '우쭐대던 실세의 미천한 종복' 등으로 평범하게 살아서 생전에는 인정받지 못했으나 죽고 난 뒤에 위대함을 인정받은 사람이다. 그는 모차르트, 반 고흐, 마키아벨리가 그런 사람이라고 한다.(화이트, 9)

그러나 화이트가 그 세 사람 모두를 그렇게 보는 데는 문제가 있다. 마키아벨리는 14년간 외교관을 겸한 고급 공무원을 지내면서 당대 유럽의 왕이나 교황, 정치가나 법률가, 부자나 군인 따위를 가까이 했고, 심지어 그 자신이 정치가였다고 볼 수 있다. 또 모차르트는 왕족과 귀족 등의 집에서 음악을 연주했다. 그러나 반 고흐는 그야말로 밑바닥 인생을 살았다. 고흐는 그런 사람들과 전혀 관련이 없었고, 그런 사람들처럼 살려고 한 적도 없다. 반면 마키아벨리는 그런 사람들을 위해 살려고 했다고 볼 수 있다. 사실 《군주론》은 지금 같으면 대통령이나 재벌 같은 자들의 출세와 처세에 관한 이야기다.

지금도 그 책을 그렇게 바라보는 사람들이 많다.

리돌피의 책은 본문도 400쪽에 이르러 분량이 많지만 주석도 200쪽이 넘어 그야말로 학문적인 전기라고 할 수 있다. 그러면서도 저자 리돌피가 마키아벨리와 같은 피렌체 출신이어서 그 지방 출신만이 할 수 있는 이야기를 해주는 점이 좋다. 가령 피렌체 사람들은 이론에서는 논리적이지만 행동에서는 즉흥적이고 진중하지 못한데, 그런 피렌체 사람들의 성격이 마키아벨리에게서 그대로 나타난다고 한다. 물론 피렌체 사람들이 모두 다 그런지는 의문이지만 말이다. 언제 어느 곳에나 그런 사람들도 일부 있고, 그렇지 않은 사람들도 일부 있으리라. 물론 다른 지역보다 피렌체에 그런 기질을 가진 사람들이 더 많다고 볼 수는 있을지 모른다.

이하에서 나는 가능한 한 간단하게 마키아벨리의 삶을 스케치하고, 상세한 것은 위 두 책에 미루고자 한다. 마키아벨리는 1469년에 태어나 1527년에 죽었으니 58년간을 살았다. 그 58년의 꼭 절반인 29년씩으로 그의 인생이 전반생과 후반생으로 나누어진다. 즉 1498년 29세에 피렌체 정부의 사무관으로 취임하기 전과 후다. 그 전의 마키아벨리에 대해서는 우리가 거의 아무 것도 알 수 없을 정도로 자료가 남아 있지 않지만, 그 후의 그에 대해서는 자료가 풍부하게 남아 있어서 우리가 자세히 알 수 있다. 그래서 그의 전기들은 그의 전반생보다 후반생을 더 상세히 설명한다. 그의 후반생은 다시 공무원 생활 14년과 저술 생활 15년으로 나누어진다.

그런데 그 후반생에 대한 서술은 대부분 당대의 복잡한 국제외교 관계와 그 속에서 마키아벨리가 펼친 활동에 관한 이야기다. 그런 이야기는 전문적인 학자가 아니면 거의 흥미를 느낄 수 없는 것들이 대부분이다. 그래서 나는 그런 점은 이하에서 거의 언급하지 않는다. 그런 것은 《군주론》 등을 쓴 '인간' 마키아벨리를 이해하기 위해 필요한 최소한의 몇 가지만 간단히 설명하도록 한다. 전기작가나 학자들이 별로 강조하지 않는 그의 불륜에 대해서도 언급하겠다. 이것은 말초적인 흥미를 충족시키기 위해서가 아니라 '인간'으로서의 그를 이해하기 위해서다.

마키아벨리의 집안

마키아벨리는 1469년 5월 3일 피렌체에서 태어났다. 지금으로부터 5백 년이 훨씬 넘는 옛날이다. 그러니 지금 우리가 볼 때 그의 삶에는 불투명한 점이 많을 수밖에 없고, 따라서 그에 대해 다양한 견해가 제시돼왔다. 그러나 우리가 그 모든 것을 살펴볼 필요는 없다. 그의 사상을 형성시킨 몇 가지 중요한 삶의 고비들에 대한 대표적인 견해를 중심으로 살펴보기로 하자.

그의 아버지는 베르나르도 마키아벨리(Bernardo Machiavelli), 어머니는 바르톨로메아 디 스테파노 넬리(Bartolomea di Stefano Nelli)였다. 아버지는 마키아벨리가 31세였던 1500년에 죽었지만, 어머니는 마키아벨리보다 더 오래 살았다. 마키아벨리는 그들 사이의 장남이었고, 두 명의 누이와 5세 아래 동생 토토가 있었다. 누이 둘은 평범한 주부로, 토토는 성직자로 일생을 보냈다.

아버지가 죽고 난 뒤 마키아벨리는 가장 역할을 해야 했다. 즉 그는 후반생에 어머니와 두 누이 및 남동생을 돌봐야 했다. 그리고 자신의 아내와 자녀도 보살펴야 했다. 지금도 이탈리아는 유럽에서 대가족제도를 유지하는 나라로 유명한데 500년 전에는 더욱 그러했을 것이다. 그런 사회였으니 가족관계상 에피소드가 있을 법도 한데 마키아벨리에게는 그런 것이 없다. 그렇지만 그런 대가족주의가 그의 시민정치 구상에 중요한 배경이 된 것은 틀림없다. 일반적으로 핵가족제도 속에서 사는 사람들이 보다 더 개인주의자일 가능성이 높다고 할 수 있다.

마키아벨리의 집안은 토스카나의 중류 귀족으로 토지를 소유하면서 대대로 피렌체의 공무원을 지냈다고 보는 견해도 있고, 귀족이 아니라 평민이었다고 보는 견해도 있다. 조상 중 한 사람인 귀도 마키아벨리는 앞에서 본 1378년 피옴치의 난 당시에 74명의 노동자 대표 가운데 한 사람이었다. 이를 보면 그의 집안이 최하층 노동자였던 것 같기도 하다. 또 다른 조상 지롤라모 마키아벨리는 코시모 데 메디치의 치하에서 정치적 탄압에 반대하다가 아비뇽으로 추방당했는데 그 뒤 허가 없이 피렌체로 돌아왔다가 1458년경 감옥에서 사망했다고 하니, 정치적 저항의 피도 마키아벨리의 몸에 흘렀을지도 모른다.

그의 집안은 오늘날의 중산층과 같은 포풀라니(populani, 이 말을 부유시민이라고 번역하기도 하지만 이는 어색하다) 출신이었으나 부유하지는 않았다고 보는 게 일반적이다. 조상은 황제파와 싸운 교황파(겔프(Guelph)파라고도 한다)로서 대대로 피렌체에 집, 시골에 밭과 집을 소유했다. 피렌체의 도심에 있었던 마키아벨리 집안의 집은 2차대전 때 파괴됐으나, 그가 만년을 보낸 시골집은 지금도 그대로 남아 있다.

우리의 주인공 니콜로 마키아벨리는 어려서부터 그런 집안의 내력을 잘 알았을 것이고, 따라서 정치세계가 얼마나 냉정하고 잔혹한지도 당연히 알았을 것이다. 그것이 그로 하여금 《군주론》 등을 쓰게 한 먼 배경이었는지도 모른다. 마키아벨리가 귀족 출신인지 아닌지가 중요하다고 생각되지는 않지만, 그가 평생 귀족보다 평민을 진심으로 좋아한 것을 보면 귀족 출신이 아니라 평민 출신이라고 보는 게 옳을 듯하다. 물론 현실에서 권력을 갖는 집단은 귀족이므로 그도 그들을 무시할 수 없었고, 그들에게 아양을 떨어야 했던 것은 사실이다. 그러나 중요한 것은 그의 출신보다는 그가 좋아한 계층이다. 그는 진심으로 귀족이 아닌 평민을 좋아했다.

마키아벨리는 1513년 친구에게 쓴 편지에서 "나는 가난하게 태어났고, 재물을 즐기기 전에 절약하는 법부터 배웠다"라고 했다. 당시 그는 관직에서 파면되고 정변음모에 휘말려 체포됐다가 풀려난 직후였다는 점에서 이 말을 과장된 것으로 보는 견해도 있지만, 그가 부유한 집안에서 유복하게 자라지는 않은 것이 분명하다. 그렇다고 가난했던 것은 아니다. 당시 여성의 평균수명은 24세였고, 글을 읽고 쓸 줄 아는 사람들은 극소수였다. 농민들은 20명 정도의 대가족 단위로 단칸 오두막에서 밀짚을 깔고 염소, 돼지와 함께 살았고, 극심한 기근으로 인해 인육을 먹어야 할 정도였다. 그러나 그의 부모는 장수했고, 그의 가족은 도심에 있는 집에서 보통사람답게 살았다.

아버지 베르나르도는 대학을 나온 법률가이자 휴머니스트였다고 보는 견해가 있지만, 가난한 집안에서 태어나 자란 그가 과연 대학을 다닐 수 있었는지, 또 변호사나 공증인 같은 법률가로 개업한 적이 있는지 의문이다. 그가 대학을 나와 변호사 겸 공증인으로 개업했다(박상섭, 1)고 한다면 "집안을 유지하기에도 벅찰 만큼 가난"(박상섭, 2)하고 "아들을 학자로 키울 생각을 갖지 못했"(박상섭, 3)다고 보기는 어렵다. 당시에도 대학을 나온 법률가라면 상당한 지위와 부를 누렸을 것이기 때문이다.

그러나 당시 피렌체 대학의 인문학 교수이자 피렌체 시청의 제1사무국장이었던 바르톨로메오 스칼라(Bartolomeo Scala)가 대화 형식으로 쓴 《법과 법적 판단》(1483)이라는 책에서 베르나르도를 대화의 상대로 삼은 것을 보면 베르나르도가 법에 대해 조예를 가졌음은 분명하다. 그가 소작농들로부터 받는 수입으로 살았다고 보는 견해도 있지만, 그리 부유하지는 않았던 것도 분명하다.

마키아벨리 부자의 출신이 무엇이었는지를 아는 것보다는 그들이 친구 같은 부자였다는 사실을 아는 것이 더 중요하다. 그들은 "불경스러워 보이는 해학과 많은 사회적 관습을 향한 건전한 냉소, 교회에 대한 상당한 불신"(화이트, 30)을 공유했고, "음탕한 이야기와 지저분한 농담을 주고 받"았고, "술집에서 떠들기도 즐"겼고(화이트, 31), 종교에 독실한 어머니와 대립했다. 이는 21세기인데도 여전히 가부장적인 오늘날 한국의 가정에서는 좀처럼 상상하기 어려운 부자관계인데, 그런 르네상스적 분위기가 마키아벨리 같은 르네상스인을 낳았으므로 특히 주목할 필요가 있다.

소년 시절의 마키아벨리

마키아벨리가 태어난 1469년부터 23세가 된 1492까지 이어진 로렌초 데 메디치의 시대는 대체로 평화로웠다. 그 평화는 1494년 프랑스 침략으로 깨졌다. 마키아벨리가 소년이었을 때 레오나르도 다 빈치(1452~1519)는 도제 생활을 했고, 보티첼리(1445?~1510)를 비롯한 많은 화가들은 중요한 걸작들을 그렸다. 1492년에는 콜럼버스(1451~1506)가 '신세계'에 도착했고, 코페르니쿠스(1473~1544)가 천문학의 기초를 다지고 있었다. 마키아벨리는 그들과 같은 세대의 사람이었다.

세심한 성격의 소유자인 아버지 베르나르도는 금전관리 장부를 기록했는데, 그 장부(1471년부터 1487년까지)를 포함한 〈비망록

(Libro di Ricordi)〉이라는 제목의 일기가 1954년에 발견되어 마키아벨리의 어린 시절을 엿볼 수 있게 해주었다. 그 기록에 따르면 마키아벨리는 7세 무렵부터 가정교사에게 라틴어와 수학을 배운 듯하다. 그가 어려서 학교를 다녔다고 보는 견해도 있지만, 사실은 가정교사에게 배운 것이 그가 받은 유일한 교육이었던 것 같다.

마키아벨리는 어려서부터 전통적인 필사본 책들과 함께 피렌체에서 1467년부터 나오기 시작한 인쇄본 책들을 즐겨 읽었다. 마키아벨리가 태어나기 2년 전에 인쇄술의 이용이 시작된 것은 그에게 행운이었다. 또 당시 공공도서관도 발달해 그곳에서 책을 읽을 수 있었던 것도 그에게 행운이었다.

어린 시절의 풍부한 독서가 나중에 저술의 바탕이 됐다. 아버지가 남긴 기록에 나오는 책 중에는 아리스토텔레스의 《윤리학》, 《토피카》, 키케로의 《필리피카》, 《도덕적 의무에 관하여》, 《웅변에 관하여》, 프톨레마이오스의 《우주론》, 보에티우스의 《분류에 관하여》, 마크로비우스의 《키케로의 '스키피오의 꿈'에 대한 주석》, 《농신제에 관하여》 등이 있다. 특히 티투스 리비우스의 《로마사》의 경우 아버지 베르나르도가 색인을 편집하는 일을 해주고 대가로 인쇄용지를 한 뭉치 받아와 당시 17세이던 마키아벨리에게 심부름을 시켜 그것을 제본소에 보내 맡겨두었다는 일화가 전해지고 있다. 그때 그런 심부름을 한 경험이 마키아벨리로 하여금 나중에 《로마사 논고》를 쓰게 했을지도 모른다.

마키아벨리가 어려서 어떤 교육을 받았는지는 분명하지 않다. 피렌체 대학의 전신인 스투디오 피오렌티노(Studio Fiorentino)에서 휴머니즘 교육을 받으며 수사학, 논리학, 문학을 배웠다고 보는 견해도 있지만, 그가 성인이 되어 독학을 했다고 보는 견해도 있다. 그가 22세에 라틴어로 쓴 소네트가 1492년에 발표된 '메디치가에 바치는 글 모음집'에 실린 것을 보면 그가 메디치궁에서 여러 사람들과 어울렸음을 알 수 있지만, 그밖에는 알려진 바가 없다. 그가 당시 휴머니스트가 되는 데 필수였던 라틴어는 알았지만 그리스어는 몰랐다고 보는 견해, 그가 받은 휴머니즘 교육이 그리 수준이 높지 않았다고 보는 견해 등이 있지만, 어느 것이나 분명하지 않다. 그러나 그가 29세에 사무관이 된 것을 보면 휴머니스트로서의 소양을 상당히 갖추었던 게 틀림없다.

마키아벨리가 어려서부터 당대 피렌체의 지적 분위기에 익숙했던 것도 틀림없다. 그 지적 분위기는 주로 마르실리오 피치노, 안젤로 폴리치아노, 조반니 피코 델라 미란돌라에 의해 지배됐다. 플라톤의 책을 번역한 피치노는 기독교가 플라톤 사상과 일치한다고 주장했다. 《일리아스》를 번역한 폴리치아노는 메디치가의 가정교사였는데 로마법전을 비롯한 고전에 대한 강좌로 유명했다. 그 둘의 친구였던 미란돌라가 그 둘보다 더 유명했는데, 그의 연설문 모음집인 《인간의 존엄성》은 우리말로도 번역됐다.

마키아벨리가 그들로부터 구체적으로 어떤 영향을 받았는지는 알 수 없으나, 마키아벨리의 사상은 르네상스 휴머니즘과는 다르다고 보는 견해와는 달리 그것으로부터 상당한 영향을 받았고, 그것이 그의 지적 배경을 이루었음을 뒤에서 보도록 한다. 르네상스 이전 사람들은 인간이 무기력하고 무가치하다고 생각했으나 르네상스 사람들은 그와 반대로 생각했고, 인간의 지성을 아끼고 양육해야 한다고 주장했다.

그러나 교육보다 더 중요한 것은 어린 시절부터 마키아벨리가 현실에서 천국과 지옥을 경험했고, 그것이 그의 창작 활동을 가능하게 했다는 점이다. 그에게 가장 흥미로운 것은 천국을 방불케 하는 축제였다. 특히 6월 24일의 수호성인 축제 때 열리는 연극과 뮤지컬이 그랬다. 반대로 그는 죽음과 질병, 기근과 전쟁도 겪었다. 그가 10살이었던 1479년에 퍼진 전염병은 이웃과 친구들을 죽였고, 그때 아버지도 죽을 뻔했다. 전쟁도 벌어져 그는 군인들의 이야기를 들었다. 그리고 정치적 갈등으로 인한 끔찍한 처형도 많이 보았다.

사무관 마키아벨리

마키아벨리는 1498년 5월 28일 피렌체 정부의 제2사무국 사무관이 됐다. 종래 마키아벨리 전기 등에서 이 사무국을 서기국으로 부르기도 했는데, 서기국은 공산국가에서 주로 쓰는 말이고 우리에게는 익숙하지 않으니 이 책에서는 사무국으로 부르기로 한다. 당시 피렌체의 선출직 고급 공무원은 2개월 등 매우 짧은 임기로 재임하는 아마추어였고, 이 때문에 사무관은 고급 공무원을 보완해주는 행정 전문가로서 중요한 역할을 했다. 제1사무국은 주로 외교와 국방, 제2사무국은 주로 국내 업무를 각각 담당했다. 명목상 제1사무국이 제2사무국보다 지위가 높았으나 실무상으로는 업무가 중첩되기도 했다. 마키아벨리는 제2사무국 소속이었으나 나중에는 10인전쟁위원회 관련 일도 맡아 제1사무국의 외교행정에 관한 문서작업과 제2사무국의 영토방위에 관한 문서작업을 동시에 책임졌다.

사무관도 매년 선출되는 자리였지만, 초선의 임기는 2년, 재선의 임기는 1년으로 고급 공무원의 임기보다는 훨씬 길었다. 재선의 선출과정은 형식적이었지만, 초선의 경우 경쟁이 치열했다. 그러나 선거는 돈이 많고 힘이 있는 가문들에 의해 움직여지므로 선출되려면 교제와 인맥이 중요했다. 마키아벨리는 29세에 사무관이 됐는데, 이는 30세가 돼야 공무원이 될 수 있다는 당시 법 규정에 어긋나는 것이었다. 정부가 그의 나이를 몰랐던 탓이었는지, 아니면 나이 제한을 초월할 정도로 그가 우수한 탓이었는지는 알 수 없다. 아버지나 집안 또는 재산 등 배경의 힘으로 그렇게 됐는지 여부도 확실하게 알 수 없다. 다만 정부가 그의 나이를 몰랐을 리는 없겠고, 그는 휴머니스트로서의 소양을 어느 정도 갖추었을 것으로 추측해볼 수 있다. 그러나 이보다 더 중요한 요소가 있었다.

먼저 그의 아버지를 비롯해 친척들이 공무원이었고, 어느 정도의 재산도 있었으며, 아버지는 제1사무국장을 비롯한 여러 고급 공무원들과 친했다. 또한 아버지는 사회봉사를 주로 하는 종교적 모임인 산 지롤라모 술라 코스타(San Girolamo sulla Costa)의 회원이었다. 마키아벨리도 11세부터 그 모임의 청년부에서 활동했고, 24세가 되면 성인으로서 그 단체에 가입할 수 있다는 규정에 따라 1495년에 가입했다. 심한 매질을 견디는 등의 고행을 하는 그 단체는 140명 이상의 남자로 구성되어 정치적 사건에 관여하기도 했다.

이러한 여러 배경이 마키아벨리의 출세에 영향을 주었던 게 틀림없다. 그러나 그보다 더 중요한 사실은 당시 피렌체 정치상황에 변화가 있었다는 점이다. 마키아벨리가 사무관에 취임하기 5일 전에 5년간 집권했던 사보나롤라가 처형당했다. 그 5년간은 전염병과 흉작으로 피렌체가 위기에 빠진 시기이자 각종 분파가 갈등한 시기였다. 사보나롤라가 죽은 직후 실시된 제2사무국 선거에서도 갈등이 재연됐다. 후보에 오른 사람 중에 사보나롤라에 대한 지지파도 있고 반대파도 있었으나, 이미 지지파는 더 이상 힘을 받지 못했다. 결국 반대파의 지지를 받아 마키아벨리가 당선됐다. 만일 사보나롤라가 권력을 계속 유지하고 있었다면 마키아벨리의 당선은 불가능했을 것이다. 그보다 4개월 전에는 사보나롤라가 집권 중이었는데 그때의 선거에서는 마키아벨리가 낙선했다. 사보나롤라 반대파에는 메디치가 사람들과 그들을 지지하는 사람들도 들어 있었다. 이는 마키아벨리가 젊어서부터 메디치가를 비롯해 폭넓은 인맥을 형성했음을 보여준다.

지롤라모 사보나롤라

도미니크 교단의 수도승이었던 사보나롤라는 피렌체의 부패를 비판하고 믿음을 강조하는 설교로 유명해졌고, 1494년 메디치 가문의 정권이 붕괴된 후 공화제 정권을 수립했으나 교황에 대한 비판과 프랑스에 대한 친화정책이 문제가 되어 실각했다. 마키아벨리는 뒤에 《군주론》 6장에서 다음과 같이 말했다.

> 우리 시대의 경우 지롤라모 사보나롤라 수도사가 그랬듯이 모세, 키루스, 테세우스, 그리고 로물루스가 무장하지 않았더라면 이들은 자신들의 법령을 오랫동안 준수하도록 만들 수 없었을 것이다. 대중이 새로운 체제를 믿지 않게 되면서 사보나롤라는 자신의 새로운 체제 속에서 몰락했다. 그는 믿음을 가졌던 사람들을 견고하게 붙잡거나 믿지 않던 사람들을 믿게 만들 수 있는 수단을 갖지 못했다.(군주, 6, 30)

마키아벨리가 말한 사보나롤라의 '새로운 체제'란 정치적 사건에서 행정부나 8인위원회가 내린 판결에 대해 피고 측이 인민에게 제소할 수 있게 한 법률이었다. 이에 대해 언급한 《로마사 논고》 1권 45장에서 마키아벨리는 사보나롤라의 저작들은 "그의 학식, 사려 깊음 및 지적 탁월함을 담고 있었다"며, 그 법률은 "시민들의 안정을 보장하는 여러 법률" 중 하나였으나 사보나롤라가 그것으로 인해 몰각했다고 설명했다. 즉 그 법률이 발효된 직후 최고시정위원(집정

지롤라모 사보나롤라

자)이 메디치가의 복귀를 음모한 시민 5명을 국사범으로 몰아 그들에게 사형을 선고하자 시민들이 그 법률에 따라 그를 제소했으나 기각되어 그 법률이 무효가 되고 사보나롤라가 신뢰를 상실했다는 것이다.

> 이 사건은 다른 어떤 사건보다도 수도사의 영향력에 결정적인 타격을 가했다. 왜냐하면 제소권이 중요하다면 그것은 준수되었어야 했기 때문이다. 또 만약 그것이 소중하지 않다면, 그는 그 법을 제정하지 말았어야 했다.
>
> 수도사는 그 법률이 파기된 후 행한 모든 설교에서 그 법을 위반한 사람을 결코 비난하지도 않고 또 용서하지도 않았기 때문에 더욱더 이 사태는 주목을 받았다. 왜냐하면 그는 사실상 그에게 이득이 되는 그들의 위법행위를 비난하기를 꺼렸으며, 그렇다고 그것을 용서할 수도 없었기 때문이다. 이러한 처신으로 인해 그의 야심 많고 당파적인 정신이 폭로되었는데, 이로 인해 그의 영향력은 현저히 감소되었고 그에 대한 비난이 증대되었다(논고1-45, 212)

《로마사 논고》 1권 45장의 제목은 '특히 법률을 제정한 자가 그 법을 준수하지 않는 것은 나쁜 선례를 남기는 것이다; 그리고 통치자가 매일 새로운 비행을 저질러 인민을 괴롭히는 것은 그 자신에게 대단히 위험하다'이다. 마키아벨리는 이 45장에서 사보나롤라의 사례를 설명하기 전후에 로마의 사례를 언급한다. 이는 휴머니스트다운 설명방법이다.

외교관 마키아벨리

사보나롤라를 좋아하지 않았던 마키아벨리는 그가 죽은 직후 사무관에 선임됐다. 그리고 한 달 뒤 제2사무국장으로 승진했다. 놀라운 출세였다. 그리고 15년간 주어진 업무에 따라 충실하게 외교관으로서 각국 국왕 등을 만났다. 또한 전쟁에 대비하기 위해 시민군 창설에도 힘을 기울였다. 우리는 그가 수행한 복잡한 업무에 대해 자세히 알 필요가 없다. 혹시 관심이 있는 사람이라면 그의 전기를 읽어보면 된다.

외교관과 간첩의 차이는 무엇일까? 한국에서 외교관이라는 직업은 대단한 선망의 대상이다. 반면 한국 사람들은 북한 간첩에 대해 무시무시한 이미지를 갖고 있어 간첩이라면 기피한다. 이처럼 한국에서는 그 둘 사이의 차이가 크지만, 나라 사이의 전쟁이 일상처럼 벌어진 15~16세기 이탈리아에서는 그 둘이 구별하기 힘들 정도로 비슷했고, 특히 마키아벨리의 경우 15년의 공직생활을 거의 그 둘로 보냈다고 해도 과언이 아니다.

우리는 그 시대의 복잡한 국제정세에 대해 알 필요가 없지만, 그 속에서 마키아벨리가 느낀 점 몇 가지는 알아야 그의 사상을 이해할 수 있으니 그 몇 가지는 알아둘 필요가 있다. 하나는 피렌체의 자부심은 허영에 불과할 정도로 토대가 허약했으며, 특히 피렌체의 정부 관리를 비롯한 지도자들은 그러한 현실을 알았다는 점이다. 이는 피렌체에만이 아니라 오늘의 한국에도 해당되는 이야기가 아닐까? 마키아벨리는 뒤에 희곡 《만드라골라》에서 주인공이 파리에 머물고 싶어 한 이유를 동향인 피렌체 사람에게 다음과 같이 말하는 것으로 그린다.

> 잘 생각한 거지. 이곳엔 무식한 놈들만 득실거리니까. 능력이 있는지 없는지 제대로 판단할 사람이라곤 아무도 없어. 설사 그가 여기 머문다고 해서, 얼굴이라도 쳐다봐주는 작자가 하나라도 있을지 원.(만드라골라, 48)

또 하나는 그런 피렌체의 지도자들과는 정반대로 보르자와 같은 강력한 군인 정치인을 만나 그의 통치술을 관찰하고 그 결과를 자신의 정치사상으로 삼았다는 점이다. 당시 그가 관찰한 보르자의 인상은 《군주론》 7장을 비롯하여 그 책의 전체를 흐르는 지도자상, 즉 강력한 용기와 재능(비르투)를 가진 정치인의 모델이 됐다. 그러나 동시에 그는 보르자의 지나친 자신감에 대해 거부반응을 일으켰고, 결국은 보르자가 비르투보다 운(포르투나)이 좋았다고 생각하게 됐다. 마키아벨리가 《군주론》에서 언급한 지도자 중에는 당시의 교황 율리우스 2세와 신성로마제국의 막시밀리언 황제 등도 있었는데, 그들에 대한 평가도 보르자에 대한 평가와 크게 다르지 않았다. 즉 그들 모두의 근본적인 결점은 급변하는 상황에 직면하여 유연하게 대처하지 못하는 점이라고 마키아벨리는 보았다. 이것이 《군주론》의 핵심임은 물론이다.

소데리니와 마키아벨리

마키아벨리의 공직생활에서 가장 중요한 시기인 1502~1512년에 피렌체의 지배자는 피에로 소데리니(Pierro Soderini, 1450?~1513)였다. 그가 재임할 때 마키아벨리는 시민군을 창설했고, 대외적으로는 그의 최대 업적인 피사 정복도 거들었다. 그만큼 두 사람은 가까웠으나, 마키아벨리는 1507년 시민군을 창설하기 전에는 소데리니의 부하에 불과했고, 그 뒤에야 조금씩 그에게 자신의 입장을 주장했다. 그러나 소데리니가 마키아벨리에게 갖는 중요성을 간과해서는 안 된다. 그는 피렌체 공화국의 첫 종신 수령(곤팔로니에레)으로서 《군주론》 9장에서 마키아벨리가 말한 시민형 군주의 모델이기 때문이다.

《군주론》에서는 소데리니가 직접 다루어지지 않지만, 《로마사 논고》의 3권 3장에서 그는 우유부단하다는 점에서 비판된다. 그러면서도 마키아벨리는 다음과 같이 말한다.

> 이러한 신중함[법에 대한 존중]은 현명하고 좋은 것이기는 했다. 그러나 다른 한편으로 소데리니는 어떤 악이 선을 쉽사리 분쇄할 염려가 있을

피에로 소데리니/ 리돌포 기를란다이오

때 그 선을 지속하기 위해서는 결코 그 악을 용납해서는 안 된다는 것을 깨닫지 못했다.(논고3-3, 421)

소데리니가 죽었을 때 마키아벨리가 쓴 그의 묘비명에도 그의 무능함이 다음과 같이 강조돼있다.

피에로 소데리니가 죽던 날 밤
그의 영혼은 지옥의 입구로 들어갔다.
플루토스가 외치기를,
"불쌍한 영혼아, 지옥에는 왜 왔나?
아이들과 함께 림보에나 들어가지."

여기서 플루토스(Plutos)란 그리스 신화에 나오는 지옥의 신을 말하고, 림보(Limbo)란 지옥과 연옥의 중간지대로서 세례 받지 않은 아이들이 죽은 뒤 머무는 곳을 말한다. 여기서 주의할 것은 마키아벨리에게 지옥이란 진정한 남성들이 가는 곳이라는 점이다. 반면 연옥이란 죄를 범하지는 않았으나 너무 일찍 죽어 세례를 받지 못한 아이들이나 이교도 시인 또는 철학자(호메로스나 소크라테스 같은)들이 가는 곳이었다. 그러니 마키아벨리는 소데리니에 대해 지옥에 갈 만한 진정한 남자가 아니라 철없는 아이와 같이 유치한 사람이라고 비웃은 것이다.

이는 조금만 생각해보아도 참으로 어처구니없는 일이었다. 가령 지금 한국에서 대통령이 죽은 뒤에 그의 직속부하가 위와 같은 묘비명을 쓴다는 것이 상상이나 될 수 있는가? 죽은 대통령의 다른 부하들은 물론이고 그런 묘비명을 쓴 자의 자손들도 그자를 당연히 욕하고 물리쳤으리라. 소데리니의 손자는 마키아벨리가 시심(詩心)에 젖어 그렇게 썼을 뿐이고 평소 진담을 할 때에는 소데리니를 칭송하고 높이 평가했다고 말했다고 한다.(신복룡, 208) 르네상스기에는 서로 묘비명을 지어주는 것이 즐거운 놀이였고, 그 묘비명의 내용은 풍자적이었다고도 한다.

아무리 그렇다고 해도 한국인이라면 그런 묘비명을 쓴 마키아벨리도 어처구니없지만 그런 묘비명을 좋다고 받아서 비석에 새긴 자들도 참으로 어처구니없다고 생각할 수밖에 없다. 누구보다도 마키아벨리 자신이 문제다. 오랫동안 모신 직속상관인 종신 수령을 그가 죽은 뒤 책에서도 비웃고 묘비명에서도 비웃어 몇 번이나 다시 죽인 셈이다. 왜 그랬을까? 마키아벨리가 《로마사 논고》를 쓰고 소데리니의 묘비명을 쓸 때 그는 메디치가에 의해 공직에서 추방된 상태였고 심지어 메디치가에 대해 반역음모를 꾸몄다는 이유로 감옥살이를 했으니 그런 입장에서 그가 소데리니를 비난했을지도 모른다. 마키아벨리가 쓴 책들에 대해서는 나중에 다시 이야기하기로 하고, 여기서 잠깐 마키아벨리의 욕망을 살펴보자.

우리가 학교에서 배우는 르네상스는 화려하고 우아하며 찬란하다. 며칠간의 이탈리아 관광을 통해서 보는 르네상스도 마찬가지다. 그러나 그런 것이 전부일까? 그 화려함은 우리가 관광하는 외면의 르네상스일 뿐이지 않을까? 관광이란 그야말로 빛을 본다는 뜻이다. 빛의 뒤에는 어둠이 있다. 어둠이 있어야 빛이 있다. 그 어둠도 봐야 한다.

화려하고 우아하며 찬란한 르네상스는 다 빈치, 미켈란젤로, 라파엘로라는 세 천재의 그림과 조각으로 집약된다. 또는 피렌체를 대표하는 붉고 둥근 지붕의 성스러운 두오모로 상징된다. 그곳은 피렌체 관광을 시작하는 곳이기도 하지만, 관광을 끝내고 쉬는 장소이거나 그곳을 떠나기 전에 마지막으로 선물을 사는 시장이기도 하다. 그 옆의 공화국광장에서는 중세부터 시장이 열렸다. 그 시장은 밝은 낮에 시끌벅적하게 장사가 이루어지는 곳이었을 뿐만 아니라 어두운 밤에 매춘이 공공연히 합법적으로 행해지는 곳이기도 했다.

그렇다고 해서 당시의 피렌체가 특별하게 음란했다고 볼 수는 없다. 중세 천 년 동안 매춘이 금지됐다고 하지만, 언제 어디에든 매춘은 있었다. 심지어 당시 성스러움의 상징인 로마 교황청을 비롯한 성당에도 매춘은 있었다. 피렌체도 예외가 아니었다.

14세기부터 피렌체 정부가 매춘을 공인한 것은 창녀 보호 등의 이유에서가 아니라 인구를 증가시키기 위해서였다. 이는 물론 창녀에게 출산을 하게 했다는 의미가 아니다. 창녀를 통해 남성의 성적 관심 대상을 같은 남성이 아닌 여성에게 돌리게 함으로써 남성들로 하여금 결혼을 하게 해서 인구를 증가시키려고 했다는 의미다. 그만큼 당시에는 동성애가 많았다. 다 빈치와 미켈란젤로도 동성애자로서 평생 독신으로 살았다.

마키아벨리가 동성애를 했는지는 알려져 있지 않으나, 어쨌든 그는 결혼을 했다. 그리고 결혼 이전에는 물론이고 이후에도 자주 창녀를 찾았다. 꼭 그랬기 때문만은 아니겠지만, 마키아벨리는 33세인 1502년에 결혼해 첫 아이를 낳은 뒤 58세에 죽기 전까지 7명의 자녀를 두었으니 인구증가에는 크게 공헌한 셈이다. 그리고 결혼생활 25년간 아내가 아닌 여인을 20여 명 이상 사랑했다. 그중 가장 유명한 여인은 그가 55세에 만나 죽기 전까지 3년간 사랑한 여배우였다. 마키아벨리는 물론이고 그 여인도 서로만을 사랑한 것이 아니라 각각 다른 애인을 두고 있었다.

지금 한국에서 대사급 고급 공무원이 그렇게 산다면 대단한 스캔들의 주인공이 될 수도 있을 테지만, 5백 년 전 이탈리아에서는 그렇지 않았던 것 같다. 게다가 도박까지 즐긴 그를 "지극히 평범한 사람"이라고 말하기는 어렵다. 그렇게 말한 전기작가 화이트가 마키아벨리를 가리켜 "우쭐대던 실세의 미천한 종복"으로서 "당시엔 보잘것없는 인물이었지만 이후 위대함을 인정받은 사람 중 하나"라고 하지만, 그런 차원에서 마키아벨리를 가령 반 고흐와 같다고 보는 것

(화이트, 9)은 앞에서도 말했듯이 이해하기 어렵다. 마키아벨리는 반 고흐보다 훨씬 유복하게 살았기 때문이다.

특히 《군주론》을 쓸 생각을 했을 정도로 군주들과 항상 대면한 대사급 고급 공무원을 "미천한 종복"이었다고 말할 수는 없다. 군주가 아닌 모든 이들을 "미천한 종복"이라고 하지 않는 한 말이다. 마키아벨리는 적어도 당시 이탈리아에서 살았던 수많은 비시민과 달리 시민에 속했다. 반면 그야말로 "미천한 종복"이라고 할 수 있는 수많은 비시민이 반 고흐처럼 살았다. 앞에서 말한 창녀가 당시의 대표적인 비시민이었다. 그밖에 노동자, 농민 등이 비시민이었다.

마키아벨리가 단순한 군주제 옹호자가 아니라 공화제 옹호자이기도 했다는 사실은 이미 충분히 밝혀졌으나, 그 공화제라는 시민정치가 지금 우리가 말하는 시민의 정치, 즉 노동자는 물론 성매매 여성까지 포함하는 시민 모두의 정치가 아니라는 점을 주의할 필요가 있다. 당시 피렌체에서 참정권을 가진 시민은 약 6천 명 정도에 불과했다. 시민의 범위는 그 뒤로 차츰 넓어져 나중에는 시민이라는 말이 모든 사람을 뜻하게 됐지만, 그렇게 된 역사적 과정은 대단히 험난했다. 그 수백 년간의 역사를 전혀 경험하지 못한 우리로서는 이해하기 어려울 정도로 험난했다. 공화제는 또한 기원후 율리우스 카이사르(BC100~44)에 의해 로마가 제국으로 타락하기 이전의 정체였다. 르네상스를 단순히 '문예'부흥이 아니라 '고대'부흥이라고 할 때 정체 측면에서의 부흥은 바로 로마 공화정의 부흥을 의미하는 것이었다.

자유인 마키아벨리

내가 이탈리아의 르네상스를 좋아하는 이유는 그 시대 사람들이 대부분 자유인이었기 때문이다. 마키아벨리 역시 머리가 아닌 가슴에 따라 움직였고, 형식이나 관례를 무시하는 자유인이었다. 그가 쓴 희곡 《만드라골라》의 서두에 그의 자유인 선언 같은 말이 있으니 인용해보자.

> 짧디 짧은 인생사에도
> 살아가며 애써가며 모두가 참아내네.
> 우리의 뜻대로 살아 보세나,
> 세월을 흘려보내고 시간을 써가면서.
> 즐거움을 앗긴 사람은
> 고통과 불안으로 날을 지새울 뿐,
> 결코 알 길이 없지 세상의 속임수를.
> 혹은 어떤 병들이,
> 또 어떤 이상한 사건들이
> 필멸의 존재들을 억누르고 있는지를. (만드라골라, 28)

마키아벨리를 한마디로 말하면, 언제나 머리가 아닌 가슴에 따라, 즉 인위적인 계율이 아닌 자연적인 욕망에 따라 쾌락을 추구하는 자유인이었다. 이는 르네상스 시대에 르네상스를 주도한 사람들의 공통점이기도 하지만, 특히 마키아벨리에게서 뚜렷하게 볼 수 있는 특징이다. 이 점에서 그는 '자유인이라는 의미의 르네상스인'을 대표하는 사람이다. 특히 다른 르네상스인들이 대부분 독실한 기독교인이었다는 점에서 그렇지 않은 마키아벨리는 특이했다.

마키아벨리도 기독교인(가톨릭교도)이라고 보는 견해도 있지만, 나는 이를 부정한다. 그의 글에서 가톨릭을 비판하는 것을 많이 볼 수 있기 때문이다. 적어도 위의 인용문을 보면, 자연스러운 신체적 욕망을 억제하기를 요구하는 기독교에 그가 반발하는 것이 당연했다고 할 수 있다. 그런 점에서 그는 자연인이기도 했다. 《군주론》을 비롯한 그의 여러 저서에서 그는 교회나 국가가 개인의 의지를 지배한다는 전통적 사고를 거부하고, 그 무엇보다도 개인의 자유와 힘을 철학적 원칙으로 추구했다. 이는 마키아벨리가 살았던 시기가 르네상스 시대 중에서도 가장 자유로운 관용의 시대였기에 가능한 것이었다. 그 뒤의 종교개혁기나 그 앞의 가톨릭 전성기에 그가 살았다면 화형을 면치 못했을 것이다. 그런 점에서 그는 운이 좋았다. 즉 진보적인 생각을 해도 별 탈 없이 살 수 있었다.

한국에서는 서양인이 마키아벨리를 가리켜 '리버럴리스트(liberalist)'라고 한 말을 '자유인'이 아니라 '자유주의자'라고 번역하는 경향이 있지만, 그 말은 도리어 '진보주의자'라고 번역하는 것이 옳을지도 모른다. 나는 그런 진보주의자라는 의미를 담아 '자유인'이라고 번역한다. 한국에서 자유주의라는 말은 여러 가지 의미로 사용되지만, 아마도 가장 대중적인 의미는 사회주의에 반하는 의미로 자유민주주의라는 말을 사용하면서 사회주의를 진보, 자유주의를 보수라고 하는 것일지 모른다. 그러나 마키아벨리를 사회주의자라는 의미에서 진보주의자라고 보기는 힘들다. 그를 사회주의자라고 보는 견해가 없지는 않지만, 뒤에서 보듯이 당대의 토머스 모어와 같이 생산과 분배의 공동화를 주장하지 않았으므로 그렇게 보기도 어렵다. 자유인이라는 말 자체가 본래 어떤 주의자라는 것에서 벗어난 사람을 가리키는 것이니, 그를 자유인이라고 보는 한 그를 무슨 주의자라고 말할 필요는 없다. 도리어 그를 한마디로 규정한다면 무엇보다도 '불륜의 달인'이라고 해야 할 것 같다.

마키아벨리의 불륜

내가 마키아벨리를 자유인으로 보는 증거로 그가 유부남이면서도 아내가 아닌 다른 여성들과 20여 차례 '불륜'을 저지른 사실을 드는 것이 좀 민망스럽기는 하지만, 그것이야말로 그의 삶에서 가장 중요한 것이었으니 이 책에서까지 민망스러워할 필요는 없으리라.

마키아벨리가 결혼하기 전에 유명한 고급 창녀 잔(Jeanne)을 비롯한 여러 여성들과 놀아난 것을 불륜이라고 할 수는 없겠지만, 그렇다고 윤리적 행동이라고도 할 수도 없다. 그는 결혼한 뒤에도 모든 종류의 매춘부와 과부, 그리고 배우 등과 성관계를 맺었는데, 여행하는 도시마다 정부를 두었을 정도였다. 그리고 동성애자가 아닌 유명인이나 창녀와도 친구로 지냈다.

그런 그가 아내 이외의 다른 여인들과 진지한 사랑을 나누었다고 보기는 어렵지만, 예외도 있었다. 그것은 그가 45세였던 1514년에 시골의 과부 라 타파니(La Tafani)와 나눈 사랑이다. 라 타파니는 실명이 아니라 '타파니네 여인'이라는 뜻이다. 그녀는 마키아벨리가 알고 지낸 사람의 여동생이었고, 그녀의 남편은 로마에서 살고 있었다. 나이가 마키아벨리의 절반밖에 안 되는 20대 여성인 그녀는 마키아벨리를 데리고 놀면서 소네트를 써달라고 조르거나 과도한 선물을 요구했다. 그녀는 1~2년 뒤 남편이 돌아와 데리고 갔거나 재혼하면서 마키아벨리와 헤어졌다. 그녀와 헤어진 뒤 마키아벨리는 대단히 괴로워했다.

마키아벨리가 불륜의 관계를 맺은 상대 여인 중 가장 유명한 사람은 그가 55세에 만나 죽기 직전까지 3년간 사랑한 여배우 바르바라 살루타티 라파카니(Barbara Salutati Raffacani)였다. 그 여인도, 마키아벨리도 서로만을 사랑한 것이 아니라 각각 다른 애인을 두고 있었다.

라파카니는 마키아벨리의 마지막 희곡 《클리치아》에 나오는 여주인공 클리치아의 모델이다. 남주인공 니코마코는 마키아벨리 자신의 분신이다. 니코마코는 자기 집에서 딸처럼 자라난 젊은 처녀 클리치아에게 욕정을 품는다. 그래서 그녀를 사랑하는 아들 클레안드로가 그녀와 결혼하는 것을 거부하고 그녀를 젊은 소작인에게 결혼시키려고 한다. 소작인이 결혼을 하고 나서도 니코마코가 클리치아와 성관계를 갖는 것을 묵인하겠다고 약속했기 때문이다. 두 사람이 결혼한 날 밤에 니코마코는 정력제를 먹고 침실에서 클리치아를 기다리지만 그의 아내가 남자 하인을 클리치아로 변장시켜 침실에 들여보낸다. 니코마코가 하인에게 치근덕거리자 하인이 그를 폭행하고 강간한다. 마지막 장면에서 클리치아의 부자 아버지가 등장해 클리치아를 클리안드로와 결혼하게 한다.

만년의 마키아벨리

1511년 프랑스 군대가 피렌체를 침략하여 피렌체 공화국은 무너졌다. 이와 동시에 마키아벨리는 해고됐다. 이어 그는 메디치 정권에 맞서는 음모를 꾸몄다는 혐의로 구속되고 무거운 벌금형까지 선고받았다. 그때 그가 메디치가의 줄리아노에게 써 보냈다는 시를 읽어보자.

> 저는, 줄리아노 님이여, 양다리엔 족쇄를 하고
> 어깻죽지엔 여섯 번을 공중에 매달린 상처가 있습니다.
> 다른 불행은 아예 말씀 올리지 않겠습니다.
> 시인이란 으레 이런 식으로 대접받으니까요.

부서진 벽에서는 이가 득실댑니다.
하도 크고 살져서 흡사 나방 같지요.
그런 고약한 냄새는 아직까지 없었을 겁니다,
롱세스발리에스에서도, 혹은 사르데냐의 수풀 속에서도.
저의 이 멋진 방에서만큼은 말입니다.
땅에 벼락이 떨어지는 소리를 내며,
제우스와 몬지벨로(시칠리아의 에트나 화산—옮긴이)가 내려치듯이.
수형자 하나가 사슬을 차면 다른 하나는 사슬을 풀고,
열쇠와 자물통을 시끄럽게 찌그럭대면서.
그리고 공중에 높이 매달린 또 누군가의 비명소리!
저를 제일 슬프게 하는 건 말이죠,
잠이 들어 새벽이 어슴푸레 다가올 때
들리기 시작하는 이런 소리, 〈너를 위해 기도하노라〉.
원컨대 제발 그런 목소리를 듣지 않게 해주십시오,
당신의 자비를 저에게 베푸시어.
그리고 대인이시여,
이제는 그만 이 끔찍한 올가미에서 벗어나게 해주시기를.(리돌피, 222)

그 뒤 1513년에 조반니 데 메디치가 교황으로 취임하면서 내린 사면령 덕분에 마키아벨리는 석방됐다. 그는 시를 쓰기 시작했다. 《축복받은 영혼들에 대한 찬양》에 나오는 시들이 그것이다. 그중에는 전쟁을 개탄하고 신의 증오를 노래한 다음과 같은 시들도 있다.

과오를 범한 사람들에게 보여주라.
우리 주께서 얼마나 기뻐하시는지를,
모두 무기를 내려놓고 평화롭게 삶으로써.(리돌피, 225)

주께서 당신의 왕국을 보시니
점점 사그라드는구나, 당신의 양떼까지도.
새 목자가 잘 인도해 주지 않는다면.(리돌피, 225)

시골 산탄드레아에서 칩거

1513년 3월에 석방된 마키아벨리는 피렌체에서 11킬로미터 떨어진 시골 산탄드레아(Sant'Andrea)에 칩거했다. 처음에는 친구에게 정치에 대해 생각하거나 글을 쓸 생각이 없었다고 썼다.(화이트, 234) 끔찍한 고문을 받았으니 당연한 일이었다. 그러나 고문의 기억이 차차 옅어지면서 그는 다시 정치에 대해 생각하면서 《로마사 논고》와 《군주론》 등을 썼다.

그때 마키아벨리의 마음속 대화상대가 페트라르카의 경우처럼 아우구스티누스 같은 기독교인이나 세네카나 키케로 같은 자비와 관용을 주장한 철학자가 아니라 리비우스 같은 로마의 역사가나 아가토클레스 같은 냉혹한 군주였다는 점도 특이했다.

> 그들과의 대화에서 얻은 바를 기록해서 《군주국에 관해서(De principatibus)》라는 제명의 작은 책자를 만들었습니다. … 이 책자는 군주 특히 신생 군주에게는 환영받을 것입니다. 그래서 저는 이 책을 줄리아노 전하에게 전하려고 하였습니다.(군주, 143)

여기서 줄리아노는 피렌체의 과도정부 통치자였던 줄리아노 데 메디치를 말한다. 당시 추기경이었던 그는 1513년 3월에 교황 레오 10세로 취임한 형 조반니 데 메디치를 돕기 위해 로마에 머무르고 있었다. 마키아벨리는 줄리아노 데 메디치에게 《군주론》을 바쳐 메디치가 지배하는 피렌체 정부에 다시 들어가고자 했다. 그러나 줄리아노 데 메디치는 1516년에 죽을 때까지 마키아벨리에 대해 관심을 보이지 않았다.

그런데 《군주론》의 헌정사에는 줄리아노 데 메디치가 아니라 로렌초 데 메디치에게 헌정하는 것으로 돼있다. 이는 1513년 8월에 줄리아노 데 메디치의 조카인 로렌초 데 메디치가 조반니 데 메디치에 의해 피렌체의 통치자로 임명되어 통치를 하고 있었기 때문이다. 그는 체사레 보르자처럼 영토와 지위만을 추구하는 강력한 군인이었다. 따라서 마키아벨리가 《군주론》에서 보르자를 찬양한 것은 로렌초 데 메디치를 의식해서 그런 것이기도 했다. 그러나 로렌초 데

교황 레오 10세와 추기경 줄리오 데 메디치 / 라파엘로

메디치도 그 책에 대해 아무런 관심을 보이지 않았다.

《로마사 논고》와 《군주론》을 집필하다

리돌피에 의하면 1513년 시골생활을 시작하면서 마키아벨리는 《로마사 논고》부터 쓰기 시작했다. 그러나 그 책의 앞부분에 통치자의 국가권력 유지에 대해 쓰다가 별안간 '이상적 군주'에 대한 짧은 글인 《군주론》을 썼다고 리돌피는 본다.

즉 리돌피에 의하면 마키아벨리는 《로마사 논고》 1권 17장 '부패한 인민은 자유를 얻더라도 자유를 유지하기가 대단히 어렵다'를 쓴 뒤 이어 18장에서 "민중적 정부보다 군주제적 정부에 더욱 접근할 것"(논고1-18, 145)이라고 하고 나서 《군주론》을 썼다.(리돌피, 239) 그러나 이는 추측에 불과하고 반드시 그렇게 볼 근거는 없다.

분명한 것은 당시의 편지 등을 고려해보면 《군주론》은 1513년 8월부터 1514년 1월까지 사이에 쓰였고, 그가 《군주론》을 거의 완성했을 때 《로마사 논고》도 마찬가지로 거의 완성했다는 점이다.(화이트, 235) 이와 달리 그가 《군주론》을 1513년, 《로마사 논고》를 1518년에 각각 저술했다고 보는 견해도 있다.(정정훈, 147)

그러나 마키아벨리가 어느 것을 먼저 쓰고 어느 것을 뒤에 썼는지는 중요하지 않다. 두 책에는 각각 다른 책을 언급하는 부분이 많다. 가령 《군주론》의 2장 처음 부분에서 마키아벨리는 "공화정에 대해서는 다른 곳에서 길게 논의했기 때문에 이에 관한 논의는 생략

한다. 나는 오직 군주국에만 집중할 것"이라고 말한다.(군주2, 6) 그 '다른 곳'이란 《로마사 논고》를 말한다. 따라서 동일한 저자가 하나는 군주제, 다른 하나는 공화제에 대한 글을 같은 입장에서 쓴 것이지 《군주론》은 군주주의, 《로마사 논고》는 공화주의의 입장에서 그 각각을 주장하며 쓴 것이 아니다. 한 저자가 군주주의자이면서 동시에 공화주의자일 수는 없다. 반드시 그중 하나만은 아니라고 해도 적어도 주가 되는 주장은 있어야 한다. 그것은 시민정치다.

1514년 내내 마키아벨리는 《군주론》과 《로마사 논고》의 원고를 손보면서 친구를 통해 메디치가에 취직하고자 노력했으나 부질없는 짓이었다. 원고를 책으로 출간해줄 사람도 없었고, 사본 제작을 위한 비용까지 대야 했다.(화이트, 244) 그런 불운한 세월이 몇 년간 이어졌다.

1517년에 마키아벨리는 문학작품을 쓰기 시작했다. 지금 우리말로 읽을 수 있는 그의 문학작품 중 1517년에 쓴 초기 작품이 《벨파고르 이야기》인데, 이것은 그가 죽고 나서 10년 뒤에야 출판됐다. 같은 시기에 그는 1490년 코시모 루첼라이가 만든 루첼라이 정원에 자주 드나들었다. 그곳에서 그는 귀족가문 출신의 젊은 부자들을 만났고, 로렌초 데 메디치를 좋아하지 않는 그들에게 자신의 사상을 전파하며 자부심을 느꼈다. 그래서 그는 더 이상 메디치가에 매달리지 않게 됐다. 그는 그들의 권유로 1518년 《로마사 논고》를 완성했고, 《군주론》의 경우와 달리 메디치가가 아니라 공화주의자인 친구

코시모 루첼라이 등에게 헌정했다. 이는 '통상의 관행'에서 벗어난 일이라고 그 자신이 말했다.

> 통상의 관행이란 책을 쓰는 자들이 야심과 탐욕에 눈이 어두워 자신의 저작을 항상 어떤 군주에게 바치며, 나아가 군주가 지닌 비난받아야 할 품성을 책망하는 대신 군주가 지닌 좋은 품성을 찬양만 하는 것입니다. 이러한 오류를 범하지 않기 위해 저는 실제로 군주 노릇을 하는 사람들이 아니라 수많은 좋은 품성 때문에 의당 군주가 되어야 할 분, 저에게 관직이나 명예 또는 부를 안겨줄 수 있는 자들이 아니라 그럴 능력은 없지만 그것을 간절히 원하는 분을 선택했습니다.(논고, 62)

마키아벨리는 여기서 사실상 자신이 《군주론》을 가지고 한 행위를 '통상의 관행'이라고 부르며 그것을 비판하고 있다. 여기서 거론된 군주는 당시의 군주 로렌초 데 메디치를 가리킨 것이다.

이어 마키아벨리는 《전술론(Dell'arte della guerra)》을 썼고, 이를 1521년에 출판해 명성을 얻었다. 1518년에는 희곡 《만드라골라》를 썼고, 이는 이듬해 출판됐다. 1520년에는 메디치가로부터 《피렌체사》 집필을 의뢰받고 집필했다. 1524년에는 앞서 말한 바르바라 살루타티 라파카니와의 사랑이 있었고, 그녀의 영향으로 희곡 《클리치아》를 썼다.

마키아벨리의 죽음

마키아벨리는 1525년에 정치활동을 재개했다. 그러나 피렌체 정부의 냉대에 속이 상해 병(복막염)을 얻어 1527년에 죽었다. 그 사정이 궁금한 독자는 마키아벨리의 전기들을 참조하기 바라고, 여기서는 마키아벨리의 아들이 편지에 그가 죽기 전에 참회를 했다고 쓴 것과 관련하여 마키아벨리와 종교의 관계에 대한 논쟁을 간단히 소개한다.

그 편지는 마키아벨리가 반기독교인임을 부정하기 위해 누군가가 거짓으로 꾸며낸 것이라는 주장이 19세기부터 제기됐다. 마키아벨리가 살았던 16세기에는 그런 일이 다반사였다는 것이다. 리돌피는 어린 아들이 그런 거짓 편지를 쓸 수 없다면서 마키아벨리는 기독교인이라고 주장한다.(리돌피, 656) 그러나 나는 마키아벨리가 참회를 했다고 해도 그것은 기독교인으로서 진심으로 한 것이 아니라 관습에 따라 한 것에 불과했다고 보는 화이트의 견해에 찬성한다.(화이트, 321)

탐구자 마키아벨리의 저술

"전인미답의 길을 개척한다"

마키아벨리에게 인생의 모토 같은 것이 있었다면 그것은 무엇일까? "여우가 되고 사자가 돼라"고 한 소위 마키아벨리즘의 모토 같은 것이 알려져 있지만, 마키아벨리가 그런 마키아벨리즘을 주장했다는 생각은 오해다. 대신 나는 마키아벨리가 《로마사 논고》의 서문에서 강조한 "전인미답의 길을 개척한다"(논고1-서, 67)는 말이 그의 모토였다고 생각한다. 이것은 '독창성'을 얘기한 것으로 볼 수 있다.

이와 관련해 《군주론》의 헌정사에 나오는 말 varietà를 강정인·문지영은 '독창성'이라고 번역했는데(까치, 2003, 10), 이는 박상섭처럼 '다양성'이라고 번역하는 것이 옳다. 마키아벨리는 《군주론》이 다루는 주제가 '다양성'과 함께 '중요성(gravita)'을 갖고 있다는 이

유로 메디치가가 이것을 받아들이기를 희망했다.(군주, 3)

그런데 《로마사 논고》에서 마키아벨리는 법이나 의술에 대해서는 고대인의 지혜를 참조하면서도 정치에 대해서는 그러지 못하는 것, 즉 역사를 이해하지 못하는 것을 개탄한다. 이에 비추어 '전인미답의 길'이란 법이나 의술처럼 정치를 국가를 위한 '실천의 기술'로 보는 것을 의미한다. 즉 마키아벨리는 정치를 중세적인 신앙이나 도덕으로서가 아니라 하나의 실천적 기술이나 방법으로 인식했다. 특히 이탈리아를 외적으로부터 방어하는 것은 페트라르카 이래 모든 휴머니스트들의 꿈이었다. 이는 《군주론》의 마지막 부분에 인용된 프란체스코 페트라르카의 다음 시로도 알 수 있다.

> 비르투는 광포한 침략에 맞서
> 무기를 들고 전투를 짧게 할 것이다.
> 왜냐하면 고대의 용맹은
> 이탈리아인의 마음속에서 아직 죽지 않았기 때문이다. (군주26, 135)

페트라르카가 말한 '고대의 용맹'은 고대 로마인의 그것을 말한다. 페트라르카도 고대 로마인, 그리스인과의 대화를 통해 자신의 사상과 예술을 형성했다. 마키아벨리도 마찬가지였다. 그는 자신의 그런 대화를 앞에서 인용한 친구에게 보낸 편지에서 말했다.

그러나 고대와의 대화를 통해 형성된 르네상스의 지성이 일반적으로 추구한 인간상은 그것과 달랐다. 가령 마키아벨리보다 61년 먼저 태어난 레온 바티스타 알베르티의 《가족론》에서 제시된 이상적인 인간상은 도시국가가 융성하던 시절의 이념이었다. 그 후 공화정이 무너지고 군주정이 대두되자 군주를 정점으로 하는 궁정사회에 적응할 수 있는 '궁정인'이 발다사레 카스틸리오네의 《궁정론》(1528)에서 제시됐다. 카스틸리오네는 군인도 평화 시에는 예술과 학문을 연마하고 호전적인 태도는 버려야 한다고 주장했다.

《궁정론》은 흔히 《군주론》과 대비되기도 하지만, 두 책은 여러 모로 다르다. 제목 그대로 《군주론》은 군주에 대한 책인 반면 《궁정론》은 군주를 받드는 신하에 대한 책이다. 《궁정론》은 마키아벨리가 죽은 다음해에 나왔으므로 마키아벨리가 읽을 수 없었다.

정말로 '전인미답'이었나

마키아벨리 스스로 '전인미답의 길을 개척한다'고 했지만, 정말로 그랬는지는 의문이다. 군주에게 권고를 하는 책은 16세기에 유행을 이룰 정도로 많았으니, 마키아벨리의 책이 독창적인 책이었던 것은 결코 아니다. 또 르네상스가 원천으로 삼은 고대 그리스·로마의 고전 중에도 플라톤의 《국가》를 비롯하여 군주에 대해 언급한 것은 많다. 따라서 마키아벨리가 '전인미답' 운운한 것은 피렌체인다운 지나친 자부심의 발로였다.

16세기 이탈리아의 마키아벨리는 공자나 맹자 등 동양사상을 알 수 없었겠지만, 지금 우리의 눈으로 보면 그때 이미 동양 고전에서도 군주에 대한 논의는 무수히 많았다는 것을 알 수 있다. 이 점도 마키아벨리의 '전인미답' 운운한 말을 그대로 인정할 수 없게 한다. 그러나 공자나 맹자의 군주, 그리고 플라톤이나 아리스토텔레스의 군주는 실현된 군주가 아니라 이상적인 군주라고 볼 수 있는 반면 마키아벨리의 군주는 현실의 군주를 보여준다는 점에서 그의 군주론이 '전인미답'이라는 점을 인정할 수는 있다. 즉 마키아벨리 이전의 이상주의에 대조되는 그의 현실주의라는 차이가 있다. 마키아벨리 자신도 그러한 점에서 선행 연구들을 상상의 것이라고 비판하고 자신의 입장을 밝힌다.

> 사람들에게 유용한 무엇인가를 저술하는 것이 내 의도이기 때문에, 나는 논제와 관련해 상상된 바가 아니라 사안[=논제]의 유효한 진실을 추구하는 일을 더 적합한 것으로 여긴다. 많은 사람들이 아무도 본 적 없거나 실제 존재했던 것으로 알려지지 않은 공화정과 군주정에 대해 상상해왔다. [실제] 어떻게 살고 있는가의 문제는 어떻게 살아야만 하는가라는 문제와 대단히 거리가 멀기 때문에 무엇을 해야만 하는가의 문제에 매달려 무엇이 행해지는가의 문제를 소홀히 하는 사람은 자신의 보존보다 파멸을 훨씬 빠르게 배우게 된다.(군주15, 76)

이처럼 《군주론》 헌정사에서 그는 실증과학, 정치과학의 토대라고 여겨진 모든 것에 대한 '참된 이해'를 펼치기 시작한다. 즉 사물을 현실적 진리 그대로 표상하는 것이 가상적으로 표상하는 것보다 낫다는 주장을 편다. 정치적 실천을 이데올로기보다 중시한 것이다.

여기서 그가 문제 삼은 이데올로기에는 당시 휴머니스트들의 훈고풍(정치적, 도덕적, 미학적) 담론이나 사보나롤라의 혁명적 설교, 기독교 신학, 고대 정치이론 등이 모두 포함된다. 르네상스가 문예부흥으로 이해되기도 하는 데서 알 수 있듯이 고전 부활이 각광받던 시대에 마키아벨리는 고전의 권위에 철저히 저항한다. 이런 점에서 마키아벨리는 르네상스의 전형적인 훈고풍 학자는 아니다. 그는 '실제로 사용할 수 있는 진리'만을 진리로 인정한다. 즉 자신은 "사람들에게 유용한 무엇인가를 저술하는 것이 내 의도이기 때문에, 나는 논제와 관련해 상상된 바가 아니라 사안[=논제]의 유효한 진실을 추구하는 일을 더 적합한 것으로 여긴다"는 것이다.(군주15, 76)

특히 그는 미란돌라와 같은 당시 휴머니스트들에게 뿌리박힌 플라톤의 초월적 이데아론으로부터 벗어났다. 마키아벨리에게 세상은 저 세상이 아니라 이 세상이었다. 이 세상은 영원한 이상국가로 비상하기에는 너무나도 부패했고, 그것에서 벗어나는 길은 지금 이 세상에 살고 있는 현실의 인간들에게서 찾을 수밖에 없었다. 그에게 현실의 인간들은 플라톤의 철인이 아니라 '동굴' 속의 존재였고, 신화에 나오는 반인반수(半人半獸)의 괴물 켄타우로스처럼 모순된 이중적 존재였다.

서술형식에서도 그는 다른 전형적 르네상스인들과 다른 길을 간다. 고상한 어조나 멋진 구절 등의 수사와 기교는 일절 배제한다. 이는 자신의 책이 오직 '다양성과 주제의 중요성'으로 판단되기를 바랐기 때문이기도 했다.

그러나 헌정사에서 가장 눈여겨봐야 할 부분은 "인민의 성격을 적절히 이해하기 위해서는 군주가 될 필요가 있고, 군주의 성격을 적절히 이해하기 위해서는 인민의 한 사람이 될 필요가 있"(군주, 3)다고 한 점이다. 이를 《군주론》이 군주가 아닌 인민의 관점에서 본 군주론이라는 근거로 보아서는 안 된다. 그에게 인간들이란 "다정하게 안아주거나, 아니면 아무렇게나 짓밟아 뭉개버려야" 하는 존재다. 왜냐하면 "인간이란 사소한 피해에 대해서는 보복하려고 들지만 엄청난 피해에 대해서는 감히 복수할 엄두도 못 내기" 때문이라는 것이다. "따라서 사람들에게 피해를 입히려면 복수를 두려워할 필요가 없을 정도로 아예 크게 입혀야 한다"(군주3, 19)고 그는 주장한다. 또 "사람들은 은혜를 모르고, 변하기 쉽고, 거짓 표정을 지으며, 위험은 피하고자 하면서 이득에는 욕심이 많다", "자신을 두려움의 대상으로 만드는 사람보다 자신을 사랑받게 만드는 사람을 해치는 일에 대해 사람들은 덜 주저한다"고도 한다.(군주17, 84~85)

그가 말한 인민에는 이탈리아 사람들만이 아니라 피정복국이나 식민지의 사람들도 포함된다. 마키아벨리는 지배 확대의 방법으로 침략과 함께 식민지 운영을 권유하고, 그런 타국의 재산은 자국의

재산과 다르게 넉넉하게 써서 자국의 병사들을 복종하게 해야 한다고 주장한다.(군주16, 81)

《군주론》에 대해서는 지금까지 여러 가지 견해가 있었다. 마키아벨리가 피렌체에 대해 절망하여 메디치가에 의한 군주제를 유일한 대안으로 생각하고 메디치가의 환심을 사기 위해 군주주의자로서 《군주론》을 썼다는 견해, 《로마사 논고》의 공화정으로 가기 위한 준비 단계로 군주정을 옹호하는 내용의 《군주론》을 썼다는 견해(월린), 군주의 사악한 통치술을 폭로하기 위해 《군주론》을 썼다는 견해(루소), 군주에게 기만적인 조언을 제공하여 파멸시키려고 《군주론》을 썼다는 견해(Dietz, 논고23 재인용) 등이 있었다. 그러나 그 어느 것이나 만족스럽지 못하다. 앞에서도 말했듯이 나는 그가 군주국이 아닌 공화국을 옹호했고, 이런 입장이 두 책 모두에 일관됐다고 본다.

《군주론》에 투영된 시민정치의 꿈

학문과 예술의 모든 것을 말한 듯한 페트라르카나 알베르티, 브루노, 다 빈치도 정치에 대해서는 그다지 관심을 갖지 않았다. 그들은 상승하는 시대의 새로운 인간상, 세계의 창조자이자 자신의 운명을 스스로 만드는 전인적 인간의 사회 참가와 문화 형성에 관심을 기울였다.

그러나 마키아벨리가 살았던 시기는 정치적 위기의 시대였다. 외국의 침입으로 이탈리아 정치조직의 허약성이 폭로됐으며, 인간의 가능성에 대한 종래의 신뢰 또한 서서히 무너졌다. 인문학은 천박한 관념의 유희로 전락해 궁정인이 되기 위한 출세요건 정도로 대접받게 됐다. 마키아벨리가 살았던 16세기의 르네상스는 그렇게 저물어갔다. 마키아벨리는 그 시대를 다음과 같이 묘사했다.

> 이탈리아는 현재 헤브라이인들보다 더 심한 노예 상태에 놓이고 페르시아인들보다 더 예속적이고 아테네인들보다 더 흩어져서 지도자도 없고, [군사]조직도 없이, 두들겨 맞고, 약탈당하고, 유린당하며, 황폐화된 채 모든 종류의 파괴를 견뎌내는 일이 필요했습니다.(군주26, 130~131)

그런 극단적 현실에 대한 분석으로부터 마키아벨리는 새로운 군주를 열망하는 《군주론》을 쓴 것이다. 분단 극복은 침략국가에 대항하는 투쟁을 통해 가능한데 시민의 투쟁력은 충분하나 그것을 뭉쳐낼 지도자가 없다는 것이 그의 현실인식이었다.

《군주론》은 26개의 장으로 이루어져 있다. 마키아벨리는 1장부터 11장까지에서 전제정이나 세습정을 비롯한 군주국의 여러 현실 유형들을 설명한다. 그러나 마키아벨리의 목표는 그런 낡고 시대에 뒤떨어진 유형들을 설명하는 것이 아니라 새로운 군주국의 필요성을 역설하는 것이다. 새로운 군주국이란 이탈리아를 분열시키고 통일을 방해해온 교회국가나 도시공화국이 아니라 무력을 갖춘 강력한 나라를 가리킨다. 그는 이렇게 말한다. "무장한 예언가들은 승리했고 무장하지 않은 예언가들은 멸망했다." 그 이유로 그는 인간 본성의 변덕을 들고 "사람들이 더 이상 믿으려 하지 않을 경우 그들을 힘으로 믿게 만들 수 있는 방식의 체제를 갖추는 일이 필요하다"고 주장한다.(군주6, 30)

새로운 군주국에 대한 설명은 12장부터 23장까지에 나온다. 새로운 군주가 이끄는 국가는 인민 속에 뿌리내린 인민국가로서 군대로 대표되는 강제장치, 종교나 명성을 통한 동의장치, 계급투쟁의 결과이자 제도인 정치·사법장치로 구성된다. 그중 가장 중요한 것은 군대와 법이다. 여기서 군대란 외국군이나 용병이 아닌 순수 자국군, 즉 시민군대여야 한다고 주장된다.

마키아벨리가 말하는 군주란 사적 개인이 아니라 정치적 개인이다. 따라서 종교나 도덕과는 전혀 다른 차원의 목표, 즉 역사적 목표인 국가 창건과 그 공고성(鞏固性)을 추구해야 한다. 즉 마키아벨리가 주장하는 것은 개인적 비도덕이 아닌 정치적 비도덕이다. 군주는 법에 의거하되 법이 무능하면 강제력을 사용할 줄 알아야 한다는 주장이다.

강제는 사자와 여우의 비유로 설명된다.(군주18, 89) 덫을 알기 위해서는 교활한 여우가 돼야 하고, 늑대를 쫓아버리기 위해서는 사나운 사자가 돼야 한다. 여우는 기만, 즉 간계와 속임수를 뜻한다. 기만은 강제와 법을 사용하는 방법이다. 이를 군대에 대입하면 전략

1550년에 출판된 《군주론》의 표지

IL PRINCIPE
DI NICOLO MACHIAVELLI
AL MAGNIFICO LORENZO
DI PIERO DE MEDICI.
LA VITA
DI CASTRVCCIO CASTRACANI
DA LVCCA.
IL MODO CHE TENNE
IL DVCA VALENTINO
PER AMMAZZARE VITELLOZZO VITELLI,
OLIVEROTTO DA FERMO, IL SIGNOR PAGOLO,
ET IL DVCA DI GRAVINA.
I RITRATTI
DELLE COSE DELLA FRANCIA.
ET DELL ALAMAGNA.
M. D. L.

이 되고, 법에 대입하면 정치술이 된다. 그러나 이는 무법이나 불법과는 다르다. 법을 갖고 술책을 부리기 위해서는 무엇보다 법이 존재하고 승인돼야 하며 무시될 수 없는 것이어야 하기 때문이다. 여기서 군주는 다시금 인민적 기반에 주목해야 한다. 이는 당대 현실에서 볼 때 군주란 인민의 편에 서서 귀족에 저항해야 한다는 뜻이기도 하다.

또 《군주론》에서 마키아벨리는 의지를 긍정하면서 운도 긍정한다. "운은 여자이고 따라서 그녀를 당신의 통제 하에 두고자 한다면 때려서라도 억지로 붙잡아둘 필요가 있기 때문"이라고 한다.(군주 25, 129) 이는 오늘의 페미니스트가 보기에는 여성차별적인 발언이겠지만, 5백 년 전의 발언이라는 점에서 양해할 필요가 있다. 이는 마키아벨리가 1506년에 쓴 편지에서 운명에 의해 인간의 행위가 지배됐다고 본 점에 비해 더욱 더 기독교에서 말하는 신의 섭리나 예정조화설을 부정한 것이지만, 그렇다고 해서 운명을 완전히 부정하고 있지는 않다.

마키아벨리는 가난하나 덕이 높은 중세식 금욕적 유토피아 국가를 부정한다. 에라스무스의 관용에 근거한 이상주의적 정치사상 같은 것은 마키아벨리에겐 휴지조각보다 못한 것이다. 마키아벨리가 그렇게도 열망한 강력한 군주에 의한 이탈리아 통일은 《군주론》이 출판되고 약 350년이 지난 1861년에야 가능했다.

《로마사 논고》의 논의

흔히 《군주론》은 군주정, 《로마사 논고》는 공화정을 주장한 책이라고 하지만, 후자에도 군주정이나 왕정에 대한 언급이 드물지 않고, 두 책 모두 강제력의 필요를 주장한다는 점에서 둘이 크게 다르지 않다. 마키아벨리 스스로 《로마사 논고》 1권 2장에서 "공화국이든 군주국이든 처음부터 자신들의 뜻에 따라 통치된 도시들을 논하고자 한다"고 말한다.(논고1-2, 76) 그러나 실질적으로는 공화국에 대한 논의가 주를 이루고 있다. 또 《로마사 논고》에 나오는 역사해석도 《군주론》에서 원용된 로마의 정치에 대한 해석과 크게 다르지 않다. 물론 논의의 중점은 다르다. 《로마사 논고》에서는 고대 로마인의 정치적 지혜인 시민성, 즉 자유에 대한 사랑이 강조된다. 그리고 마키아벨리가 그것을 중심으로 한 공화정을 군주국보다 더 좋아한 것도 명백한 사실이다.

《로마사 논고》는 3권으로 구성됐다. 1권이 60장(章)으로 가장 길고, 2권은 33장, 3권은 49장이어서 모두 142장이다. 논고의 대상인 리비우스(기원전 69/64~기원후 17)의 《로마사》는 142권으로 구성됐으나 마키아벨리가 살았던 당시에 남아 있던 것은 1~10권과 21~45권이었고, 마키아벨리가 논고한 것은 1~10권이다. 《로마사》가 142권으로 구성됐는데 《로마사 논고》도 142장으로 구성된 것을 놓고 학자들이 이런저런 입방아를 찧고 있지만, 이는 논의할 필요가 없는 우연에 불과하다. 중요한 것은 《로마사 논고》의 1권은 공화국, 2권은 군사력, 3권은 지도력을 논하고 있다는 점이다. 이는 《군주론》의 구성 및 내용과 유사하다.

마키아벨리는 《로마사 논고》 1권 12장에서 고대의 미풍양속과 정치적 역량이 당대 이탈리아에서 사라진 이유를 종교 즉 기독교의

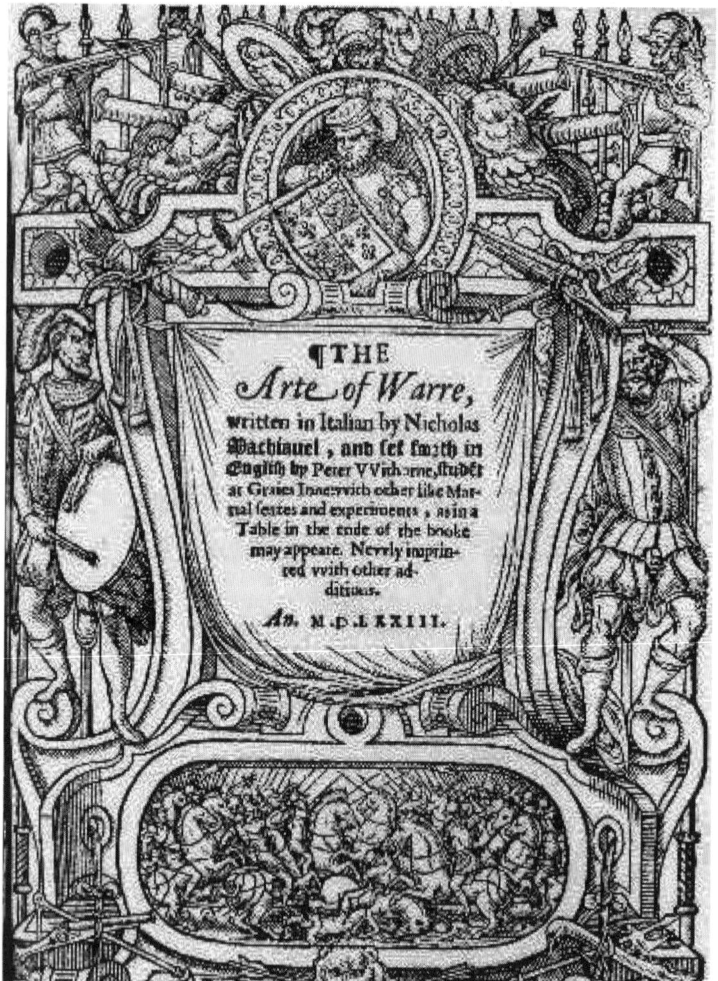

¶THE
Arte of Warre,
written in Italian by Nicholas
Machiauel, and set forth in
English by Peter VVithorne, studēt
at Graies Inne: with other like Mar-
tial feates and experiments, as in a
Table in the ende of the booke
may appeare. Nevvly imprin-
ted vvith other ad-
ditions.

An. M.D.LXXIII.

1573년에 출판된 《전술론》의 표지

타락에서 찾는다(논고1-12, 121). 그리고 2권 2장을 보면 기독교가 세속적 영예를 덜 추구한 반면 로마에서는 현세적 영예를 더욱 숭상한 점에서도 찾는다(논고2-2, 275). 따라서 로마 공화정을 숭상하는 그로서는 로마에서와 같은 현세적 영예를 찾는 길이 필요하다고 주장해야 했다.

그러나 2권 5장에서 그는 종파와 언어의 변화가 역사 기록들을 파괴했다고 하고는 고대로부터 당대에 필요한 지식을 얻으려는 노력을 포기하는 태도를 취하는 듯이 보이기도 한다. 이러한 태도는 그가 만년에 쓴 《전술론》이나 《피렌체사》가 그러한 제목에도 불구하고 실천적인 내용보다는 사변적인 내용을 갖는 것과도 연관된다. 이는 현실정치에 실망한 그가 택할 수밖에 없는 길이었는지도 모른다.

《로마사 논고》에서 마키아벨리는 고대 로마 공화국을 비르투의 정치를 표상하는 것으로 본 반면 당대의 피렌체는 그와 반대되는 부패의 표상으로 보았다. 그는 그 근본 원인이 메디치가에 있다고 보았고, 따라서 《피렌체사》가 메디치가의 부탁으로 쓴 것이었음에도 그렇게 쓸 수밖에 없었다. 《피렌체사》는 순환적 역사관 등 그 기본 사상이 《로마사 논고》와 유사하므로 나중에 다시 살펴보도록 하고, 여기서는 그 한글 번역본이 아직 없다는 사실만을 지적해둔다.

《전술론》에 투영된 시민국방의 꿈

1521년에 간행된 마키아벨리의 《전술론》이 2011년에 우리말로 번역된 것은 참으로 축하할 만한 일이지만, 그 번역에 문제가 많다. 또한 이 책에 서술된 마키아벨리의 전술, 즉 대포나 직업적 상비군에 의존하지 않고 보병대나 시민군의 비르투에 의존하는 전술은 이미 당시에도 시대에 뒤떨어진 것이었고, 그로부터 5세기 뒤인 현대에는 더더욱 기술적 차원에서는 무의미한 것이므로 여기서는 간단히 살펴본다.

1506년에 자비로 출판한 《10년사》를 제외하면 마키아벨리 생존 시에 유일하게 출간된 그의 저서인 《전술론》은 《군주론》과 마찬가지로 정계복귀 용도로 집필됐다. 그러나 다른 저서와 달리 이 책은 루첼라이 정원의 주인인 코시모 루첼라이와 군사지휘관인 파브리지오 콜론나의 대화 형식을 취한다. 종래 학자들은 콜론나가 마키아벨리의 분신이라고 생각했으나, 하비 맨스필드는 《마키아벨리의 덕목》에서 콜론나는 마키아벨리가 비판한 휴머니스트의 전형이라고 보았다.

《전술론》 1권 '시민군에 대해'는 용병 등을 비판하고 시민군을 만들어야 한다는 주장을 담은 것이다. 이어 2권 '시민군의 무기·훈련·전투대형'은 병사의 장비와 군사훈련에 대한 설명인데, 여러 나라의 경우를 비교한 뒤 로마의 군단(legion)제가 가장 우수하다면서 기병보다 보병을 중시해야 한다고 주장한다.

여기서 흥미로운 점은 마키아벨리가 《군주론》이나 《로마사 논고》에서는 이탈리아가 안고 있는 문제가 기독교 등에 의해 생겼다는 견해를 피력하지만, 《전술론》에서는 로마 제국의 지배를 그 배경으로 지적한다는 점이다. 즉 고대에 로마가 제국이 되기 이전의 공화국 시대에는 여러 나라로 분열되어 서로 자주 전쟁을 함으로써 대국이 지배하던 아시아·아프리카와 달리 시민의 비르투가 뛰어났으나, 유럽이 로마 제국의 지배를 받고 기독교가 국교가 된 뒤에는 아시아·아프리카처럼 비르투가 쇠퇴했다는 것이다.

이어 3권 '로마 군단의 전투대형'에서는 공격술이나 대포 사용방법을 논하면서 이상적인 군대의 전법을 설명한다. 3권이 사자의 측면을 다루었다면 4권 '지휘관의 자세'는 적을 기만하는 여우의 측면을 다룬다. 그리고 5권 '기동간 상황 조치'와 6권 '진지 작전', 그리고 7장 '도시 방어'가 이어진다.

예술인 마키아벨리의 시민예술

마키아벨리의 문학작품

리돌피는 "최상급의 이탈리아 작가들 중에서도 하나 이상의 문학 장르에서 정상에 오를 수 있는 사람은 드물다"고 하면서 다음과 같이 말했다.

> 마키아벨리야말로 그의 천재성이 발휘된 거의 모든 곳에서 최상의 위치에 섰거나 후세에 깊은 족적을 남긴 인물이다. 그는 정치와 역사 서술에서는 타의 추종을 불허하였고, 설화문학에서는 단 한 작품만을 남겼을 뿐이지만 그 수준 역시 탁월하였다. 그는 희곡에서도 역시 한 작품만을 썼는데 … 아마 시대를 뛰어넘어 최고의 작품이 될 것이다.(리돌피, 283)

여기서 설화문학에서 남긴 단 한 작품으로 언급된 것은 앞에서 본 《벨파고르 이야기》이고, 희곡 한 작품은 《만드라골라》다. 그러나 리돌피의 견해와는 달리, 마키아벨리가 쓴 희곡으로는 《만드라골라》 외에 《클리치아》도 있음을 우리는 앞에서 보았다.

마키아벨리는 시와 희곡을 쓰고 그림도 그렸으나, 지금 우리가 우리말 번역을 쉽게 구해 읽을 수 있는 것은 두 편의 희곡과 한 편의 이야기밖에 없다. 화이트가 말한 대로 그의 다른 책들과 마찬가지로 시나 희곡도 당시로서는 전통과 무관한 매우 새로운 작품이었고, 그 양식과 전달법도 너무나 급진적이었다.(화이트, 277) 마키아벨리는 라틴어가 아닌 이탈리아어로 글을 썼고, 교회와 속물들을 조롱하고 비판했다. 그러나 《클리치아》의 프롤로그에서 그가 "희극이란 관객에게 유익함과 즐거움을 주는 것"(클리치아, 104)이라고 한 것은 당대 르네상스 휴머니스트 문학의 원리에 따른 것이었다. 그에게 이는 문학만이 아니라 역사서술의 목적이기도 했다. 그가 말한 유익함이란 다양한 세상사를 보여주어 사람들로 하여금 배우게 한다는 것이고, 즐거움을 준다는 얘기는 웃긴다는 것이다. 나아가 화이트가 마키아벨리의 《만드라골라》 집필을 그의 다른 책 집필과 마찬가지로 "일종의 치유 훈련"이라고 하며 다음과 같이 말한 것은 그의 모든 작품에, 아니 어쩌면 그의 삶 자체에 해당되는 말일지 모른다.

마키아벨리는 눈물을 멈추기 위해 웃고 있었고, 자기가 바라보는 세상과 그 부조리를 보고 다른 이도 웃기를 바랐다. 그러나 이것은 무기, 그러니까 자신을 계속 내리누르던 이들을 미묘하게 공격할 수도 있는 비수이기도 했다.(화이트, 276)

희곡 《만드라골라》

최음제를 뜻하는 말로 제목을 단 희곡 《만드라골라》는 파리에서 몇 년간 공부하다가 피렌체로 돌아온 칼리마코가 법학박사 니차의 정숙한 아내 루크레치아를 교묘한 방법으로 유혹하는 이야기다. 당시에는 물론 지금 보아도 부도덕한 칼리마코의 행위에 대해 천벌을 내리는 권선징악이 아닌 해피엔드로 끝이 난다. 그러나 니차가 칼리마코에게 자기 부부와 함께 살아도 된다고 허락한 것은 아니다(화이트, 278은 허락했다고 한다).

작가 마키아벨리는 프롤로그에서 이 연극을 보고 웃지 않는 이에게는 술값을 내겠다고 큰소리를 치다가 다시 다음과 같이 소심스럽게 말한다.

이 이야기가 품위 없어 보일 수도 있을까요,
내용이 너무 가볍다고 말이죠,
지혜롭고 무게 있어 보이고 싶어 하는 분들에게는.
만일 그러하다면 이렇게 변명하고 싶군요.
작가는 다만 이 공상 같은 얘기들을 엮어,

1556년에 출판된 《만드라골라》의 표지

MANDRAGOLA

COMEDIA

FACETISSIMA

DI M. NICOLO'

MACHIAVELLI

Fiorentino.

Nuouamente corretta, &

Riſtampata.

IN FIORENZA

MDLVI.

따분하기 짝이 없는 시간을 달래보려는 것뿐이라고요.

왜냐면 어떤 다른 곳에서도

달리 할 일이 없기 때문이죠.

그에게는 모든 것이 막혀 있죠,
다른 일로 새로운 능력을 보여 줄 길이.
흘린 땀에 아무런 대가도 받지 못한 채.(만드라골라, 31)

2막 3장에서 니차가 자기 수입이 적다면서 "이곳에서는 권력이라도 있으면 모를까, 그렇지도 못한 우리 같은 사람은 개도 쳐다보지 않을 걸"이라고 말하는 대목도 위 시와 비슷한 신세타령이다.(만드라골라, 48) 그러나 이는 또한 마키아벨리의 권력 비판이라고 볼 수도 있다. 나아가 그는 티모테오 신부에 대한 묘사를 통해 종교의 부패를 규탄하고 리구리오에 대한 묘사를 통해 부도덕을 풍자한다. 마키아벨리의 또 다른 희곡 《클리치아》는 앞에서 마키아벨리의 마지막 불륜과 관련하여 설명했는데, 그 내용은 《만드라골라》보다도 성적으로 더 노골적이다.

4장

자유인 마키아벨리의 사고방식

마키아벨리의 사고방식

개별적, 구체적, 상황적, 다원적, 기능적 사고방식

나는 어느 시대 어느 개인의 사상이나 예술을 검토하는 경우 그 개인의 근본적인 사고방식부터 살펴보아야 한다고 생각한다. 개인이 무엇을 사고하여 주장했는가가 아니라 어떻게 사고했는가부터 먼저 밝혀야 한다는 것이다. '무엇'이란 '어떻게'의 소산이지 '어떻게'가 '무엇'의 소산은 아니다. 즉 사고방식에 대한 탐구가 진심에 대한 탐구에 앞서야 한다. 특히 후대의 우리는 '무엇'이라는 진심보다 '어떻게'라는 사고방식을 먼저 찾아보고 그것을 배울 필요가 있다. 르네상스나 마키아벨리의 경우도 마찬가지다. 마키아벨리의 다른 책들도 마찬가지이지만, 여기서는 그의 대표작이라고 할 수 있는 《군주론》에 나타난 그의 사고방식부터 검토해보자.

《군주론》이 입각한 원리는 추상적인 일반론을 경계하고 모든 문제를 각 경우의 특징에 따라 개별적, 구체적으로 검토하는 것이다. 가령 앞에서도 설명했듯이 이 책의 2장 이하에서 마키아벨리는 군주를 세습 군주, 자력으로 나라를 손에 넣은 군주, 타인과 운명의 힘으로 나라를 손에 넣은 군주, 시민형 군주, 교회국 군주, 복합형 군주로 나누고, 각각을 둘러싼 상황과의 관계에 따라 각각을 설명한다. 이는 마키아벨리가 언제나 개별적, 구체적, 상황적으로 사고했음을 보여준다. 《군주론》 9장에서 군주가 평민을 대하는 태도에 대해 설명하면서도 "이것은 백성들에 따라 달라지기 때문에 어떤 확실한 법칙을 말할 수는 없다. 따라서 이 문제는 생략하기로 한다"(군주 9, 51)고 한 것도 마찬가지다.

마키아벨리가 《군주론》 16장 '너그러운 씀씀이와 인색함에 대하여'에서 여러 유형별 군주를 경우별로 나누어 설명하는 것도 마찬가지다. 또한 《군주론》 19장에서는 로마의 여러 황제에 대해서 설명하면서 황제란 어떤 운명을 겪는가 하는 일반론이 아니라 황제가 된 과정, 각자의 기질, 각자의 비르투의 차이에 따라 여러 경우로 나누어 각각의 특징과 상호간의 차이를 설명한 것도 마찬가지다. 즉 다원론적이고 기능론적인 사고다.

마찬가지로 《군주론》 20장에서 성채에 대해 설명하면서도 "성채는 [정치적-군사적] 상황에 따라 유용할 수도 있고 그렇지 않을 수도 있다. 어떤 상황에서 도움이 된다면 다른 상황에서는 유해한 것이 될 수도 있다"(군주20, 109)고 하여, 시대와 국면에 따른 특수사정을 고려할 필요가 있다는 관점을 드러낸다.

현실의 다양성을 의식하면서 리얼하게 사고하는 사람을 평가할 때에도 구체적인 경우들을 각각 별개로 살펴야 한다. 마키아벨리는 바로 그러한 사고에 철저한 사람으로서 《군주론》을 썼다. 그럼에도 불구하고 일반론적 사고방식으로 《군주론》을 읽게 되면 엄청난 오해가 초래된다. 《군주론》에 대한 지금까지의 오해는 대부분 그런 것이었다.

일반론적, 관념론적 도그마로부터의 해방

일반론은 관념론에 빠지기 쉽다. 마키아벨리는 그것을 무엇보다 경계했음에도 그 자신이 그것에 의해 공격을 받고 희생되고 있음은 참으로 유감스럽고 안타까운 일이다. 흔히 일반론이나 관념론은 유교 등에서 보이는 동양의 사고방식이라고 하지만, 사실은 서양에서도 기독교적 사고방식 등에서 볼 수 있다. 즉 종교적 도그마가 언제나 빠지기 쉬운 사고방식이다.

르네상스는 그런 사고방식에 대한 도전에서 비롯됐지만, 17세기 이후 과학만능주의, 물질주의, 자본주의 등의 대두에 의해 인류가 다시 일반론과 관념론 같은 추상적 사고에 빠져버렸다. 우리가 마키아벨리를 비롯한 르네상스 사상가들에게서 배울 점이 있다면 바로 그러한 일반론과 관념론의 도그마에서 벗어나 구체적, 다원적, 기능적으로 사고하는 자세다. 그것이 리얼리즘이라는 의미의 현실주의다. 이상에 구애받지 않고 오로지 현실만을 중시하는 것이 현실주의라고 오해하면 안 된다. 이상이 아니라 전통이나 제도, 추상이나 도그마에 사로잡히지 않는 것이 참된 현실주의이고 리얼리즘이다.

이런 사고방식은 종교에 대한 마키아벨리의 서술에서 잘 드러난다. 마키아벨리가 살았던 르네상스는 물론 그 직전의 중세에도 서양사회는 기독교, 특히 로마 가톨릭의 절대적인 영향 아래 있었다. 그러나 당시 마키아벨리가 살았던 피렌체는 도리어 로마 가톨릭 때문에 위기에 처했다. 마키아벨리는 그 위기의 현실을 당대의 누구보다도 철저히 인식했다. 그래서 로마 가톨릭의 정치적 부정을 비판하고 그 영향력을 약화시켜 현실을 정상화시키고자 했다. 이를 위해 그는 기독교만이 아닌 인류의 모든 종교에 대해 연구했다. 앞에서 말한 다원적 사고란 바로 세계적 사고를 말한다. 마키아벨리의 종교 연구는 세계의 모든 특수한 종교들을 각각 개별적으로 연구하는 것이었지만, 그 각각으로부터 하나의 원리를 찾아내고자 했다는 점에서 또한 보편적인 것이기도 했다.

중세적인 초월적 사고에 대한 마키아벨리의 비판이 어떤 것이었는지는 명확하지 않지만, 《군주론》 11장에서 '교회 군주국'에 대해 다음과 같이 말할 때 그가 그것을 비판적으로 보았음이 분명하다.

이들은 사람의 생각이 닿지 않는 어떤 초월적인 동인에 의해 지지되고

> 있기 때문에 나는 그것에 대한 토론을 삼가려 한다.(군주11, 56)

유동적, 동태적 사고

마키아벨리가 구체적으로 사고했다는 말은 가령 하늘이 맑았다가 흐려지듯이 지상의 모든 것은 유동적으로 변한다고 보고 모든 사물과 현상을 그것을 둘러싼 상황의 변화 속에 놓고 동태적으로 사고했다는 뜻이다. 즉 그는 사물을 고정적이거나 불변적이거나 정태적인 것으로 보지 않았다. 《로마사 논고》 1권 7장에 나오는 다음 구절을 읽어보자.

> 인간 만사는 끝없이 변전 유동하기 때문에 부침을 거듭한다. 이성이 인도하지 않은 많은 일이 필연에 의해 부득이 이루어지게 마련이다. 그러므로 만약 공화국이 확장하지 않는다는 전제 하에 스스로를 유지하는데 적합하도록 세워져 있는데 필연에 의해 부득이 성장하게 된다면, 그 과정에서 국가의 토대가 흔들리고 순식간에 붕괴될 수밖에 없을 것이다.(논고1-7, 97~98)

이는 상황의 변화에 의해 주체간의 관계가 변하고 이에 따라 정치적 힘의 관계나 그 효과도 변한다는 것이다. 그렇다면 변화에 따라 생각하는 유연한 동태론적이고 기능론적인 사고방식이 중요하다. 《군주론》 8장과 18장에 나오는 다음과 같은 구절이 그런 것이다.

자신의 안전이라는 필요성 때문에 [가혹한 조치는] 일격에 행하고 그 뒤로 계속해서 끌지 않고 백성들을 위한 가능한 더 큰 복리로 전환시킨다면 [그러한 가혹성을] 잘 사용하는 것이라고 부를 수 있다.(군주8, 46)

자비롭고, 성실하며, 인정 많고, 고결하며 또한 신앙심 깊은 것처럼 보이는 것이 실제로 유용한 것이라는 점을 감히 말하고자 한다. 그러나 그러지 않아야 할 필요가 있을 경우 당신은 [도덕과] 정반대가 될 수 있고 또한 되는 방법을 알 수 있도록 정신 자세를 갖추어야 한다.(군주18, 90)

마키아벨리가 이를 법이나 정치의 경우에도 마찬가지로 보았음을 《로마사 논고》 1권 18장의 다음 구절에서 볼 수 있다.

사람들이 선량할 때인 공화국의 탄생기에 형성된 관습과 도덕은 사람들이 사악하게 된 후에는 더 이상 적용가능하지 않다.(논고1-18, 142)

제도를 이처럼 가변적인 것으로 보게 되면 “로마가 자유를 계속 유지하기 위해서는, 과거 역사의 도정에서 새로운 법률을 제정했듯이, 새로운 기본적 제도를 창조하는 작업 역시 필수적이었다”(논고1-18, 144)라고 생각하게 된다. 즉 “의사를 필요로 하는 비상사태가 날마다 발생할 것이고, 비상사태의 비중이 클수록 좀 더 현명한

의사가 필요할 것임에 틀림없다"(논고3-49, 574~575)는 것이다. 이러한 사고방식은 그의 운명론, 즉 운명도 시대적으로 변한다고 보는 데서도 나타난다.

> 이미 수차례에 걸쳐서 나는 사람들의 불운과 행운의 원인이란 그들이 일하는 방법이 시대에 적합한지 아닌지에 달려 있다고 서술한 바 있다. … 만일 어떤 사람의 방법이 시대에 적합하다면 그는 잘못을 덜 저지르고 번영하는 행운을 누리는 데 성공한다.(논고3-9, 463)

> 어떤 군주는 자신의 본성이나 특성에 아무런 변화도 없이 오늘은 성공하다가 다음 날에는 멸망하는 것을 보게 된다. 이러한 사태는 일차적으로 내가 앞서 길게 논의한 원인, 즉 전적으로 운에 의존하는 군주는 운이 변함에 따라 멸망한다는 점과 관련해 발생하는 것이라고 믿는다. 또한 시대 변화에 자신의 행동방식을 맞추는 사람은 성공하고 마찬가지로 시간과 일치하지 않게 처신하는 사람은 실패하는 것이라고 나는 믿는다.(군주25, 126)

이는 자신의 행동의 의미를 객관적인 상황변화 및 운동과 관련시켜 생각해야 한다는 주장과 이어진다. 이러한 시각에서 마키아벨리는 공화국에서야말로 상황의 변화에 정치가 기민하게 대응할 수 있으므로 공화국이 군주국보다 우수하다고 본다. 공화국에서는 복수의 지도자가 후보자로 경합하고, 상황변화에 따라 정권이 바뀌어 더욱 적합한 인물이 지도자가 될 수 있기 때문이다.

> 공화국은 자국 내에 존재하는 시민들의 다양성을 활용하여 시대적 조건의 다양성에 스스로를 훨씬 잘 적용시킬 수 있다. 따라서 군주국보다 훨씬 더 오래 지속하며 행운을 더 오래 누릴 수 있다. 그러나 한 가지 방식으로 행동하는 데 익숙해진 사람은 내가 말한 대로 결코 변하지 않는다. 그러므로 시대가 변하여 그의 방식과 조화되지 않으면 그는 필연적으로 몰락하게 마련이다.(논고3-9, 464~465)

이처럼 마키아벨리가 사물과 상태를 끝없이 다른 것으로 변화하는 것으로 본 것은 그것을 고정적으로 보지 않았다는 것이고, 그 변화는 사물 그 자체의 발달이 사물 자체의 부정을 초래한다는 변증법적 운동에 의해 생긴다고 본 것을 뜻한다. 이런 변화는 자신과 적의 관계에서도 나타난다고 마키아벨리는 보았다.

> 자신의 자유를 지키고자 하는 일방의 소망은 상대방에 대해 억압을 가할 만큼 강력해진다. 이러한 움직임을 지배하는 법칙은 인간이란 두려움에서 벗어나고자 할 때, 대신 타인을 두려움에 몰아넣는다는 것이다. 그리하여 마치 해를 가하거나 아니면 해를 입거나 하는 양자택일의 상황이 필연적인 것처럼, 그들은 스스로 피하고자 하는 상처를 타인에게

가하고 만다.(논고1-46, 214)

즉 자신의 실력이나 그 사회적 의미는 언제나 다른 주체와의 관계 속에서 찾아야 하고, 강약이나 공세·수세는 자신과 상대 사이의 상관적인 것이라고 마키아벨리는 본다. 따라서 약자는 상대적으로 자신이 약자라고 생각하기 때문에 강해지려고 노력하는 반면 강자는 압도적으로 자신이 강자라고 생각하기 때문에 더 강해지려고 노력하지 않는다면 위치가 역전되어 약자가 강자로 변화한다고 본다. 이러한 사고방식은 당연히 현실적 사고와 연결된다.

현실적 사고

마키아벨리는 고대 로마가 누린 자유의 원천을 '기율과 높은 공공심을 수반하며 발전한 귀족과 평민 사이의 내분'에서 구한다. 자유를 추구하는 평민의 운동과, 그것과 타협하면서 체제를 정비한 귀족의 노력이 로마 특유의 자유롭고 기율 있는 법제도를 확립시키고 정치의식을 높였다는 것이다. 이러한 관점에서 그는 내분을 부정적으로만 보는 속설을 비판하고 "로마가 자유를 향유할 수 있도록 제정된 모든 법률은 그들의 불화에서 비롯된 것"(논고1-4, 86)이라고 말한다.

이는 마키아벨리의 사고에 근본이 되는 것으로서, '적과 동지'를 구분하는 관점에서 정치를 바라본 카를 슈미트의 견해로까지 이어진다. 그러나 이는 마키아벨리 이전에도 크세노폰이나 투키디데스 같은 사람들에 의해 이미 주장됐던 것임을 주의해야 한다. 반면 플라톤과 아리스토텔레스를 비롯한 주류 학계는 통합과 통치를 중심으로 정치를 생각했고, '적과 동지'의 구분에 대해서는 크게 관심을 갖지 않았다.

키케로를 비롯한 고전적 공화주의자의 경우도 마찬가지였다. 고전적 공화주의자는 평화와 화합을 유지하는 것이 정치 안정의 길이라고 생각했으나, 마키아벨리는 사회적 투쟁의 효용을 긍정했다. 즉 그는 사회적 갈등을 긍정하고 찬양했다. 반면 키케로는 혼합정을 주장했는데, 그가 말한 혼합정은 토지귀족 계급의 우위를 전제로 귀족과 평민이 융화하는 상태를 가리키는 것이었다. 키케로는 그러한 질서와 계급간 화합 상태를 추구했다.

> 나라는 최상과 최하의 중간에 놓인 신분들에서 나오는 소리처럼 이성에 맞게 조절될 때 [매우 다른 자들의 합의에 기초해] 화합합니다.(키케로 2-69, 204)

그러나 마키아벨리는 내분을 자유와 위대함의 요인이라고 주장함으로써 키케로적 전통에 도전한다. 즉 평민과 원로원의 내분과 대립이 로마를 완전한 공화국으로 만들었다고 주장한다. 따라서 내분의 산물이 자유를 옹호하는 법이라고 본 것이다. 그러나 여기서 그는 내분을 찬양한 것이 아니라 내분까지 포섭하여 국가 확대의 요인으로 변화시킬 수 있는 제도의 설립을 주장한 것임을 주의해야 한다. 이는 키케로적인 한가함은 더 이상 가능하지 않다고 보았기 때문이다.

마키아벨리는 정치생활의 유지보다도 국가의 확대를 우선해야 한다고 주장한 것이 아니라, 정치생활을 유지하기 위해서는 계속 싸워야 한다고 주장한 것이다. 이는 유전(流轉)과 부패의 필연성이라는 현실에서 국가의 확대를 포기하기보다는 추구하는 쪽이 자유의 연명에도 유효하다고 생각한 결과다. 즉 국가의 확대 포기는 필연적으로 전쟁에서의 패배와 예속을 의미하기 때문에 어떤 나라에서도 현명한 지배자는 자유를 유지하기 위해서 국가의 확대를 지향하는 동시에 군사력과 외교술을 익혀야 한다고 마키아벨리는 주장한 것이다.

그에 의하면 국가의 확대에 가장 좋은 방법은 로마처럼 스스로 주도권을 쥐고 불평등 동맹을 결성하고 공민권을 부여하면서 권위의 범위를 넓히는 방법이다. 반면 최악의 방법은 아테네나 스파르타처럼 식민지를 굴복시키는 방법이다. 그러나 마키아벨리는 당시 소국인 피렌체는 과거 대국이었던 로마가 쓴 방법을 채용하기가 어려우므로 고대의 토스카나처럼 대등한 동맹을 맺는 것이 바람직하다고 본다.

국가의 확대를 주장했다는 점에서 마키아벨리는 평화주의자가 아니라 전쟁주의자라고 볼 수도 있다. 그는 공화국의 정치에서 전쟁은 불가결하다고 보았다. 그러나 이를 두고 마키아벨리를 평화보다 전쟁을 좋아한 사람이라고 보아서는 안 된다. 그는 현실적으로 외적의 침략이 잦은 당대에 전쟁은 불가피한 것으로 보았고, 이를 막기 위해 국가가 강력해져야 한다고 주장했을 뿐이다. 그는 음풍농월하듯이 이상주의를 노래할 수만은 없었다.

이처럼 현실의 사회적 갈등을 수긍한 마키아벨리에 대해 당대에 그의 친한 친구였던 정치사상가 귀차르디니(Francesco Guicciardini)를 비롯한 많은 사람들이 반발했다. 당시 대부분의 사람들은 파벌은 시민적 자유에 치명적인 위험이므로 철저히 금지돼야 한다고 생각한 탓이었다. 그런 생각은 단테 이래 르네상스 지식인들의 전통적인 생각이었다. 따라서 마키아벨리의 현실적 사고는 당대 지식인들의 사고방식은 물론 르네상스 지식인들의 사고방식 자체에 대한 근본적인 거역이었다. 물론 마키아벨리가 갈등이나 파벌 등 분열 자체를 좋아하거나 긍정한 것은 아니었다. 그것은 어디까지나 피렌체가 로마처럼 위대해지는 데 불가피한 필요악이라고 생각했다.

당위와 실제, 이상과 현실의 구분

따라서 마키아벨리는 언제나 당위와 실제, 이상과 현실을 엄밀히 구분했다.

> 어떻게 살고 있는가의 문제는 어떻게 살아야만 하는가라는 문제와 대단히 거리가 멀기 때문에 무엇을 해야만 하는가의 문제에 매달려 무엇이 행해지는가의 문제를 소홀히 하는 사람은 자신의 보존보다 파멸을 훨씬 빠르게 배우게 된다.(군주15, 76)

이 구절은 마키아벨리가 정치를 포함한 사회적 관계를 이상주의적이거나 도덕주의적인 관점에서 주관적으로만 보아서는 안 된다는 점을 강조한 것이다. 이는 흔히 말하는 현실과 이상의 차이를 이야기하는 것이어서 당연한 말이라고도 할 수 있지만, 주의할 점은 마키아벨리가 이상을 버리고 현실에만 충실하라고 말한 것은 아니라는 것이다. 즉 마키아벨리는 현실과 이상 두 가지를 모두 보는 두 개의 눈, 즉 겹눈이나 복안(複眼)을 가지라고 한 것이다. 우리의 눈이 두 개인 것은 그래서인지도 모른다. 이는 개인의 삶에도 해당되는 것이지만 사회나 정치 등에도 해당되는 것이다.

그렇다고 겉으로는 이상을 말하면서도 속으로는 현실에 추종하는 태도까지 긍정해야 한다는 말은 아니다. 가령 우리는 겉으로는 민주주의가 이상인 것처럼 말하면서도 현실에서 지극히 비민주적으로 살고 있는지도 모른다. 입으로는 통일을 말하면서도 마음속으로는 분단의 현실을 그대로 유지하고자 하는지도 모른다.

마키아벨리가 말하는 이상과 현실의 구분은 그러한 이중성이 아니다. 그와 달리 그의 주장은 주관적으로는 좋다고 생각되는 것도 객관적으로는 나쁜 결과를 낳을 수 있다는 점을 언제나 주의해야 한다는 것이다. 이처럼 주관을 객관과의 긴장관계 속에 위치시키는 사고방식은 막스 베버가 말한 '신조윤리 대 책임윤리'라는 사고에서도 볼 수 있다.

마키아벨리는 흑백논리를 좋아하지 않았다. 인간은 나쁜 것 가운데 덜 나쁜 것을 선택할 수 밖에 없고, 그 속에서 최선을 다할 수밖에 없다고 그는 생각했다. 따라서 그는 영웅주의자가 아니었다. 영웅이 나타나 세상을 한순간에 뒤바꾸는 것보다 사람들이 세상을 조금씩 바꾸어가는 것이 더 중요하다고 생각했다.

> 국가는 항상 안전한 선택을 할 수 있다고 믿어서는 안 된다. 반대로 모든 선택은 의심스러운 것일 수밖에 없다는 점을 염두에 두어야 한다. 왜냐하면 어떤 하나의 위험을 피하려고 하면 반드시 또 다른 위험에 부딪힌다는 점은 세상사의 이치이기 때문이다. 그러나 분별력이란 바로 여러 가지 위험의 성격을 파악하고 보다 작은 악을 선별하는 데 필요한 것이다.(군주21, 115)

균형감각과 운명론

일면화나 고정화를 피하고 상황에 따라 끝없이 변하면서 가장 타당한 결과를 얻고자 하는 다원적 사고를 하는 데 반드시 필요한 능력이 균형감각이다.

행동할 때에는 신중함과 관대함을 갖추는 절제된 방식을 취함으로써 지나친 믿음 때문에 경솔해지거나 지나친 경계심 때문에 견디기 어려운 존재가 되어서도 안 된다.(군주17, 84)

자유를 누리는 국가는 두 가지 목적을 가지는데, 첫째는 자국을 강대하게 만드는 것이고, 둘째는 자국의 자유를 유지해나가는 것이다. 물론 이 두 가지 중 한쪽에 대한 욕망이 지나쳐서 과오를 범하기도 한다.(논고 1-29, 167)

가령 영토 확대를 위해 군대를 과도하게 강화하면 독재자나 군부 지배를 낳게 된다. 전쟁에서 공을 세운 자가 영향력을 증대시키는 것을 과도하게 경계하면 반란을 야기하게 된다. 왕정의 경우에는 영토 확대만이 문제가 되지만 공화정의 경우에는 자유 확대도 문제가 된다. 영토 확대의 욕망은 나라의 강력한 통합을 요구하지만, 자유 확대의 욕망은 분산화와 무질서 및 빈부대립을 낳는다. 따라서 공화국의 리더는 그 두 개 사이에서 균형감각을 가져야 한다.

균형감각은 운명론과도 관련된다. 마키아벨리는 운명에 기민하게 대응하여 그 변화를 예견하고 대비하라면서 사고의 유연성을 강조한다. 반면 운명은 인간에게 능력 밖의 문제이므로 지력과 용기(결단력)로 그것에 도전해야 한다고 본다.

종래 마키아벨리가 고대 이래의 전통적인 도덕적 정치관을 파괴하고 정치를 종교와 도덕으로부터 분리하여 리얼하게 보았다는 점이 강조돼왔고, 이런 평가에 근거하여 그를 정치과학의 아버지라고 했다. 그러나 앞에서 본 그의 동태론적이고 다원적인 인간론, 그리고 그의 이상주의적 측면을 볼 때 그러한 종래의 견해에 대해 의문을 갖지 않을 수 없다.

마키아벨리가 정치를 리얼하게 본 것은 사실이지만, 그렇다고 하여 바로 그가 정치와 도덕을 분리시켰다고 볼 수는 없다. 뒤에서 보겠지만, 그가 인간의 선한 측면과 선하게 될 가능성을 인정한 것은 도덕을 중시했음을 뜻한다. 그가 선악이라는 양면을 고려한 것도 도덕적인 사고방식이다. 따라서 그는 도덕을 정치에서 분리시킨 것이 아니라 정치에서 도덕도 중요하다고 보는 균형적 사고를 했다고 보는 것이 옳다.

마키아벨리의 기본 사상

유동적 우주관

마키아벨리를 르네상스인이라고 부르는 것은 그가 르네상스기에 르네상스가 가장 화려하게 꽃핀 피렌체에서 태어나 활동했고 대부분의 르네상스인처럼 만능인이었기 때문만이 아니다. 무엇보다도 그의 사고방식이나 행동양식이 르네상스인다웠기 때문이다. 여기서 그런 사고방식 중 하나, 아니 가장 근본적인 하나는 공간과 시간에 대한 관념이다. 즉 우주관과 역사관이다. 먼저 그의 우주관을 살펴보자.

그의 우주관은 앞에서 본 유동적 사고방식에서 나온 유동적 우주관이다. 이러한 우주관이 마키아벨리의 정치학에 미친 영향은 오랫동안 그다지 중요하게 논의되지 못했다. 이것이 본격적으로 논의되기 시작한 것은 1992년에 앤서니 파렐(Anthony Parel)이 《마키아벨리의 우주(The Machiavellian Cosmos)》라는 책을 낸 뒤부터다. 파렐의 논의와 그 후의 연구를 토대로 마키아벨리의 유동적 우주관을 살펴보자.

마키아벨리의 유동적 우주관은 그가 《로마사 논고》 2권 서문에서 "인간사라는 것이 언제나 유동적이어서 부침을 거듭"(논고2-서, 262)한다는 역사관을 말하고 이어 2권 5장에서 다음과 같이 말한 부분에서 단적으로 드러난다.

> 세계는 영원한 것이라고 주장해온 철학자들에게 나는 다음과 같이 항변할 수 있다고 믿는다. 즉 만약 고대의 문물들이 옳은 것이라면, 인간들에 의해 지워진 일부와 신의 의지로 야기된 다양한 원인들에 의해 지워진 일부는 예외로 하더라도, 5천년 이상 된 과거의 기록이 존재하고 있어야 하는 것이 이치에 맞는다고 말이다.(논고2-5, 288)

이러한 마키아벨리의 우주관은 르네상스 당시 휴머니스트들의 일반적인 우주관을 반영하는 것이지 그만의 독창적인 것은 아니다. 그러나 그런 르네상스의 유동적 우주관은 또한 그 앞 중세의 우주관과는 물론이고 그 뒤 근대의 원자론적인 과학적 우주론과도 다른 것이다. 즉 르네상스의 유동적 우주관은 르네상스의 신플라톤주의나 점성술, 그리고 부분적이며 신비론적인 인과론과 연결된 것이지 근대의 과학적이고 전체적이며 논리법칙적인 인과론과 연결된 것이 아니다. 당시 신플라톤주의나 점성술은 신의 섭리를 엿보는 수단이라는 중세적 성격에서 벗어나 그 자체가 자연의 구조적 법칙을 보여주는 것으로 자립화함과 동시에 인간에 의한 마술적 통제도 허용하는 양면적인 것이 됐다.

마키아벨리는 이에 대해 "중요한 사건이 한 도시나 한 지역에서 일어날 때, 항상 점이나 계시 또는 기적이나 천체의 변화에 의한 예언이 일어난다"면서(논고1-57, 244) 정령들이 "어떤 징조를 통해 인간에게 미리 경고하여 그 일에 대비하도록 하기 위해 예언을 한다는 것"이라고 부연 설명한다.(논고1-57, 245)

여기서 우리는 마키아벨리가 자연과 인간을 통치하는 존재가 중세적 신이 아니라 신의 의사와는 무관한 자연으로서의 하늘이나 운명이라고 본 자연철학 내지 점성술적인 생각을 갖고 있었다는 데 주목해야 한다. 이는 《로마사 논고》의 1권 서문에서 그가 그 책을 집필한 동기는 교훈적 역사 서술에 있다고 밝히고 그것이 "하늘, 태양, 원소 및 인간들"과 관련된다고 하면서 그 관련 대상에서 신을 제외한 것에서도 알 수 있다.(논고1-서, 68) 즉 마키아벨리는 신으로부터 떠나 스스로 완결적인 우주를 나름대로 묘사하고자 한 것이다. 따라서 그는 중세까지 이어진 전통적인 기독교의 우주창조설을 믿지 않았다고 볼 수 있다.

그러나 마키아벨리를 포함한 르네상스인들의 르네상스를 야코프 부르크하르트가 말한 '미신의 고대와 중세'를 떠나 데카르트적인 순수한 합리성에 근거한 자연과학의 근대로 나아가는 중간 교두보로 봐서는 안 된다. 도리어 르네상스인들은 그 둘의 대립에 반대하고 오히려 그 둘을 결합하기 위해 투쟁한 사람들이었다. 르네상스에 역사적 의미가 있다면 바로 이런 점에서 그렇다. 흔히 과학기술 만능의 근대를 초월하는 진정한 포스트모더니즘 이야기를 하는데, 그것을 위해서도 과학기술과 전적으로 반대되는 고대를 되살린 르네상스를 검토할 게 아니라 고대와 근대를 융합하고자 한 르네상스를 다시 검토해봐야 한다.

순환적 역사관

마키아벨리의 우주관에 이어 그의 역사관을 살펴보자. 앞에서도 말했듯이 우주관과 역사관은 서로 직결된다. 마키아벨리는 우리가 앞에서 보았듯이 "하늘, 태양, 원소 및 인간들이 그 운동, 배치 및 능력에서 과거와 달리 커다란 변화를 겪기라도 한 것처럼" 생각하는 것을 오류라고 하고, 따라서 역사를 통해 현재를 살펴볼 수 있다고 한다.(논고1-서, 68) 이는 역사는 반복 순환한다는 전제 하에 역사로부터 일반적 교훈을 얻을 수 있다는 확신에 근거한 발언이다. 이는 또한 고대 세계가 현대 세계보다 우수했다고 보는 동시에 과거의 위인을 모방하는 것이 대단히 중요하다고 보는 것을 전제로 한다. 《로마사 논고》 2권 서문에서도 그가 "인간사라는 것이 언제나 유동적이어서 부침을 거듭"하고 "세계는 항상 동일한 방식으로 진행되어 왔고 나쁜 것만큼이나 좋은 것도 많았다"(논고2-서, 262)면서 순환사관을 설명한 것을 우리는 이미 앞에서 보았다.

마키아벨리의 이러한 순환적 역사관이 아리스토텔레스의 생물학적 생성소멸론이나 폴리비오스의 실천적 역사관에 근거한다는 점에서 그는 역시 전통적이라고 할 수도 있겠으나, 이는 당시까지의 기독교 천년왕국주의 역사관과는 전혀 다른 것이었다. 즉 신의 섭리에 의한 직선적 발전이라는 기독교의 역사관과는 전적으로 다르다는 점에서 중세 이래의 전통적 역사관과는 결별한 것이다. 가령 중세의 아우구스티누스는 역사를 시작과 끝이 있는 선분으로 보았지만, 마키아벨리는 역사를 하나의 방향으로 전진만 하는 보편적인 이념의 실현과정으로 보지 않았다. 그는 각 시대 각 민족의 개성이 하나의 전형으로 후세에 전해지고 영속적으로 그 민족의 문화가 가치 있는 것이 되도록 상상력으로 보완하며 사료에 근거하여 역사를 서술했다.

그 하나의 보기가 정체순환론이다. 마키아벨리는 《로마사 논고》 1권 2장에서 아리스토텔레스로부터 폴리비오스로 이어진 '6개 정체의 순환'이라는 전통적인 관념을 언급했다. 즉 군주정이 참주정, 귀족정, 과두정, 민주정, 중우정으로 변하고 그 후 다시 군주정으로 되돌아가 같은 순환이 반복된다고 본 것이다.(논고1-2, 78) 이에 대해서는 뒤에서 다시 상세히 살펴보겠지만, 여기서 한 가지 주목할 점을 강조해두고자 한다. 그것은 최초의 군주정이 발생한 원인에 대한 마키아벨리의 설명이다. 그에 따르면 최초의 인류가 "짐승처럼 뿔뿔이 흩어져 살"다가 "자손의 번식과 함께 모여 살게 되었고, 자신들을 더욱 잘 방어하기 위해 그들 중에서 가장 힘세고 용감한 자를 찾아 우두머리로 삼"았다는 것이다.(논고1-2, 78~79). 여기서 군주는 모든 사람의 선택에 의해 생겼다고 보는 민주적 발상이 드러난다. 이는 군주가 정의나 신의(神意)에 의거하여 나라를 세운다고 본 전통적 견해와는 구분되는 것이었다. 그것이 《군주론》 9장의 '시민형 군주국'이다.

그런데 이러한 순환사관은 운명사관이 아니라는 점을 주의해야 한다. 마키아벨리는 자신이 열거한 정체들의 단점을 지적하고 혼합정을 제안했는데, 이것은 고대 로마에서도 제시된 바 있었다. 그것은 바로 폴리비오스의 혼합정 구상이다. 그러나 마키아벨리는 순환사관을 갖고 있었지만 폴리비오스 식의 순환사관에는 빠지고 싶지 않았고, 로마사에 대한 연구도 그런 입장에서 했다. 폴리비오스의 순환사관은 자연법칙의 필연성에 기초를 둔 것이었지만, 마키아벨리의 순환사관은 "우연한 사태"에 기인하는 것이었다.(논고2-1, 78) 즉 인간의 야심에 의한 흥망이라고 하는 기회적 원인이나 심리적 요인에 의해 역사가 전개된다는 것이었다.

또한 자연의 목적론적 안정을 믿지 않은 마키아벨리는 자신이 이상으로 제시한 혼합정에 대해서도 고대 로마에서 숭상된 목적론적 조화의 질서가 아니라 귀족과 시민이라는 대립하는 두 이기적 집단

사이에서 균형을 유지하는 것으로 제시했다. 폴리비오스의 혼합정은 군주, 귀족, 시민 사이의 균형을 도모하는 것이었으나, 마키아벨리의 혼합정은 균형이 아닌 투쟁을 도모하는 것이었다. 그러나 투쟁 자체가 목적이었던 것은 아니고, 투쟁을 통한 국가의 대외적 확대가 마키아벨리가 지향한 최종 목적이었다.

순환적 역사관과 시원회귀주의

직선적 역사관은 중세 천년만이 아니라 그 뒤 지금까지도 천년왕국주의라는 이름으로 서양 사회를 지배해온 기독교적 역사관이다. 이는 세상의 수많은 종교 중에서 유독 기독교에 특유한 것임을 우리는 주목해야 한다. 가령 힌두교와 불교는 인간의 삶을 우주적 순환 속의 한 찰나로 여기며, 끝없는 순환에서 벗어나는 것을 구원으로 이해한다. 기독교가 전파되기 전의 유럽에서도, 그리고 유대교에서도 세계가 곧 끝난다는 사고는 없었다.

그러나 기독교는 역사에 예정된 목적이 있고, 그 목적이 달성되는 것으로 역사는 끝난다고 믿는다. 카를 마르크스나 프랜시스 후쿠야마가 말하는 역사종말론도 그 일종이다. 진보라는 사고도 신약 성경의 마지막 책인 《요한묵시록》에 처음 나온다. 앞에서 보았듯이 이런 묵시론적 종말론을 비판하는 존 그레이는 그것과 대조적인 입장에 선 현실주의자로 마키아벨리를 든다.(그레이2011, 273)

한편 그레이와 반대로 찰스 탈턴(Charles Tarlton)은 이탈리아로 하여금 구원을 얻게 하고, 더 나아가 피렌체인들이 고대적 비르투를 회복하여 제2의 로마 공화정을 이룩하게 하자는 마키아벨리의 묵시론적 비전이 제시된 책이 《군주론》이라고 본다. 즉 마키아벨리의 순환사관은 역사를 탄생에서 쇠약, 그리고 폐허를 거쳐 구원으로 가는 것으로 전제하고 쇠약 이후에 오는 구원을 영원한 구원으로 이해하는 것이었으므로 마키아벨리의 정치적 비전은 이탈리아 국가 붕괴 후 천년왕국 수립에 있었다는 것이다. 이를 두고 러브조이(A. O. Lovejoy)와 보아스(G. Boas)는 마키아벨리의 '소박한 원시주의'라고 했다.(진원숙, 239~240) 그들이 그러한 논의의 근거로 삼은 것은 《로마사 논고》 1권 11장에 나오는 고대 그리스·로마에 대한 다음 구절이다.

> 그러므로 오늘날 국가를 세우려고 계획하는 자는 세련된 문화를 가진 도시에 사는 데 익숙한 자들보다는 아무런 문화가 없는 산간벽지에 사는 사람들 사이에서 세우는 것이 훨씬 쉽다는 점을 발견할 것이다. 그 이유는 조각가가 누군가 다른 사람이 서툰 솜씨로 초벌 작업을 해놓은 대리석보다는 거칠지만 대리석 원석에다 쉽게 훌륭한 작품을 새길 수 있는 것과 마찬가지다.(논고1-11, 119)

또한 《로마사 논고》 1권 55장에서 마키아벨리는 '고대적인 선량함'이 남아 있는 독일의 공화국은 "자유를 누리며 공존하고 있으며,

법률을 너무나 잘 준수"하고 있고, 따라서 "이들 도시의 안팎을 막론하고 어느 누구도 감히 그들을 정복하려는 엄두조차 내지 않는다"고 한다.(논고1-55, 239) 《군주론》 19장에서도 마키아벨리는 카라칼라 황제를 예로 들어 이 점을 강조한다.

> 카라칼라도 또한 대단히 탁월한 자질을 갖고 있어서 [처음에는] 백성들로부터는 경탄을 자아냈고 군인들로부터는 환영받았다. 왜냐하면 그는 전사였고 모든 종류의 고난을 아주 훌륭하게 견뎌내었으며 또한 모든 세련된 음식과 모든 종류의 사치를 경멸했기 때문이다.(군주19, 100)

마키아벨리는 《로마사 논고》 3권 1장에서 "공화국이나 종교와 같은 복합체의 경우에도 그것들을 시초로 되돌리는 변화가 이로운 것"이라고 한다.(논고3-1, 411) 그리고 당대의 부패한 종교를 비판하고 교회는 설립 당시의 교회로 되돌아가야 한다고 주장한다. 이러한 시원회귀주의는 마키아벨리만의 특별한 사상이 아니라 고전과 고대로의 회귀를 주장한 르네상스의 일반적 특징이었다.

마키아벨리의 이러한 시원회귀주의는 그의 경험주의 내지 합리주의와 분명히 모순된다는 점을 우리는 주목해야 한다. 그러나 마키아벨리에게서 그러한 시원회귀주의가 나타난다고 해도 이것이 그의 일반적인 경험주의적 사고방식을 압도하는 것이라고 보기는 어렵다. 특히 최근 모리치오 비롤리처럼 그의 시원회귀주의를 과도하게 강조하여 마키아벨리가 "어느 날 신이 기독교 세계의 여러 군주가 성직자들의 권력을 타파하도록 하고자 결단하고 참된 기독교의 신앙을 회복하여 참된 인간성과 참된 시민의 공동체를 부흥하는 것을 희망했다"고 보는 것은 적어도 그 근거가 명확하지 않다는 점에서 문제가 있다.

마키아벨리의 역사서술

마키아벨리는 언제나 자신이 현실에서 겪은 직접경험과 과거의 역사로부터 얻은 간접경험에서 출발해 자신의 사상을 추구했다는 점에서 그야말로 현실주의적인 경험주의자였다. 《군주론》이나 《로마사 논고》는 물론이고 그의 모든 글은 자신의 직접경험과 역사를 통한 간접경험에서 얻은 교훈에 근거하여 씌어졌다. 그에게 역사는 이미 끝나버린 과거의 이야기가 아니라 현실적 경험과 마찬가지로 지금도 살아있는 현재진행형의 실제였다. 즉 그에게 역사는 죽어버린 과거가 아니라 언제나 생생하게 살아 있는 것이며, 그의 사상은 언제나 강력한 역사의식에서 나왔다. 외부로부터의 침략과 내부의 갈등이 초래한 국가적 위기에 처해 정치를 혁신하고 사회를 안정시키고자 한 마키아벨리에게 역사란 가장 실제적인 효용성을 갖는 것이었다. 그래서 《군주론》 13장에서 마키아벨리는 군주는 모름지기 역사상 위대한 군주들로부터 배우면 된다고 했다.

이러한 태도는 르네상스 휴머니스트들의 일반적 태도였다. 특히 고대 로마의 역사는 모든 휴머니스트들의 역사 교과서였다. 마키아벨리가 쓴 《로마사 논고》가 리비우스의 역사에 대한 주해였던 것과 같이 휴머니스트들은 리비우스를 비롯한 고대 로마의 역사가들을 공통의 스승으로 삼았다. 또 마키아벨리는 휴머니스트 역사가들을 존경하고 그들을 따랐다. 그래서 《피렌체사》의 서문에서 마키아벨리는 휴머니스트 역사가들이 어떤 순서와 형식으로 역사를 서술하는지를 알고 자신이 서술하는 역사가 독자들에게 더 잘 인정받게 하기 위해 그들을 모방하고자 그들의 역사서를 읽는다고 했다.

그러나 당시 휴머니스트 역사가들은 마치 지금 한국의 대중역사가들처럼 역사를 미화하는 데만 치중하고 있었다. 리얼리스트인 마키아벨리가 종내는 과거를 미화하는 그러한 역사서술에 역겨움을 느낀 것은 당연했다. 그래서 그는 휴머니스트들과 달리 역사적 인물의 내적 성격을 알기 위해 인물의 개성을 깊이 탐구하고 역사적 사건의 내면인 시민간 불화 및 사회 내적 대립과 그것의 영향을 따져보는 등의 방법으로 나름의 독특한 역사관을 형성하고 전개했다. 이처럼 인물과 사건의 내적 개성을 고찰하는 것도 당시 역사학에서는 혁명적인 것이었다. 그래서 그는 앞에서 보았듯이 대립과 당파투쟁, 내분, 반란 등에 큰 관심을 가졌다. 휴머니스트 역사가들이 다루지 않은 치옴피의 난에 대해 마키아벨리가 사회경제적 분석을 시도한 것도 그 일환이었다. 이런 점에서 그는 오늘날 사람들이 말하는 민중사관의 선구자였던 셈이다. 그는 그런 서술이 초래할 후손들의 반발과 같은 예상되는 문제점에 대해서도 두려워하지 않았다.

마키아벨리가 당대 역사가들과 또 하나 다른 점은 역사로부터 교훈을 얻는 것에서 더 나아가 역사 속에서 정치적 법칙을 발견한 점이었다. 그에게는 정치적 성공만이 의미 있는 것이었으므로 현학적 이론이나 공허한 사상이 아니라 정치적 승리를 위한 행위의 일반법칙을 찾기 위해 도리어 실패한 사례의 인과관계를 깊이 연구했다.

운과 비르투를 중시하는 인간본성론

마키아벨리의 인간본성론도 앞에서 본 그의 우주론과 연관된다. 즉 중세적인 섭리론적 우주론에서 벗어나 인과법칙적인 점성술과 유사하며 인간에 의한 마술적 통제를 허용하는 우주론을 반영한다. 자연의 인과법칙성을 인정하듯이 인간 내면의 능력을 인정하는 것이 그의 인간본성론이다. 즉 운(포르투나)과 비르투를 중시하는 인간본성론이다. 이에 대해서는 뒤에 살펴보기로 하고, 여기서는 흔히 말하는 성선설과 성악설이라는 논의의 차원에서 그의 인간본성론을 먼저 살펴보자.

마키아벨리는 체계적인 인간본성론을 전개하지 않았음을 우리는 주의해야 한다. 앞에서 보았듯이 그가 "하늘, 태양, 원소 및 인간들이 그 운동, 배치 및 능력에서 과거와 달리 커다란 변화를 겪기라도 한 것처럼" 생각하는 것을 오류라고 하고 따라서 역사를 통해 현재를 살펴볼 수가 있다고 하지만(논고1-서, 68), 인간 본성에 대해 그가 따로 설명한 것은 찾아보기 어렵다.

루슈디가 마키아벨리를 가리켜 광적인 권력 추구자라고 한 것은 지나친 표현이라고 하더라도, 마키아벨리가 인간의 본성을 권력과 명성 추구로 본 것은 분명하다. 그런 의미에서 마키아벨리는 인간을 '권력적 동물'로 보았다고 해도 과언이 아니다. 아리스토텔레스가 인간을 '정치적 동물'로 본 것은 인간을 신과 짐승의 중간에 있는 존재로 본 것이라고 할 수 있는데, 마키아벨리는 그러한 인간이 짐승 중에서 가장 교활한 짐승으로 변모한 것이 군주라고 보았다는 견해가 일반적이다.

따라서 인간에 대한 이해를 성악설과 성선설로 나누는 경우 마키아벨리의 인간관은 성악설이라고 보는 것이 지금까지의 통설이었다. 스키너나 알튀세르도 마찬가지로 그런 입장을 취했다. 마키아벨리의 인간관을 그렇게 볼 수 있는 근거는 《군주론》 18장에 나오는 저 유명한 '여우와 사자'의 비유다. 통설은 이 비유가 나오는 구절을 두고 마키아벨리가 군주는 여우(권모술수의 기만성)의 측면과 사자(무력과 위협의 폭력성)의 측면을 가져야 한다고 주장했다고 본다. 그러나 그 앞 18장 첫 문단과 둘째 문단에서 마키아벨리가 다음과 같이 말한 것을 주의해야 한다.

> 군주가 약속을 지키고 또한 교활하지 않고 정직하게 사는 것이 대단히 칭송할 만한 일이라는 점은 모든 사람이 알고 있다. 그럼에도 오늘날 위

업을 이룬 군주들은 신의[=신앙]에 대해 거의 아무런 고려도 하지 않았고 또한 간교함으로써 사람들을 혼란하게 만드는[=속이는] 것을 알았던 사람들이었는데 이들은 결국에는 성실에 기초를 둔 사람들을 능가해왔다.

따라서 당신은 두 가지 종류의, 즉 하나는 법으로 다른 하나는 힘으로 하는 싸움이 있다는 점을 알고 있어야 한다. 전자는 사람에게 해당하는 것이고 두 번째는 짐승에게 해당하는 것이다. 그러나 많은 경우 첫 번째 것이 충분치 않아 두 번째 것에 호소하는 일이 필요하다. 따라서 군주는 짐승과 사람을 잘 사용하는 것을 알아야 할 필요가 있다.(군주18, 88)

즉 마키아벨리는 정직한 군주와 교활한 군주를 구분하고, 다시 그들을 인간에게 고유한 법에 의한 통치를 행하는 경우와 짐승에게 고유한 힘에 의한 통치를 행하는 경우를 구별한 뒤 그 두 가지 모두 군주에게 필요하다고 이야기한 것이다. 여기서 법이 인간에게 고유하다는 말은 법이란 이성이나 선의, 덕성을 가지고 정의도 존중하는 존재로서의 인간이 만드는 것이며, 인간을 그 밑에서 생활하게 하여 인간답게 만드는 역할을 한다는 뜻이다. 말하자면 군주는 법에 의한 통치와 함께 힘에 의한 통치도 필요로 한다는 양면성을 마키아벨리는 주장한 것이다. 이는 위 구절에 이어 그가 말하는 반인반수의 비유로도 알 수 있다. 마키아벨리가 반인반수로서의 군주를 말한 것을 두고 그의 진정한 강조점은 "인간적인 면모보다는 야수적 면모에 있다"(정정훈, 122)고 하는 주장도 있으나, 나는 이런 주장에는 찬성할 수 없다. 왜 근거도 없이 마키아벨리를 악마로 만들려고 하는가?

여우와 사자

마키아벨리는 "덫을 식별하기 위해서는 여우가 될 필요가 있고 늑대를 물리치기 위해서는 사자가 될 필요가 있다"(군주18, 89)고 말했을 뿐, 군주가 권모술수를 사용하는 여우나 힘을 쓰는 사자가 돼야 한다고 말한 적이 없음을 주의해야 한다. 여우는 현명함을 상징하고, 사자는 질서를 어지럽히는 무리를 규제하는 위엄성을 상징할 뿐이다. 방금 인용한 마키아벨리의 말은 정책과 치안의 원리에 관한 주장에 불과하지, 특별히 사악한 통치를 해야 한다고 주장한 것이 아니다.

게다가 그 두 가지는 군주가 지녀야 할 것들 가운데 '짐승' 차원의 낮은 가치에 해당하는 일부에 불과하고 그보다 더 중요한 '인간' 차원의 가치에 해당하는 것, 즉 법에 의한 규율과 정의의 확립을 추구해야 함을 마키아벨리는 분명히 말하고 있다. 이처럼 마키아벨리는 지극히 상식적인 것을 말한다. 즉 정치에서 도덕이 중요함을 전제로 하고 최후의 수단으로 도덕에 반하는 것을 사용할 수 있다고 이야기한 것에 불과하다. 즉 정치상의 도덕을 최후의 예외적인 경우에 한해 상대화한 것에 불과하다.

소위 여우와 사자의 비유에 대한 설명은 이 정도로 충분하지만,

이것이 마키아벨리를 '악마의 교사'로 만든 원인이기도 하니 좀 더 설명해보겠다. 마키아벨리에 의하면 여우로서의 간교함을 사용하는 군주는 "간교함을 잘 윤색하는[=감추는] 방법을 알 필요, 즉 능숙한 위선자나 위장자가 될 필요가 있다. 사람들은 단순하고 목전의 필요에 복종하기 때문에 남을 속이고자 하는 사람은 언제든지 속임을 당할 사람을 발견하게 된다."(군주18, 89) 이어 마키아벨리는 다음과 같이 말한다.

> 자비롭고 성실하며, 인정 많고 고결하며, 또한 신앙심 깊은 것처럼 보이는 것이 실제로 유용한 것이라는 점을 감히 말하고자 한다. 그러나 그러지 않아야 할 필요가 있을 경우 당신은 [도덕과] 정반대가 될 수 있고 또한 되는 방법을 알 수 있도록 정신자세를 갖추어야 한다.(군주18, 90)

여기서 마키아벨리가 말한 '정신자세'는 권모술수를 부리는 것이라기보다 실용적이고 동태적인 사고방식일 뿐이라고 나는 앞에서 지적했다. 즉 여우처럼 꾀를 쓸 경우에 가져야 하는 사고방식일 뿐이다. 마키아벨리는 《로마사 논고》의 마지막에 해당하는 3권 40장 '전쟁에서 계략을 사용하여 적을 속이는 것은 명성을 얻을 만한 가치가 있다'에서 계략은 오로지 전쟁에서만 가치가 있고, "속임수가 당신으로 하여금 당신이 스스로 맺은 약속이나 협약을 깨도록 할 때에는, 그것이 명성을 얻을 만한 가치가 없다고 생각한다"(논고3-40,

561)고 주장한다. 그러나 《군주론》 18장에서는 전쟁에서만이 아니라 정치에서도 그렇다고 말한다.

여우에 대한 그의 이런 논의는 사자에 대해 말하는 대목에서도 그대로 되풀이된다. 마키아벨리는 이런 논의를 식민지 통치에 대해서도 다음과 같이 적용하는데, 이 역시 예외적인 상황에 대한 실용적이고 동태적인 사고방식의 표현일 뿐이라고 나는 본다.

> 이와 관련해 사람들은 쓰다듬어 주거나 아니면 제거해야만 한다는 점에 유의해야 하겠다. 왜냐하면 사람들은 가벼운 피해에 대해서는 복수하지만 중대한 피해에 대해서는 복수하지 못하기 때문이다. 따라서 피해를 입히려 한다면 그 복수에 대한 두려움이 생겨나지 않을 방식으로 이루어져야 한다.(군주3, 12)

성악과 성선의 양면적 인간성론

지금까지 말한 마키아벨리의 양면적 인간성론은 《군주론》과 《로마사 논고》에 나오는 다음과 같은 구절들에서도 접할 수 있다.

> 사람들은 은혜도 모르고, 변하기 쉽고, 거짓 표정을 지으며, 위험은 피하고자 하면서 이득에는 욕심이 많다. (군주17, 84)

> 사랑은 의무의 고리에 의해 유지되는데, 사람들은 비열하기 때문에 그

들의 효용상 필요한 경우에는 언제든지 그것을 깨기 때문이다.(군주17, 85)

모든 인간은 사악하고, 따라서 자유로운 기회가 주어지면 언제나 자신들의 사악한 정신에 따라 행동하려 한다.(로마1-3, 84)

마키아벨리의 정치적 리얼리즘은 이러한 인간관에서 나온 것이라고 보는 것이 통설이다. 독은 독으로 다스려야 한다는 것이다. 그런데 이러한 성악설적 견해는 마키아벨리의 인간관의 전부인가, 아니면 그 일부에 불과한 것인가?

가령 《군주론》 22장과 23장에서 마키아벨리는 군주가 보좌관(조언자)을 다스리는 방법을 논하면서 "모든 조언자들은 각기 자신의 이익만을 생각하는데 [현명하지 못한 군주는] 그러한 사실을 이해하지도 또 교정하지도 못한다. 사람들은 어떤 절박한 상황을 통해 착하게끔 강요받지 않는 한 항상 군주에 대해 나쁜 일을 하기 때문에 어떤 다른 일이 일어날 수 없다"(군주23, 121)고 한다. 이는 성악설적 견해를 보여주는 위의 구절들과 마찬가지 취지다.

그러나 그 앞에서 마키아벨리는 군주는 "유능하고 충성스러"운 사람을 발견하는 능력을 갖추어야 하고(군주22, 117), "대신의 충성을 확실하게 만들기 위해 대신을 존중하고 그를 부유하게 만들고 그와 친분을 쌓고 또한 명예와 책임을 함께 나누어서 그를 [세심하게]

배려해야 한다"(군주22, 118)고 주장한다. 이는 유능하고 충성스러운 사람이 세상에 있음을 전제하고, 그러한 사람을 측근에 두려면 정당하게 대우할 필요가 있음을 주장한 것이다. 마키아벨리가 성악설에만 근거했다면 이런 주장을 했을 리 없다.

나아가 마키아벨리는 군주가 대신을 정당하게 대우하는 경우 "상호 신뢰할 수 있"다고 한다.(군주22, 118) 이 진술에는 정당한 대우에 감사하며 기대에 부응하고자 하는 도덕감정, 그리고 자신을 정당하게 평가해주는 군주에게 충성하고자 하는 공정감각 같은 것이 공리적 동기와 함께 전제되어 있다. 《군주론》을 읽을 때 우리는 이러한 점에 유의해야 한다. 즉 마키아벨리는 성선설을 주장한 것도, 성악설을 주장한 것도 아니다. 지극히 상식적으로 인간성에는 선의 측면도, 악의 측면도 있다고 말한 것에 불과하다. 인간성에 대한 마키아벨리의 생각은 앞에서 본 그의 시원회귀주의와도 통한다.

인간의 다양성을 중시한 마키아벨리

마키아벨리는 인간의 본성이 선한가 악한가라는 문제를 고민할 것이 아니라 인간을 다양한 가능성의 존재, 즉 상황에 따라 그중 어느 측면이든 드러내는 존재로 봐야 하고, 이런 관점에서 군주는 상황의 변화에 기민하게 대응할 수 있도록 준비해야 한다고 본다. 가령 그는 어떤 참주를 평가하면서 "사람이란 아주 멋있게 사악할 수도, 완벽하게 선할 수도 없"다고 한다.(논고1-27, 161~162)

따라서 마키아벨리는 환경정비 등에 의해 좋은 요소와 가능성을 확보할 수 있다고 생각했다. 즉 본질론적인 관점이 아니라 실제의 결과에 따라 기능론적인 관점에서, 시간적 변화에 착안하여 동태론적으로, 상대와 상황의 특수성에 따라 다원적으로 사물을 바라보았다. 이처럼 그는 상대에 대한 적대시나 과신이 아니라 관찰과 개선이 중요하다고 생각했다. 그리고 이로부터 제도윤리학 내지 교육적 국가론으로 나아갔다. 이러한 사고방식은 르네상스 시대 모랄리스트들의 작품, 그중에서도 특히 몽테뉴의 《에세》에서 볼 수 있는 것이지만, 데카르트나 홉스의 사고방식과는 다른 것이다.

이러한 마키아벨리의 사고방식은 공화제를 주제로 한 《로마사 논고》에서만이 아니라 군주제를 주제로 한, 반도덕적이라는 비판을 받은 《군주론》에서도 분명히 드러난다. 가령 서로 다투는 두 진영 사이에서 군주가 취해야 할 바에 대해 그는 다음과 같이 말한다.

> 군주가 어느 한 쪽을 강력하게 지지하는 태도를 표명했는데 그 지지한 쪽이 승리하고 그 쪽이 강력해져서 당신의 운명이 그[승자]의 재량에 달려 있게 되더라도 그는 당신에게 일정한 신세를 지고 있고 또한 [그와 당신 사이에는] 우호적인 유대가 만들어진다. 승리자들이 성실한 동맹국을 그러한 언어도단의 배은망덕으로 공격할 만큼 사람들이 파렴치하지는 않다. 더욱이 승리자가 아무런 신중함을, 특히 정의 문제와 관련된 조심스러움을 보일 필요가 없을 정도로 분명한 승리는 전혀 없다.(군주

21, 114)

따라서 자신의 뜻대로 정치를 하는 폭군이라도 그의 내면에는 인간미가 있고, 정의를 무시할 수 없다는 의식도 있다고 마키아벨리는 본다. 즉 《군주론》에서도 그는 정치세계의 인간이 오로지 성악적인 존재인 것은 아니라고 본다.

마키아벨리는 문무를 겸한 사람을 새로운 시대의 리더로 보았지, 도덕을 정치에서 구분하는 무자비한 독재자를 이상적인 리더로 본 게 아니다. 도리어 고대의 덕성을 갖춘 사람을 중시했다. 마키아벨리가 정치학의 아버지로서 고대 중세와 결별했다고 하지만, 그가 이야기한 내용을 보면 반드시 그렇지만은 않다.

운과 비르투

운과 비르투

운이라는 개념은 마키아벨리에게 대단히 중요했다. 이는 우리말로 씌어진 가장 최근의 마키아벨리 입문서의 제목이 《군주론, 운명을 넘어서는 역량의 정치학》인 것을 보아도 알 수 있다. '운명을 넘어서는 역량의 정치학'이란 '운을 극복하는 힘의 정치학'이라는 뜻이겠는데, 정치라는 것이 운에 의해 이루어지는 것이 아니라 권력이라는 힘에 의해 이루어지는 것이라고 보면 이는 지극히 당연한 것을 말하는 것인 셈이다. 그러나 마키아벨리가 과연 '운명을 넘어서는 역량의 정치학'을 추구했는지는 의문이다. 왜냐하면 그는 운명과 역량을 서로 반비례하는 것으로 보았지만, 반드시 역량이 운명을 넘어선다거나 넘어서야 한다고 본 것은 아니기 때문이다. 《로마사 논고》에서 그는 다음과 같이 말한다.

> 더욱이 인간이 자신의 능력을 거의 발휘할 수 없는 곳에서 운명은 자신의 힘을 거침없이 보여주기 때문에, 그리고 운명의 힘은 변화무쌍하기 때문에 공화국과 국가도 늘 다양한 변화를 겪게 마련이다. 공화국과 국가는, 고대의 모범을 터득하고 탁월하게 본받는 지도자가 출현하여 운명이 자신의 영향력이나 권능을 발휘하기 위해 일상적으로 할 수 있는 일이 별로 없다는 점을 보여줄 정도로 운명을 잘 다스리지 않는 한, 항상 다양한 변화를 겪게 될 것이다.(논고2-30, 398)

운명이 무엇인지는 다들 잘 알겠지만, 앞으로의 논의전개를 위해 여기서 그 뜻을 분명히 해두자. 국어사전에 의하면 운명이란 '사람에게 닥쳐오는 모든 화복과 길흉'이며 하늘에서 내린 이미 정해진 것을 말한다. 이를 우리는 운, 명운, 숙명이라고도 한다. 그리스·로마 신화에서 포르투나(Fortuna, 운명)는 인간에게 운을 가져다주는 여신이다.

반면 역량(力量)이란 '일을 할 수 있는 능력의 정도'라는 뜻으로, 힘이라고 해도 좋겠다. 이는 마키아벨리가 비르투(virtu)라고 한 말의 번역인데, 역량이나 힘 외에 활력, 용맹, 미덕 등으로 번역되기도 하고, 심지어 군대를 뜻하는 경우도 있다. 그는 《군주론》 12장부터 군대를 논의하면서 군대를 비르투라고 부르며, 13장 마지막에서 다음과 같은 결론을 내린다.

> 따라서 자국 군대 없이는 어떤 군주국도 안전하지 못하며 역경 시에 자신 있게 자신을 지킬 수 있는 비르투[=군대]를 갖지 못하면 운에 전적으로 따라야만 한다고 결론짓고자 한다.(군주13, 71)

비르투라는 말이 이처럼 다양한 뜻을 갖는다는 이유에서 나는 이 책에서 비르투라는 말을 우리말로 번역하지 않고 그대로 사용한다. 비르투는 마키아벨리의 저술 전체에서 가장 자주 사용되는 말이니 그의 사상의 핵심을 보여준다고도 생각된다. 이 말은 《군주론》에서는 70회, 《로마사 논고》에서는 248회나 사용된다.(박상섭, 203) 그런데 《군주론》의 번역본은 비르투라는 말을 그대로 사용하지만, 《로마사 논고》의 번역본은 덕이나 실력 등으로 번역하므로 그것이 본래 비르투라는 말이었는지를 알 수 없다는 점을 주의해야 한다.

흔히 비르투라는 개념을 마키아벨리 정치이론의 핵심으로 보지만, 마키아벨리가 그 개념을 정확하게 정의한 적이 없는데다 너무나 다양한 의미로 사용한 탓으로 "마키아벨리에게는 비르투의 이론이 없다"고 보는 휘트필드라는 학자도 있다.(Whitfield, 95) 그러나 스키너를 비롯해 대부분의 학자들은 비르투라는 개념을 마키아벨리 사상의 핵심으로 본다. 여기서 나도 그런 입장에서 비르투라는 말을 살펴보도록 하겠다.

비르투와 마찬가지로 마키아벨리가 사용하는 다른 개념도 엄밀하지는 않음을 주의해야 한다. 가령 그가 사용하는 운명이라는 말도 '사람의 행동을 지배한다고 하는 큰 힘'이라는 뜻이 있어서 비르투와 엄격하게 구별하기 힘들다. 또 스키너는 마키아벨리가 비르투라는 말에서 전통적 덕성을 제거했다고 하지만, 비르투 자체가 전통적 덕성을 뜻하는 비르투스(virtus)에서 나온 말이라는 점을 주의해야 한다.

운명론과 정치

운명론은 운명이 세상의 모든 일을 결정한다고 보는 사고방식, 아니 세상의 모든 일은 미리 운명에 의해 결정돼있다고 보는 사고방식이다. 이는 유교에 천명(天命) 사상이 있고 기독교에 예정설이나 섭리론이 있듯이 동서양의 고대와 중세에 일반적인 사고방식이었다. 지금도 그런 사고방식에 젖은 사람들이 있는데, 특히 21세기 한국에도 그런 사람들이 적지 않은 것 같다. 이는 길거리에 아직도 많은 점쟁이가 있을 뿐 아니라 인터넷에까지 점이 진출한 것을 보면 알 수 있다. 심지어 유수한 언론기관이 선거철마다 당선자를 미리 점쳐보는 보도를 하는 것을 보면 우리의 정치는 상당부분 운명론에 의해 좌우되는 듯하다.

그러니 운명론을 넘어서기란 쉬운 일이 아닌데, 마키아벨리는 그것을 넘어서서 정치를 바라본 사람이라고 하는 견해가 있다. 마키아벨리가 말하는 운이란 어떤 인간이나 인간집단을 둘러싼 외부의 다른 인간, 자연, 시간의 흐름 등을 포함해 변동적 무질서가 지배하는 광의의 현실세계에 작용하는 가변적이고 불규칙적이며 불안정한 힘을 총체적으로 가리키는 개념이다.

그렇다면 우리나라 정치가나 국민은 더 이상 점을 보지 않기 위해 《군주론》을 읽어야 하는지도 모른다. 즉, 미신을 믿지 말고 열심히 노력하라는 뜻으로 《군주론》 읽기를 권해야 하는지도 모른다. 우리 정치가 이런 미신의 차원에 있다는 것은 참으로 부끄러운 일이고, 《군주론》을 고작 미신 타파라는 초보적 계몽의 차원에서 읽을 필요가 있다고 말해야 하는 것은 참으로 서글픈 일이다. 서양에서는 적어도 사상사의 측면에서는 16세기 초에 《군주론》이 발표된 것을 계기로, 아니 이미 그 전에 르네상스에 의해 미신이 극복됐다고 볼 수 있다.

물론 서양에서도 르네상스 이후까지 기독교의 예정설이나 섭리론이 존재했고, 지금도 모든 것을 하느님의 뜻이라고 보는 사람들이 있다. 가령 한국 현대지성사에서 가장 중요한 책이라고들 하는 함석헌의 《뜻으로 본 한국 역사》는 원래 제목이 《성서적 입장에서 본 한국 역사》였는데, 한국사의 여러 사건들을 신의 섭리에 의한 것으로 보고 있다. 그 점에서 나는 그 책을 그다지 높이 평가하지 않는다. 그것은 기독교의 교리에 충실한 나름의 역사관일지는 모르지만, 역사는 결국 인간의 힘에 의해 창조되는 것이라고 보는 한 수긍할 수 없는 것이기 때문이다.

'운 반, 의지 반'의 관점

그러나 여기서 우리는 마키아벨리가 운을 전면 부인하고 의지나 역량만을 강조했다고 생각해서는 안 된다. 왜 그런지를 알기 위해 다시 《군주론》을 읽어보자. 마키아벨리는 《군주론》 23장에서 신생 군주에 대한 조언을 마친 뒤 24장의 첫 문장에서 다음과 같이 말한다.

> 앞에서 기술된 사항들을 사려 깊게 준수한다면 신생 군주도 오래된 군주처럼 보이게 되고 또한 빠른 시간 안에 국가[=권력지위] 안에서, 그가 그 안에서 성장해 왔을 경우보다도 더욱 안전하고 안정되게 자리 잡게 된다. … 즉 새로운 군주국을 창건하고 다시 이것을 훌륭한 법제, 훌륭한 군대와 좋은 업적을 통해 견고히 하고 강화하는 것이 그것들인데, 이 점은 군주로 태어났지만 부족한 분별력 때문에 군주국을 상실하는 이중의 수모에 [대비되는 일이다].(군주24, 122~123)

그러나 그 전에 그는 당시의 지배적인 숙명론을 비판해야 했다. 자신이 아무리 새로운 질서를 도입하는 영웅적 비르투를 찬양하고 유효한 대외 군사론과 내정 통치책을 제시해도 그러한 숙명론이 지배한다면 국가의 자유와 영예라는 궁극의 정치적 가치는 달성될 수 없기 때문이었다.

그래서 마키아벨리는 《군주론》 25장에서 운(포르투나)이라는 여신이 세계를 지배하지만 남성이 행동으로 그 지배에 어느 정도 대항한다고 말하는데, 이 부분은 숙명론이 지배하던 르네상스 당시의 일반론에 반발한 것으로 볼 수 있다. 더 나아가 그는 26장에서 이탈리아 당대의 군주들이 몰락한 것은 운명 탓이 아니라 군사정책의 결함, 그리고 인민과 귀족을 적대시하는 실책을 범한 군주 자신의 비르투 결여 탓이라고 주장하고 다시 영웅적 비르투에 기대를 건다.

포르투나는 '가져온다'는 뜻의 라틴어 동사 ferre를 어원으로 하는 말이다. 포르투나는 고대 로마에서 인간에게 여러 가지를 가져오는 여신의 이미지로 형상화됐다. 이는 운명이란 인간이 저항할 수 없는 숙명적 강제력(fatum)이 아니라 인간이 잘 보이면 영예, 부, 권세를 가져다주는 존재로 여겨졌다는 것이고, 그중 최상의 것은 부가 아니라 권세와 그에 따르는 영예였다. 그리고 인간이 포르투나 여신에게 잘 보이게 해주는 요소는 비르(vir=남성), 즉 '참된 남성다운 과감한 용기'였다. 당시 덕을 뜻하던 비르투는 바로 이 말에서 나왔다.

비르투는 고대 그리스 철학의 아레테에 대응되는 말이기도 했다. 아레테는 탁월성이나 우수성을 뜻하는 말로, 그리스 윤리사상의 핵심이었다. 그러나 기독교가 전래된 뒤 사람들이 세속의 영예보다 신의 영광을 추구하고 용기보다 겸손과 복종을 중시하게 되자 운명은 천국의 영광을 상기시키기 위해 세속에 대한 집착을 끊게 하는, 자비심 가득한 섭리의 대행자로 변했다. 즉 세속적 영예를 추구하는 인간에게는 운명이 무자비한 필연적 강제력으로 변하게 되면서 저항이 불가능한 숙명과 동일시됐다.

마키아벨리가 살았던 르네상스 시대에도 고대와 중세에서와 같이 정치란 신의 절대적 섭리에 의한 운명적이고 필연적인 것이라는 사고가 일반적이었으나, 마키아벨리는 그런 사고를 절반만 인정했다. 즉 정치에는 운명에 의한 부분도 있지만 인간의 힘과 노력에 의한 부분도 있다고 본 것이다. 이는 《군주론》 25장 '인간사에서 운은 얼마나 강력하고 어떻게 대항할 수 있는가'에 나오는 다음 구절을 통해 알 수 있다.

> 세상사는 운과 신에 의해 지배되고 있기 때문에 인간은 자신의 지혜로써 그것을 통제하지 못할 뿐 아니라 실제 그것에 대해 아무런 대책도 갖지 못한다고 많은 사람들이 믿어 오고 있음을 나는 모르지 않는다. … 나 자신도 어느 정도는 그러한 의견에 기울어지곤 한다. 그럼에도 우리의 자유의지가 있다는 점을 부인하고 싶지 않은 까닭에 운이 우리 행동의 절반을 지배하고 있다는 점이 사실일 수 있지만 그럼에도 운[의 여신]은 그 나머지 절반 또는 그 가까이를 우리가 지배하도록 남겨 주고 있는 것도 사실이라고 나는 주장하고 싶다.(군주25, 125)

따라서 마키아벨리가 기독교 정치관과 "근본적으로 절연"했다거나 "마키아벨리에게 정치란 철저히 인간사의 영역이고, 인간의 의지를 실현해가는 활동"(정정훈, 100)이라고 보아서는 안 된다. 사실은 근본적인 절연이 아니라 반 토막의 절연이고, '철저히' 인간사의 영역이 아니라 '반쯤' 인간사의 영역이다.

운명과 그 극복

마키아벨리가 정치를 운과 비르투라는 두 가지 요소에 의한 것이라고 본 이유는 무엇인가? 우리는 그렇게 보는 것을 지극히 당연하다고 생각하므로 그 이유를 묻는 것조차 이상하게 느껴지지만, 16세기 당시 기독교적 운명론에 젖은 서양 사람들에게는 그 이유를 찬찬히 설명해줄 필요가 있었을 것이다.

그래서 마키아벨리는 운을 '격렬히 흐르는 강물'에 비유하면서 그것이 아무리 파괴적이라도 인간이 그것에 대해 둑을 쌓는 등의 예방 조치를 취할 수 있다고 설명한다. 그리고 당시의 이탈리아를 둑 없는 시골에 비유하고, 독일이나 스페인, 프랑스처럼 방비를 했다면 홍수가 나지 않았으리라고 말한다.(군주25, 126)

마키아벨리로 하여금 이렇게 운명의 힘을 절감하게 한 것은 보르자나 사보나롤라의 운명이었다고 보는 견해가 있다.(정정훈, 101~105) 마키아벨리가 그런 말을 하지 않았음에도 불구하고 말이다. 여하튼 운명의 힘을 마키아벨리가 특별히 발견했다고 볼 수는 없다. 마키아벨리 이전의 사람들이 그것을 몰랐다고 생각하는 것은 그들의 두뇌를 너무나 깔보는 짓이리라.

운명과 그것에 대응되는 주체성이나 자유의지에 대한 마키아벨리의 견해는 다양하다. 위에서 본 강물의 비유 외에 중요한 것들을 찾아보면 다음과 같은 경우가 있다.

첫째, 운명을 질병에 비유하여 그것에 대비해야 한다고 한 경우다.

> 국가 안에서 발생하는 질병을 멀리에서 알아차린다면(이것은 현자에게만 주어지는 능력이다) 조속히 치료되지만 그것들이 인지되지 못한 채 자라나도록 내버려두어 모두가 알아차릴 정도가 되면 그것들에 대한 치료책은 없게 된다. 그래서 로마인들은 위험을 멀리서부터 내다보고 항상 대비책을 마련했다.(군주3, 14)

여기서 마키아벨리가 말한 질병은 앞에서 본 홍수와 같은 것이고, 그것에 대한 대비책이 비르투에 근거한 것이라는 점도 홍수의 경우와 같다. 선견지명에 의한 대비책 수립은 마키아벨리만이 강조한 것이 아니라 서양은 물론 동양에서도 전통적으로 강조된 군주의 덕목이었음을 주의해야 한다. 따라서 마키아벨리가 전근대적인 자연에 대립하여 근대적인 자유의지, 주체성, 인식에 의한 자유를 주장했다고 볼 수는 없다. 전근대에도 그런 자유 대 의지의 요소는 충분히 존재했기 때문이다.

둘째, 운명의 변화를 읽어 기민하게 대처할 능력을 강조한 경우다. 마키아벨리는 《로마사 논고》 3권 9장에서 '항상 행운을 얻고자 기대하는 사람은 시대에 따라 변해야 한다'는 제목 아래 이를 다음과 같이 논한다.

> 이미 수차례에 걸쳐서 나는 사람들의 불운과 행운의 원인이란 그들이 일하는 방법이 시대에 적합한지 아닌지에 달려 있다고 서술한 바 있다. … 만일 어떤 사람의 방법이 시대에 적합하다면 그는 잘못을 덜 저지르고 번영하는 행운을 누리는 데 성공한다.(논고3-9, 463)

마키아벨리는 《군주론》에서도 마찬가지로 다음과 같이 말한다.

> 어떤 군주는 자신의 본성이나 특성에 대한 아무런 변화[의 노력]도 없이 오늘은 성공하다가 다음 날에는 멸망하는 것을 보게 된다. 이러한 사태는 일차적으로 내가 앞서 길게 논의한 원인, 즉 전적으로 운에 의존하는 군주는 운이 변함에 따라 멸망한다는 점과 관련해 발생하는 것이라고 믿는다. 또한 시대 변화에 자신의 행동방식을 맞추는 사람은 성공하고 마찬가지로 시간과 일치하지 않게 처신하는 사람은 실패하는 것이라고 나는 믿는다.(군주25, 126)

셋째, 운명은 인간의 인식능력을 넘는 것이지만 그렇다고 해서 절망해서는 안 된다고 한 경우다. 마키아벨리는 《로마사 논고》 2권 29

장에서 '운명은 사람들이 그녀의 계획에 반하는 일을 하지 못하기를 원할 때 사람들의 지성을 마비시켜 버린다'는 제목 아래 이를 논한다.

> 인간은 운명의 구도에 따라 부딪쳐 나갈 수는 있지만 그것을 파괴할 수는 없다. 그렇다고 인간은 아주 패배한 것처럼 체념할 필요는 없다. 왜냐하면 인간은 운명의 목적을 알지 못하고 운명 또한 구부러진 미지의 길을 따라 움직이므로, 인간은 어떠한 운명이나 어떠한 고난에 처해 있든지 항상 희망을 품어야 하고 절망해서는 안 되기 때문이다.(논고 2-29, 393)

마키아벨리가 《군주론》 25장에서 운명을 여성에 비유하고 그 정복을 강조한 것도 마찬가지 경우다.

> 시운은 변하고 사람들은 자신의 행동방식을 고집하는데, 이 두 가지가 서로 합치될 때 사람은 성공하고 그렇지 않은 경우에는 실패한다. 따라서 나는 격렬함이 신중함보다 낫다고 믿는다. 왜냐하면 운은 여자이고 따라서 그녀를 당신의 통제 하에 두고자 한다면 때려서라도 억지로 붙잡아둘 필요가 있기 때문이다. 그녀가 차갑게 행동하는 사람보다 격렬하게 행동하는 사람에게 더 쉽게 굴복하는 경향이 있다는 점은 분명한 일이다. 행운의 여신은 여자이기 때문에 그런고로 항상 젊은이의 친구이다. 왜냐하면 젊은이들은 덜 조심스럽고 더 거칠며, 또한 그녀를 보다

대담하게 다루기 때문이다.(군주25, 128~129)

그러나 이 경우도 근대적인 것이 아니라 스토아파적이거나 중세 기사도적인 운명론에 입각한 능동적 정신의 강조라고 보는 것이 옳다. 따라서 위 비유 구절을 두고 "마키아벨리야말로 운명의 여신에 대한 대응을 성적인 정복 차원에서 활용한 최초의 인물인 것처럼 보인다"(강정인2007, 57)고까지 볼 필요는 없다. 이는 한나 피트킨(Hanna F. Pitkin)의 견해를 인용한 것인데, 그다지 중요한 의미를 갖는 것은 아니다.

넷째, 《로마사 논고》 3권 31장 '강한 공화국과 탁월한 인물들은 어떠한 운명에 직면하든 일관된 기백과 존엄을 유지한다'에서 외부의 변화에 좌우되지 않는 강력한 자기통제의 힘을 강조한 경우다. 그러나 이것도 고대적 덕성의 하나인 자제에 불과하다.

공화국 정당화의 근거 비르투

위에서 보았듯이 마키아벨리는 운명을 여성에 비유한 경우에는 그 정복을 주장했고, 운명을 강이나 병에 비유한 경우에는 비르투에 의한 대비책 수립을 강조했다. 이 둘을 서로 모순이라고 보는 피트킨의 견해가 있고 이것이 한국에서도 인용되지만(강정인2007, 59), 정복이나 대비책 수립이나 비르투에 의한 것임은 마찬가지이고 이 점에서 마키아벨리의 논지는 일관되다. 마키아벨리는 그러한 대비책을 설명한 뒤 바로 다음과 같이 논의한다.

> 이제 구체적인 사례로 논의를 좁혀볼 때 어떤 군주는 자신의 본성이나 특성에 대한 아무런 변화[의 노력]도 없이 오늘은 성공하다가 다음 날에는 멸망하는 것을 보게 된다. 이러한 사태는 일차적으로 내가 앞서 길게 논의한 원인, 즉 전적으로 운에 의존하는 군주는 운이 변함에 따라 멸망한다는 점과 관련해 발생하는 것이라고 믿는다. 또한 시대 변화에 자신의 행동방식을 맞추는 사람은 성공하고 마찬가지로 시간과 일치하지 않게 처신하는 사람은 실패하는 것이라고 나는 믿는다.(군주25, 126)

물론 "이러한 모든 것에 적응하는 방법을 알 만큼 충분히 지혜로운 사람은 없다." 그러나 역시 "시대와 상황과 조화롭게 행동방식을 바꾸면 그의 운은 바뀌지 않는다."(군주25, 127) 마키아벨리의 이러한 설명은 《로마사 논고》에서도 다음과 같이 되풀이된다.

> 이미 수차례에 걸쳐서 나는 사람들의 불운과 행운의 원인이란 그들이 일하는 방법이 시대에 적합한지 아닌지에 달려 있다고 서술한 바 있다. … 만일 어떤 사람의 방법이 시대에 적합하다면 그는 잘못을 덜 저지르고 번영하는 행운을 누리는 데 성공한다.(논고3-9, 463)

강정인은 피트킨의 견해에 따라 마키아벨리가 위의 설명에 이어

"이런 기대가 잘못된 것임을 즉각 시인한다"(강정인2007, 59)고 하지만, 마키아벨리는 그렇게 시인한다고 말하지 않는다. 도리어 위의 설명은 자기 행동의 의미를 객관적인 상황변화 및 운동과 관련시켜 생각해야 한다는 주장으로 이어진다. 이러한 시각에서 마키아벨리는 공화국이야말로 상황의 변화에 정치가 기민하게 대응할 수 있는 정체이므로 우수하다고 본다. 즉 공화국에서는 복수의 지도자가 후보자로서 경합하고 상황의 변화에 따라 정권이 바뀌므로 더 적합한 인물이 지도자가 될 수 있다는 것이다.

> 공화국은 자국 내에 존재하는 시민들의 다양성을 활용하여 시대적 조건의 다양성에 스스로를 훨씬 잘 적용시킬 수 있다. 따라서 군주국보다 훨씬 더 오래 지속하며 행운을 더 오래 누릴 수 있다. 그러나 한 가지 방식으로 행동하는 데 익숙해진 사람은 내가 말한 대로 결코 변하지 않는다. 그러므로 시대가 변하여 그의 방식과 조화되지 않으면, 그는 필연적으로 몰락하게 마련이다.(논고3-9, 464~465)

이처럼 마키아벨리가 운에 대한 대응책으로 말하는 비르투는 운과 함께 정치에 작용하는 것이긴 하지만, 그가 비르투에 대해 결국은 운이 승리한다는 식으로 전근대적인 주장을 한 적은 결코 없다. 특히 그러한 비르투에 대한 인정은 마키아벨리가 군주국이 아닌 공화국을 정당화하는 근거라는 점에서도 그렇게 볼 수 없다. 마키아벨리가 비르투에 대해 운이 승리한다고 보았다면 공화주의자가 아니라 군주주의자였을 테지만, 그는 그렇지 않았다.

도시나 시민 전체의 비르투

마키아벨리가 《군주론》에서 말하는 비르투는 군주 개인의 것이지만 《로마사 논고》에서 말하는 비르투는 도시나 시민 전체의 것이라는 점을 주의해야 한다. 마키아벨리는 《로마사 논고》 1권 1장에서 이에 대한 설명을 "로마에서 그토록 위대한 비르투가 그토록 오랜 세기 동안 유지되었다"(논고1-1, 69)고 말하는 것으로 시작한다. 즉 어떤 도시가 위대함을 성취하려면 시민 전체가 그런 자질을 갖추어야 한다는 것이다.(스키너2010, 105) 여기서 비르투는 앞에서도 보았듯이 "자신의 이익이 아니라 일반적인 선을 추구하고자 하고, 자기 자손이 아니라 공동의 조국을 염두에" 두는 것이어야 한다.(논고1-9, 108) 이는 플루타르코스 등이 로마 제국의 건설이 비르투(실력)에 의한 것이 아니라 운에 의한 것으로 본 것을 부정하는 것이라고 마키아벨리는 말한다.(논고2-1, 266)

앞에서 나는 마키아벨리의 역사관이 순환론적인 것이라고 했다. 이에 따르면 하나의 도시가 비르투를 가지고 일정한 업적을 달성하면 평온하게 되지만, 그 뒤에는 다시 나태, 무질서, 파멸이 이어지는데 이는 비르투의 상실을 뜻한다. 이처럼 부패한 시민을 마키아벨리는 《로마사 논고》 1권 16장에서 야수에 비유하고, 이어 그런 자들은

"자유를 얻더라도 자유를 유지하기가 대단히 어렵다"고 한다.(논고1-17, 138)

그러한 부패가 발생하는 이유에 대해 마키아벨리는 가령 《로마사 논고》 1권 40장에서 평민과 귀족의 성향으로 설명한다. 즉 평민과 귀족이 각각 과도한 자유와 지배를 원하는 탓이라고 본다. 앞에서 우리는 마키아벨리가 《로마사 논고》 1권 16장에서 귀족과 평민의 갈등을 긍정적으로 보았다고 했는데, 이는 그들이 아직은 부패하지 않고 자신들의 욕구를 일정한 한계 내에서 추구하기 때문이었다. 반면 시민이 부패하면 상황이 달라진다. 먼저 《로마사 논고》 1권 18장에서는 공직자 선출 시 자질이나 능력이 아니라 개인적 이해관계나 권세가 우선되고 법의 제정도 권력을 위해 최악으로 행해지는 것이 다루어진다.

마키아벨리는 그러한 부패는 "불평등으로부터 유래"한다고 보았다.(논고1-17, 141) 현저한 불평등 상태에서는 다수의 빈자들이 소수의 부자들에게 불만을 갖기 마련이고, 그러면 부자가 빈자를 두려워하여 억압한다. 결국은 어느 쪽도 공공이익을 우선시하는 자율적 정치체제인 공화국을 원하지 않게 된다.(논고1-55, 243)

마키아벨리는 《로마사 논고》 1권 16장에서 귀족과 평민의 갈등에 의해 자유에 이로운 법이 제정되고 여기서 좋은 교육이 나와 훌륭한 비르투의 전형을 이룬다고 보았다. 그러나 시민이 부패한 경우에는 좋은 법도 도움이 되지 않고, 이때는 개인의 비르투가 필요하다고 마키아벨리는 본다.(논고1-17, 141) 이는 그가 《로마사 논고》 1권의 9장이나 18장에서도 주장한 것이다.

그리고 그 경우 반드시 나라는 부유하게 하되 개인은 가난하게 하라고 마키아벨리는 말한다. 즉 "잘 정비된 공화국은 그들의 국고를 넉넉하게 하고, 시민은 가난하게 만들어야 한다."(논고1-37, 190) 이 말은 《로마사 논고》 2권 19장과 3권 16장 및 25장에서도 되풀이 된다. 이는 당시에 주류 이론이던 아리스토텔레스 윤리학이 도덕적 행동은 일정한 경제적 여유에서 나오고 자발적인 것이라고 본 견해와 대조적인 것이었다.

5장

현실인 마키아벨리의 시민정치

마키아벨리가 말한 시민형 군주국

시민의 자유와 혼합정

앞에서 설명했듯이 13세기 이래 이탈리아 도시에서는 시민과 귀족이 대립하고 또 황제파와 교황파가 대립하면서 복잡한 항쟁이 이어졌다. 공화정이었던 피렌체도 그런 배경 하에 메디치가의 지배를 받았고, 16세기부터는 외국 세력의 싸움터로 변했다. 신대륙 침략 이후에는 이탈리아 경제가 침체하기 시작했다. 마키아벨리는 그런 난세를 살았다.

그런 난세를 권모술수로 이겨낼 군주를 대망한 탓으로 그 자신이 권모술수의 대가라는 비난을 받아온 그는 사실은 당대의 누구보다도 도시국가의 자유를 중시한 시민주의자였다. 그 자유는 고대 그리스 이래의 전통인 '외부의 지배로부터의 자유인 시민의 자유'를 뜻하는 것이었음은 그가 《로마사 논고》에서 한 다음 말에서 알 수 있다.

> 절대적으로 자기 조국의 안전이 걸린 문제일 때, 정당한가 정당하지 않은가, 자비로운가 잔혹한가, 칭찬을 받을 가치가 있는가 치욕스러운가는 전적으로 고려할 필요가 없기 때문이다. 그 대신 모든 양심의 가책을 제쳐놓고 인간은 모름지기 어떤 계획이든, 조국의 생존과 조국의 자유를 유지하는 계획을 최대한 따라야 한다.(논고3-41, 563)

그는 "시민은 자유를 유지하기 위해 자유를 자신의 수중에 쥐고 있어야 한다"고 했다. 마키아벨리는 철두철미한 세속주의자이자 현실주의자였다. 그 이전의 사람들이 추상적인 자연의 원리나 이성이나 성서에서 지침을 구한 것과 달리 그는 자신이 살아가는 현실 세계를 자신의 경험에 비추어 분석했다. 그는 정치행동의 동기를 아리스토텔레스처럼 인간 본성이 사회적이라는 데서 찾지 않고 야심과 탐욕으로 보았다. 즉 자신들을 다른 이기적 인간들보다 더욱 잘 방어하기 위해 사회를 구성한다고 보았다. 같은 이유에서 인간이 자신과 관련되는 일에서 질서와 평화를 유지한다는 생각은 환상에 불과하다고 보았다. 인간은 불안정한 존재이고 신뢰할 수 없다는 전제 위에 선 그는 역사를 투쟁과 변천의 지속으로 보았다.

마키아벨리가 주장한 시민의 자유는 시민 간의 관계를 통제할 수 있는 세력균형을 의미했다. 이것은 뒤에 유럽 정치사에 무질서를 낳았다는 비판을 받았으나, 당시 정치의 세계를 지배할 수 있는 포괄적인 단일 권력이 없는 상황에서는 유일한 사회통제 수단이었다. 마키아벨리가 말한 이러한 시민의 자유는 바로 주권을 의미했다. 이는 나중에 장 보댕이나 토머스 홉스가 주장하는 전제정의 주권론과도 모순되는 것이 아니었다.

마키아벨리는 시민의 자유 유지 여부는 인간의 신중한 선택에 달려있지만, 그러한 선택의 자유는 절대적인 것이 아니라 환경이나 역사적 조건 등 운명에 의해 제한된다고 보았다. 그러나 그러한 제한에도 불구하고 자유의 본질적인 부분이 도덕과 인간적 존엄을 실현한다고 보았다. 나아가 그러한 선택은 정치적 지도력의 특유한 의무라고 보고, 그러한 의무의 이행을 게을리 한 피렌체 지도자들의 우유부단과 무능함이 이탈리아의 비극이라고 비판했다.(논고1-38, 194)

마키아벨리는 공화국의 안정은 적절한 법제도에 의해 이루어진다고 보면서 균형을 취하는 혼합정체를 주장했다. 즉 군주정, 귀족정, 민주정의 요소를 모두 갖춘 혼합정을 주장했다. 그는 플라톤과 같이 군주정은 참주정으로, 귀족정은 과두정으로, 민주정은 무정부 상태로 쉽게 변한다고 보았다. 또한 플라톤과 같이 민주정은 "자유의 남용"에 이른다고 비판했다.

그러한 상태에서는 공공의 권위도 타인에 대한 존중도 사라지게 되었으며, 그 결과 각 개인은 제멋대로 살게 되어 매일 온갖 악행들을 저지르게 되었다. 그러다가 필연에 강제되거나 어떤 훌륭한 사람의 제안에 따라, 또는 그러한 남용을 걷어치우기 위해 사람들은 다시 한 번 군주정으로 되돌아갔다. 그리고 거기서부터 사태는 이미 설명한 방식대로, 이미 설명한 이유로 인해 단계적으로 자유의 남용을 향해 전개되었다.(논고 1-2, 80)

따라서 마키아벨리는 민주주의자가 아니다. 그는 고대 아테네의 솔론이 민중에 의해 지배되는 민주국가를 조직했기 때문에 솔론의 법이 단명했다고 보고 그를 비난했다.(논고1-2, 81~82) 솔론 이후에 참주정이 이어지고 그 뒤 다시 민주정이 성립되어 솔론을 따랐지만 역시 단명으로 끝났다고 비판했다. 마키아벨리는 로마의 공화정을 이상적인 혼합정으로 보았다.(논고1-2, 83) 그는 공화국의 안정은 적절한 제도적 틀과 종교에 입각한다는 점도 인정했다. 그는 이를 공화제 로마에서 배웠다.

이런 그의 생각은 특수한 이익집단이 통치권력을 조종하려는 시도에 의해 공동선이 위협받아서는 안 된다는 현실주의에서 나왔다. 즉 그는 그러한 특수이익들을 완전히 배제하면 더 위험해지므로 도리어 그것들을 다원화하면 서로 균형을 이루어 그런 위협을 줄일 수 있다고 보았다. 이러한 이익의 다원화는 사상과 표현의 자유를 인정하는 근거이기도 했으나, 그 자신이 그러한 자유를 적극적으로 인정하지는 않았다.

마키아벨리는 시민의 자유와 함께 공화국 시민들의 자치와 공동선도 중시했다. 그는 공동선을 개인적 자유의 기초로 보았고(논고 2-2, 272), 그 자유를 인간의 능력이라고 규정했다. 나아가 그런 능력에 의해 인간은 두려움 없이 자유롭게 자신의 재산을 향수하고 자신과 가족의 명예를 잃지 않는다고 주장했다.(논고1-16, 134) 이처럼 공포로부터의 자유, 즉 개인의 안전이라는 것이 공화제의 가장 큰 장점이라고 보았다. 마키아벨리는 공화제가 정체 중에서 가장 우수하고 공화제에서 사람들은 더욱 풍요해지며 인구도 더욱 늘어난다고 보았다.(논고2-3, 278) "경험이 말해주듯이 도시들은 오직 자유로운 상태에서만 영토나 부의 증대를 이룩하기 때문이다."(논고 2-2, 272)

나아가 마키아벨리는 자유를 법의 지배, 즉 모든 사람에게 똑같이 적용되는 법의 제한과 같은 것이라고 보았다. 법 집행자도 두려워하는 개인이 있고 그 개인이 자의적으로 법의 제한을 무시하는 나라는 자유로운 나라가 아니라고 했다. 반면 자유로운 나라란 법이 효과적으로 귀족과 민중의 나쁜 욕구를 통제할 수 있는 나라라고 했다. 나아가 시민적 자유란 주종관계나 예속이 없는 상태라고 주장했다.

마키아벨리의 자유관

이처럼 마키아벨리의 자유관은 선한 삶에 대한 객관적인 통념을 가정하지 않는다는 점에서 벌린(Isaiah Berlin)이 말한 소극적 자유관에 해당하지만, 그럼에도 정치참여와 시민적 덕의 이상들을 포함한다는 점에서 벌린이 말한 적극적 자유관의 전형도 보여준다. 즉 그는 자유를 개인의 고유한 목표, 자신의 기질을 추구하는 개인의 능력으로 보고, 자유를 위해서는 강제와 노예상태를 피하면서 개인이 특정한 공공기능을 다하고 필수 덕목을 연마해야 한다고 주장했다. 이처럼 시민적 덕을 행사하고 공동선에 봉사해야 하는 이유는 자기 고유의 목적 추구를 허용하는 특정 정도의 인격적 자유를 스스로에게 보증하기 위해서다.

마키아벨리는 평등주의자이기도 했다. 그가 민주적 사고의 소유자라는 점은 자신의 책을 당시 학자들이 사용하던 라틴어가 아니라 민중의 언어인 이탈리아로 썼다는 점에서도 알 수 있으나, 그가 민주주의자는 아님은 앞에서도 말했다. 그는 또 피렌체의 통치기구 중에서 가장 민주적인 평의회를 모든 시민이 참가할 수 있도록 확대하라고 요구하기도 했다.

마키아벨리는 제국과 자유의 공존을 부정했다는 점에서 적극적인 제국주의자는 아니었다. 그는 로마의 살루스티우스(Gaius Sallustius Crispus, 기원전86~기원전34)가 공화국의 자유와 제국의 공존은 필연적으로 자유의 상실에 이른다고 한 견해를 따르면서도 자유의 유지만으로는 외부의 침략에 의해 그것이 상실될 수 있음을 스파르타와 베네치아의 예를 들어 설명하고, 불평등한 연합체인 로마 제국의 방식이 자유와 제국의 타협책이라고 주장했다. 그러나 《군주론》에서는 군주의 지배 확대 방법으로 침략과 함께 식민지 정복을 권유하고, 식민지로 삼은 타국의 재산은 자국의 재산과 다르게 넉넉하게 써서 자국의 병사들로 하여금 복종하게 해야 한다고 주장했다.

스키너는 마키아벨리를 '자유의 철학자'라고 부른다.(스키너 2004, 343) 그러나 이는 스키너가 말하는 '네오 로마적 자유'라는 비지배로서의 자유 개념을 가장 잘 구체화한 사람이라는 의미로 이해돼야 한다. 또한 마키아벨리 사상을 관통하는 개념이 자치(피트킨. 강정인은 피트킨이 말하는 autonomy를 자율로 번역(강정인 2007, 51)하나 자치라는 말이 더 적절하다)라고 주장하는 사람도 있다. 그러나 마키아벨리를 국가로부터의 자유를 의미하는 자유주의의 사상가로 보기는 어렵다. 또한 앞에서 보았듯이 그는 "양심의 가책을 제쳐놓고 인간은 모름지기 어떤 계획이든, 조국의 생존과 조국의 자유를 유지하는 계획을 최대한 따라야 한다"고 했으니 양심과 사상의 자유를 주장한 사람으로 보기도 어렵다. 그가 《군주론》에서 군주의 잔혹한 행위를 정당화하고 장려까지 한 것은 분명한 사실이기 때문이다.

그러나 나는 마키아벨리와 달리 이탈리아 르네상스 시기의 도시공화국이 아테네와 같은 직접민주정은 아니었지만 피렌체 등의 경우 자치적 민주정을 추구한 점을 높이 평가한다. 마키아벨리는 도시공화국을 비판한 홉스, 몽테스키외, 해밀턴, 그람시 등과 대조적이었다.(비롤리, 64~66) 도시공화정을 높이 평가한 공화주의자 비롤리는 그것이 "자유와 정의의 공화국"이 아니라 "가장 부유하고 가장 힘센 소수 가문들에 의해 통치되는 '과두정'"이라면서도(비롤리, 67) 적어도 당시 기준으로는 많은 시민들의 참여를 의도한 정치실험이었다고 평가했다.(비롤리, 69)

공화국의 종말에 대한 역사적 평가도 갈라졌다. 그것을 자유의 종말로 보는 사람들도 있었고, 진보라고 본 그람시 같은 사람들도 있었다. 르네상스의 공화주의가 계몽주의에 크게 영향을 미쳤다고 보는 사람도 있으나, 그 뒤 프랑스혁명에서는 공화주의가 쇠퇴했다거나 이탈했다고 보는 견해도 있다. 그러나 뒤에서 보겠지만, 이탈리아의 19세기 정치가 마치니(Giuseppe Mazzini, 1805~1872)를 비롯해 이탈리아의 통일에 앞장선 사람들은 르네상스의 공화주의 전통을 계승했다.

국가형태와 정부형태

마키아벨리의 정치이론을 논의하는 경우 그가 《군주론》에서는 군주정 내지 군주국, 《로마사 논고》에서는 공화정 내지 공화국을 선호하거나 주장했다고 보는 통설을 어떻게 이해해야 하느냐는 문제가 있다. 나는 이 책에서 지금까지 《군주론》에서 마키아벨리가 주장한 것은 '시민형 군주국'이고 이는 《로마사 논고》에서 그가 설명한 공화국과 거의 같은 것이라고 봄으로써 통설의 문제점을 극복했다. 이 점은 좀 더 상세하게 설명할 필요가 있다.

먼저 국가형태와 정부형태를 구분하여 그 관련성을 검토할 필요가 있다. 마키아벨리는 《군주론》의 1장 처음에서 "모든 국가(stato)"는 "공화국이나 군주국"이라고 하고(군주1, 4), 《로마사 논고》에서도 공화국과 군주국을 구별한다.(논고1-2, 76) 이어 《군주론》의 2장 처음에서는 "공화정에 대해서는 다른 곳에서 길게 논의했기 때문에 이에 관한 논의는 생략한다. 나는 오직 군주국에만 집중할 것"이라고 한다.(군주2, 6) 그 '다른 곳'이란 《로마사 논고》를 가리킨다는 것도 앞에서 말했다.

위에서 인용한 《군주론》 2장의 번역은 '공화국'을 '공화정'으로 옮기고 있으나, 나는 공화국이라고 옮기는 것이 옳다고 본다. 마키아벨리는 국체와 정체, 즉 국가형태와 정부형태를 엄밀하게 구분하지는 않았지만, 여기서 우리는 그가 그러한 구분을 한 사실을 상기할 필요가 있다. 마키아벨리는 국가형태 즉 국체를 군주국과 공화국으로 구분하고, 정부형태 즉 정체를 군주정, 귀족정, 시민정으로 구분한다. 그는 군주국보다 공화국이 더 우수하다고 보고, 공화국의 이상적인 정체는 군주정, 귀족정, 시민정의 혼합정이라고 본다.

마키아벨리는 군주정은 군주국에서 성립하지만 귀족정과 시민정은 공화국에서 성립한다는 전통적인 입장을 따랐다. 여기서 우리는 마키아벨리가 혼합정을 말하는 경우 군주국이 아니라 공화국이 전제가 된 것임을 주목해야 한다. 즉 군주국이 아니라 공화국이 마키아벨리에게는 정치를 말하는 경우 전제조건이었다. 14년간 공직생활을 하면서 그가 관찰하고 고민한 것도 공화국이었다. 그에게 군주국은 다른 나라의 것이거나 고대의 것이었다.

시민형 군주국

마키아벨리 사상의 핵심으로는 앞에서도 말했듯이 사자와 여우, 운과 비르투 등이 항상 언급돼왔다. 그러나 나는 마키아벨리가 《군주론》 9장에서 말한 '시민형 군주국'이 마키아벨리 사상의 핵심이라고 생각한다는 것을 앞에서 몇 번이나 강조했다. 그래서 나는 지난 5백년 동안 《군주론》과 마키아벨리 사상에 대한 수많은 논의가 있었음에도 그 핵심인 시민형 군주정에 대한 논의는 거의 없었던 것은 참으로 이상한 일이라고 생각한다.

《군주론》 9장을 제대로 읽기 위해 그 앞부분을 먼저 살펴보자. 마키아벨리는 군주국을 전제로 《군주론》 2장에서 세습 군주국, 3장에서 혼합 군주국을 다루는데, 3장에서 일국에 의한 타국의 정복과 지배를 거론한다. 즉 정복국과 피정복국의 관계를 다루는 것이다. 이어 4장과 5장에서는 타국의 정복이라는 3장의 주제를 이어받아 피정복국과의 정치구조 상이가 초래하는 통치체제 상이가 고찰된다. 그리고 6장과 7장에서는 국가가 아니라 어떤 개인이 외부로부터 어떤 국가를 그 자신의 지배 하에 두는 것이 취급된다.

이처럼 군주정을 전제로 세습 군주국을 설명하는 2장, 일국이 타국을 정복하는 경우를 다루는 3~5장, 개인이 국가를 정복하는 경우를 다루는 6~7장과 달리 8~9장은 군주정의 내발적(內發的) 성립이라는 주제를 다룬다. 그중 8장에서는 '사악한 방법으로 군주 지위에 오른' 경우가 다뤄지고, 9장에서는 그런 악행에 의해서가 아니라 시민의 지지에 의해 군주가 되는 경우가 다뤄진다. 9장의 경우는 사실상 군주정이 아니라 공화정에 가까운 것이다. 물론 모든 시민이 군주 선출에 참여하는 것이 아니라는 점에서 현대의 공화정이나 민주정과 같은 것은 아니다. 그러나 현실적으로는 공화정이나 민주정에 가깝다. 그러한 평민형 군주정의 구체적인 모습은 대로렌초(로렌초 일 마니피코)에 의한 메디치가 지배체제에서 볼 수 있다. 그런 평민형 군주국이 다시 수립되도록 하기 위해 마키아벨리가 《군주론》을 집필한 것이라고 볼 수도 있다.

마키아벨리는 시민형 군주국은 시민 중 귀족이 지지하느냐 평민이 지지하느냐에 따라 둘로 분류할 수 있다고 한다. 우리는 그것을 귀족형과 평민형으로 구분하여 부르도록 하자. 마키아벨리는 그 둘 중에서 평민형이 귀족형보다 우수하다고 주장하고 그 이유를 다음과 같이 설명한다. 귀족보다 평민이 군주가 지배하기 쉬운 대상이다. 귀족은 재산, 무력, 명성 등에서 군주와 같은 위세를 가지고 평시에는 군주의 의향을 제약하고 전시에는 자신의 이익을 위해 군주에게 반기를 들기도 하지만, 평민의 경우 집단을 이루어야만 귀족과 동일한 힘을 가질 수 있고 개인으로는 군주에 반항할 능력을 갖지 못하기 때문이다. 나아가 평민은 공공선에 따른 분배에 만족하지만 귀족은 그 이상을 요구하는 경향이 있기 때문이다. 따라서 군주가 평민의 환심을 사는 것이 귀족의 환심을 사는 것보다 훨씬 쉽다.(군주9, 49~52)

그런데 9장의 마지막 문단 첫 부분에서 마키아벨리는 "이러한 군주국들은 시민형 체제에서 절대적 유형으로 전환될 때 위험에 봉착하게 된다. 이 군주들은 자신이 직접 또는 자신의 행정관을 통해서 통치하는데, 후자의 경우 군주들의 국가[=권력지위]는 보다 취약하고 위태롭다"고 한다. 이어 마키아벨리는 그러한 위험성에 대해 상세히 설명한 뒤 "따라서 현명한 군주는 시민이 항상 그리고 어떤 상황에서도 국가와 그 자신을 필요로 하게 만드는 방법을 생각해 두어야 한다. 그러면 그들은 항상 충실할 것이다"라고 한다.(군주9, 52) 즉 그는 "시민형 체제에서 절대적 유형으로 전환"의 위험성을 보여주어 그렇게 전환해서는 안 된다고 경고한 것이다.

《군주론》 1~11장에서 마키아벨리는 신군주에게 조언하는데, 신군주는 외국의 정복에 의해 만들어진 자와 내부에서 사악함으로 집권한 자, 그리고 시민형 군주로 나누어진다. 앞의 둘은 각각 보르자와 아가토클레스가 모델인 반면에 시민형 군주의 모델은 없다. 이는 항상 모델 등 구체적 실례를 들어 설명하는 마키아벨리의 논리전개 방식에 비추어 특이한 것이다. 그러나 이는 마키아벨리가 그 모델이 없다고 생각한 탓이 아니라 그 모델이 피렌체 사람들이면 누구나 다 알 정도로 너무나도 친숙한 사람이기 때문이었던 것으로 생각된다. 굳이 모델을 들 필요가 없었던 것이다. 그는 바로 대로렌초와 소데리니다. 소데리니는 마키아벨리가 관직에 있을 때 공화국의 종신 수령이었던 사람이다.

공화국의 문제점

마키아벨리는 공화국의 여러 문제점을 정확하게 알고 있었다. 그래서 《로마나 논고》에서 여러 가지 설명을 한다. 가령 공화국에서도 가장 중요한 것은 지도자 선발이므로 문제가 드러난 지도자는 다시 뽑아서는 안 된다는 것이다. 그는 3권 17장 '한번 혼이 난 인물에게 중요한 임무나 지휘를 맡겨서는 안 된다'에서 로마의 집정관 클라우디우스 네로(Claudius Nero, 기원전 207년 취임)의 예를 들어 한 번 실수한 지도자는 공화국이 다시 지도자로 받들어서는 안 된다고 주장한다.(논고3-17, 493)

마키아벨리가 지적한 공화국의 문제점에는 특히 분열이 있다. 그는 "공화국의 분열은 보통 나태와 평화로부터 비롯되며, 단결의 원인은 두려움과 전쟁"(논고2-25, 378)이라고 말한다. 또한 야심가의 위험성도 문제점으로 지적한다. 특히 어느 정도 부패한 공화국에서 그 위험성이 크다고 한다. 나아가 질투심(논고3-30, 527)과 뛰어난 인물을 무시하는 것도 공화국의 문제점으로 지적한다.

이상 설명한 것 외에도 《로마사 논고》는 공화국의 문제점을 여러 가지 지적하고 있다. 우리는 그러한 지적에도 관심이 가지만, 이 책에서는 더 이상 그것들을 설명하지 않겠다. 중요한 것은 그러한 문제점에도 불구하고 마키아벨리가 공화국이 군주국보다 우수하다고 생각했다는 점이다. 그것은 어떤 점에서인가? 그 이유는 단적으로 다음 구절에 나온다. 앞에서도 인용한 바 있지만 다시 인용해본다.

> 왜 인민들 사이에 자유로운 정부에 대한 애착심이 생기는지를 알아내기란 아주 쉬운 일이다. 경험이 말해주듯이 도시들은 오직 자유로운 상태에서만 영토나 부의 증대를 이룩하기 때문이다. 사실상 아테네가 페이시스트라토스의 참주정으로부터 해방된 이후 100년 동안 거대한 번영에 도달하는 과정을 고찰해보면 참으로 놀라움을 금할 수 없다. 그러나 무엇보다 놀라운 것은 로마가 왕의 속박으로부터 해방된 후 커대란 번영에 이르게 된 과정이다.(논고2-2, 272)

마키아벨리는 《군주론》에서와 같이 《로마사 논고》에서도 그러한 공화국의 위대한 장점은 운이 아니라 비르투에 의해 확보된다고 주장한다.

귀족의 기질과 시민의 기질

《군주론》이나 《로마사 논고》나 시민이 아닌 군주와 귀족에게 바쳐

진 책이다. 그러나 혼합정을 선호한 마키아벨리는 군주에 대해서만 이 아니라 귀족에 대해서도 시민을 우월시했다. 이러한 시민 우월시는 공화국 우월시를 말하는 것이다.

그는 시민은 군주에 비해 열등하지 않다고 하면서, 시민은 "권력을 잡으면 동요하기 쉽고" "변덕이 심하며 배은망덕하다"는 의견과 다른 결론을 내리고 싶다고 말한다. 왜냐하면 그러한 과오에서는 시민이나 군주나 같기 때문이라는 것이다.(논고1-58, 250) 그리고 신중함과 침착성과 관련해서는 "인민이 군주보다 더 신중하고 더 우월한 판단력을 가지고 있다"고 본다고 말한다.(논고1-58, 251)

> 우리가 인민의 모든 결함, 군주의 모든 결함, 인민의 모든 영광, 군주의 모든 영광을 고려해보면 인민이 선량함이나 영광에서 훨씬 우월한 것으로 나타나기 때문이다. 그리고 만약 군주가 법률을 제정하거나, 법률에 따라 공동체를 형성하거나, 새로운 법제도를 설립하는 데 우월하다면, 인민은 이미 조직된 사물을 보존하는 데 우월하여 의심할 여지없이 공동체를 창립한 사람들만큼이나 영광스런 업적을 성취한다.(논고1-58, 252)

한편 귀족과 시민의 관계에 대해 마키아벨리는 시민을 지배하고자 하는 귀족의 기질과 귀족의 지배에서 벗어나고자 하는 시민의 기질의 관계를 놓고 논의한다. 마키아벨리는 지배권의 안정을 바란다면 귀족이 시민을 억압해서는 안 되고, 호민관과 탄핵제도와 같은 민주적 제도를 도입하여 시민을 자유의 방벽으로 삼아야 한다고 주장한다. 즉 시민이 자유를 획득하여 스스로 무장하고 외국으로 이주하면 영토의 제국적 확대가 이루어진다는 것이다.

그러나 마키아벨리에 의하면 어떤 나라나 부패할 수 있다.(논고1-18, 141~146) 그리고 "세상 만물이 존속하는 데 일정한 한계가 있다는 것처럼 확실한 것은 없다."(논고3-1, 411) 부패에 대한 마키아벨리의 대응방안은 로마 공화정 시대의 임시적인 독재집정관(Dittatore) 같은 것을 두는 것이다. 전쟁 등 위기상태에서 임명되는 독재집정관은 전쟁을 끝내고 내란을 진압하기 위해 정해진 목적 범위 안에서 생사여탈권을 갖게 되지만, 임무가 완료되면 즉시 사임해야 하는 직위였다. 독재집정관이 임명되어 활동하는 동안에도 집정관(Consul), 호민관(Tribunus plebis), 원로원(Senatus)은 각각의 직무상 권위와 권력을 가지므로 독재집정관은 지금 우리가 말하는 독재자와는 전혀 다른 위임독재 같은 것이었고, 어디까지나 조화를 이루어 공화정을 유지시키기 위해 불가결한 긴급제도에 불과한 것이었다.

새로운 법과 체제의 창시

마키아벨리는 《군주론》의 앞부분에서 신생 군주의 군주국에 대해 설명하다가 중간에 군주의 군사론과 내정통치론을 설명한다. 그리고 마지막에 운(명)을 논하고는 다시 새 질서의 도입이라는 본래 주제로 돌아간다. 그리고 마지막 장인 26장에서 "새로운 법제와 새로운 체제의 창시만큼 새로이 등장하는 인물에게 큰 명예를 주는 것도 없"다고 한다.(군주26, 132) 즉 그는 자신이 15~23장에서 말한 통치술이 아니라 "새로운 법과 체제의 창시"가 군주에게 가장 중요한 것이라고 본 것이다. 자신이 말한 통치술은 예외적 상태에서 군주의 지위를 안정시키는 기술에 불과한 것이지 "큰 명예를 주는 것"은 결코 아니라는 것이다.

그럼에도 마키아벨리는 "새로운 법과 체제의 창시"와 관련해 《군주론》에서는 군사제도 이외의 다른 것에 대해서는 전혀 말하지 않는다. 이는 《군주론》이 그러한 '창시'에 나설 수 있는 국가를 세우는 일에 관한 책이기 때문일 것이다. 그러한 "새로운 법과 체제"의 내용은 《로마사 논고》에서 설명된다. 이에 대해서는 뒤에서 다시 살펴보도록 하자.

《군주론》과 《로마사 논고》에는 서로에 대해 언급한 부분들이 적지 않으므로 마키아벨리가 두 책을 쓴 기간이 겹친 것은 분명하지만, 언제 각각을 쓰기 시작하고 완성했는지는 분명하지 않다. 지금까지 밝혀진 바는 그가 1513년에 《군주론》을 쓰기 시작했고, 1517년에 《로마사 논고》를 완성했다는 것뿐이다(앞에서도 보았듯이 정정훈은 《군주론》이 1513년, 《로마사 논고》가 1518년에 각각 저술됐다고 하지만(정정훈, 147), 과연 그랬는지 의문이다. 이 문제를 둘러싸고도 논쟁이 있지만 우리는 그런 것에까지 신경 쓸 틈이 없으니 두 권을 바로 읽어보자.

《군주론》과 마찬가지로 《로마사 논고》도 정치체제를 도덕상의 기준에 따라서가 아니라 사실상의 기원과 방식에 따라 분류하는 것으로 논의를 시작한다. 그러나 군주국만을 논하는 《군주론》과 달리 《로마사 논고》는 로마 이래의 모든 도시국가를 다룬다.

마키아벨리에 의하면 도시의 창설은 토착인이나 이주민에 의하지만(논고1-1, 70~71), 우리가 관심을 가져야 할 것은 그중 어느 쪽이냐가 아니라 어느 쪽이든 자유, 즉 창설자들의 비르투가 가장 중요한 요소로 작용한다고 그가 보았다는 점이다. 즉 도시국가는 의존적이지 않고 자립적이라는 것이고, 의존적인 경우는 처음부터 검토의 대상에서 배제된다.

> 나는 애당초 타국에 종속되어 시작된 도시에 대한 논의는 생략하려고 한다. 어떤 종류의 대외적 종속이든 그것과 상관없이 출발한, 곧 공화국이든 군주국이든 처음부터 자신들의 뜻에 따라 통치된 도시들을 논하고자 한다.(논고1-2, 76)

불모의 땅을 정복하는 인간의 비르투

마키아벨리에 의하면 비르투는 장소의 선택과 법제도의 정비라는 두 가지 방식으로 드러난다.(논고1-1, 72) 장소의 선택에 대해 마키아벨리는 불모의 땅을 선택하는 것을 장려하고, 풍요가 초래할 악

영향을 법률의 규제에 의해 방어할 수 있는 경우에만 풍요한 지역에 국가를 건설해야 한다고 말한다.(논고1-1, 73) 이것은 토지의 풍요를 국가 존망의 결정적 요소로 본 전통적 정치철학과 구분되는 마키아벨리의 독창적 견해로 주목할 만하다. 즉 마키아벨리는 불모의 땅을 정복하는 인간의 비르투를 강조한 것이다.

그는 국가 창설의 유형으로 한 인물이 처음부터 강력하게 국가를 창설한 스파르타의 경우와 처음에는 허약하게 시작했으나 점진적인 개혁에 의해 국가를 창설해나간 로마의 경우를 구분한다. 즉 단독의 완전한 입법자에 의해 안정을 이루는 것과 그런 일을 단독자에게 맡기지 않고 다수가 불안과의 투쟁 속에서 창조를 해나가는 것의 차이다. 다시 말해 운(명)으로부터 자유로운 안정을 타자로부터 부여받아 향수하는 것과 비르투를 통해 운(명)에 대항하며 앞으로 나아가는 것의 차이다.

마키아벨리는 "신중한 지도자를 배출하여 그가 제정한 법률을 개정할 필요를 느끼지 않고 그 법률 아래서 백성들이 안전하게 살 수 있는 국가는 진정 행복할지어다"(논고1-2, 76)라고 말한다. 반면 "질서가 완벽하지는 않지만, 좋은 출발을 했고 개선의 여지가 있는 도시는 적절한 기회를 제공하는 어떤 사태가 일어난다면 완벽해질 수 있다"(논고1-2, 77)고 한다. 여기서 우리는 《군주론》에서 국가 창설 시의 영웅적 비르투를 강조한 마키아벨리가 《로마사 논고》에서는 단독 지도자에 의한 일거의 국가 창설이 아니라 오랜 기간에 걸친 점진적 국가 창설을 중시함을 주목해야 한다. 따라서 "건국의 기획에서는 군주의 계기가 핵심적인 것이다"(정정훈, 149)라는 주장에는 문제가 있다. 마키아벨리는 《로마사 논고》 1권 9장에서 군주에 의한 건국을 '일반론'으로 보았지만(논고1-9, 108), 시민에 의한 건국이라는 예외도 인정하고 오히려 그 예외를 더 중시했다고 볼 수 있다.

그 보기가 로마인데, 마키아벨리의 위와 같은 견해는 특히 로마가 공화정이었음을 강조한 것이다. 마키아벨리가 폭력에 의해 창설된 국가보다 "절대 다수의 일반적 동의에 의해 수립된 위대한 정부"(논고3-7, 458)를 찬양한 것은 바로 그러한 공화정 방식의 국가 창설을 더 훌륭한 것으로 보았음을 보여준다.

국가를 유지하는 방법

마키아벨리는 국가를 안정적이고 활기 있게 유지하기 위해서는 시민의 적극적인 정치활동이 필요하다고 보았다.

> 일단 조직된 정부는 그것을 유지하는 부담이 단지 한 사람의 어깨에만 걸려 있다면 오래 지속될 수 없다. 그러나 정부를 많은 사람들이 보살피게 될 때, 즉 그 유지가 많은 사람의 책임에 내맡겨질 때 그것은 실로 오래 지속된다.(논고1-9, 109)

마키아벨리는 "왜 인민들 사이에 자유로운 정부에 대한 애착심이 생기는지를 알아내기란 아주 쉬운 일"이라며 다음과 같이 말한 것을 우리는 이미 앞에서 보았지만 여기서 다시 인용해본다.

> 경험이 말해주듯이 도시들은 오직 자유로운 상태에서만 영토나 부의 증대를 이룩하기 때문이다. 사실상 아테네가 페이시스트라토스의 참주정으로부터 해방된 이후 100년 동안 거대한 번영에 도달하는 과정을 고찰해보면 참으로 놀라움을 금할 수 없다. 그러나 무엇보다 놀라운 것은 로마가 왕의 속박으로부터 해방된 후 커대란 번영에 이르게 된 과정이다.
>
> 이러한 번영의 이유는 이해하기 쉬운데, 도시를 위대하게 만든 것은 개별적인 선이 아니라 공동선이기 때문이다. 하지만 오늘날 이러한 공동선은 의심할 여지없이 공화국에서만 중요한 것으로 간주된다. (논고 2-2, 272)

여기서 공동선이란 바로 공동 이익이고, 공동 비르투라고도 할 수 있다. 마키아벨리는 《로마사 논고》 1권 58장 '다중은 군주보다 더 현명하고 더 안정되어 있다' 등에서 이를 상세히 설명하면서 강조한다. 특히 로마의 혼합정을 그 예로 들면서 "로마가 자유를 향유할 수 있도록 제정된 모든 법률은 그들의 불화에서 비롯된 것"(논고1-4, 86)이라고 한다. 즉 평민과 귀족의 대립과 내분이 로마를 약화시키기는커녕 더욱 강력하게 만들었다는 것이다. 반면 로마가 몰락한 이유는 시민들이 자신의 사적 이익을 위해 자유를 포기한 탓이라고 본다. 그리고 마키아벨리는 그것이 "불평등으로부터 유래"했다고 보았음은 앞에서 설명했다.(논고1-17, 141)

그러한 불평등을 제도화하는 주체는 귀족이므로 마키아벨리는 귀족이야말로 로마 멸망의 원인이라고 본 것이었다. 《로마사 논고》 1권 55장에서 가져온 다음 인용문에서 귀족에 대한 마키아벨리의 태도를 살펴보자. 번역서에서 인용하다보니 귀족(원어는 gentiluomini)을 신사로 번역한 것을 그대로 놔두니, 이를 주의하며 읽어보자.

> 신사라는 이 호칭이 무엇을 의미하는지 설명하기 위해 나는 토지소유에서 나오는 수입으로 일하지 않고도 사치스럽게 사는 자를 신사라고 부르겠다. 그들은 농업이나 생계를 영위하는 데 필요한 다른 직업에 대해 아무런 주의를 기울이지 않는다. 이 같은 부류의 사람들은 모든 공화국은 물론 모든 나라에 위험한 인물들이다. 그러나 더더욱 위험한 인물들은 그러한 재산 이외에도 성곽을 가지고 있고 그들에게 복종하는 신민을 보유하고 있는 자들이다.(논고1-55, 241)

또한 마키아벨리는 통치자의 자질이 아닌 제도의 관점에서 가령 공동체에 파쟁이 발생하고 분열되는 것을 방지하기 위해 공적 탄핵 제도와 임시 독재집정관 제도 등의 도입을 주장했는데, 이는 탄핵 자체를 제도적 위협으로 본 로마 시대의 리비우스나 키케로의 견해와 다른 것이라는 데 주목해야 한다.

정부형태에 대한 논의

마키아벨리는 국가의 영속성을 보장하기 위해서는 국가 창설의 방식만이 아니라 대내외 정치도 중요하다고 말한다.(논고1-1, 76) 이어 정부형태에 대해서는 아리스토텔레스 이래의 전통에 따라 군주정, 귀족정, 시민정과 그 각각의 타락 형태인 참주정, 과두정, 중우정(무정부상태)을 구분한다.(논고1-2, 78)

다른 사람들이 쓴 책에서 흔히 민주정 또는 민중정부라고 부르는 것을 나는 여기서 시민정이라고 부르는데, 이는 르네상스 당시에 시민이 참여하는 시민정은 있었어도 오늘날 우리가 말하는 민주정이나 민중정부와 같은 것은 없었다고 보기 때문이다. 앞에서도 말했듯이 시민정이란 일정한 자격을 가진 시민만 참여하는 정부를 뜻한다. 시민을 다중이라고 번역하는 경우도 있으나 당시의 시민은 제한된 범위의 사람들이었음을 주의해야 한다.

이러한 구분이 아리스토텔레스 이래의 전통적인 방식임은 물론이다. 그러나 아리스토텔레스가 정부형태를 말할 때에는 보편적인 목적론적 질서 하에서의 고정된 형태로 그것을 설명했지만, 마키아벨리는 폴리비오스의 정부형태 순환론에 입각해 역사적이면서 발생론적으로 그것을 설명한다는 점이 다르다.

> [좋은 정부의] 각각은 그것과 연관된 것[나쁜 정부형태]과 너무 유사해서 한 형태에서 다른 형태로 쉽게 변형된다. … 그러므로 공동체를 조직하는 자가 처음의 세 가지 형태 중 어느 하나를 세운다면, 그는 단지 일시적으로 지속되는 데 불과한 정부형태를 세우는 셈이 된다. 왜냐하면 그 경우에 덕이 악덕과 공존하기 때문에 어떤 대비책을 세워도 좋은 정부형태가 그 반대 형태로 변형되는 것을 도저히 막을 수 없기 때문이다.(논고1-2, 78)

이어 마키아벨리는 정부의 기원과 정부형태의 순환에 대해 설명하는데, 최초의 정부인 군주정이 성립되는 이유를 그 전의 정치이론에서처럼 정의나 신의(神意) 따위에서 찾는 전통적 견해와 달리 '자기 방위'에서 찾은 점(논고1-2, 78), 그리고 해악의 방지를 위해 법이 제정되었다고 본 점(논고1-2, 79)이 주목된다. 마키아벨리가 본래의 군주정은 민중에 의한 선출로 출발했으나, 그 뒤에 세습에 의한 것이 되면서 "쉽사리 타락하게 되었"다고 본(논고1-2, 79) 점도 주목할 필요가 있다.

마키아벨리는 "세 형태의 좋은 정부는 단명하고, 세 형태의 나쁜 정부는 사악하"므로 "처음의 세 가지 좋은 정체가 갖는 성격을 모두 다 포함한 하나의 정체를 택"하는 것이 "가장 견실하고 안정된 것"이라고 말한다. 그리고 그 이유는 "서로가 서로를 견제하기 때문"이라고 한다.(논고1-2, 81)

따라서 마키아벨리는 공화정이 아니라 군주정, 귀족정, 시민정이 섞인 혼합정을 이상으로 삼았다고 할 수 있다. 즉 군주와 귀족과 민중이라는 세 개의 계급이 결합된 혼합정이 그의 이상적인 정부형태였다. 이 점에서도 마키아벨리는 폴리비오스 이래의 고전적인 3부(계급) 구성 모델을 따르고 있다. 이는 몽테스키외나 미국 연방주의자들의 3기능(권) 모델과는 전혀 다른 것이다.

혼합정의 역사적 모범

이러한 마키아벨리의 정부형태론은 당시 피렌체의 현실에서 나온 것이었다. 14세기 중엽부터 16세기 초엽에 이르는 시기에 이탈리아 도시국가는 고대 그리스·로마와 달리 노예 없이 정치적 자유를 달성했다는 점에서 역사적인 의미를 갖는 것이었다. 즉 인구의 반 이상을 차지하는 노예가 경제적 부를 축적하는 데 동원되지만 그런 일과 무관한 시민이 공적이고 개인적인 자유로서 정치적 자유를 행사한 고대 그리스·로마의 공화국과 달리, 그리고 개인간의 자유로운 교환이 국부의 증대를 초래한다는 계몽사상가들의 주장과 달리 국부(영토)의 유지와 확대가 공화주의적 자유에 의해 촉진된다는 점을 발견한 것이었다. 물론 이는 전체 인구 중 제한된 사람들만을 시민으로 인정하는 것이므로 현대 민주정에 비해서는 한정된 것이었음을 주의해야 한다. 다른 사람들이 민주정이라고 부른 것을 나는 시민정이라고 부르는 이유가 바로 이 점에 있다.

군주정, 귀족정, 시민정의 제도적 혼합에 의해 안정과 영속을 달성한 사례로 볼 수 있는 베네치아의 정체를 피렌체가 본격적으로 모방하기 시작한 것은 1494년 피에로 데 메디치가 추방되고 이른바 '베네치아의 신화'가 수입되면서 부터였다. 그 결과로 피렌체에서 3000명으로 구성되는 대평의회와 원로원이 설립됐고, 1502년에 종신 수령으로 피에로 소데리니가 선임됐다. 베네치아의 대평의회는 구성원이 유력 귀족으로만 한정된 것이었으므로 피렌체의 대평의회가 더 민주적이었다.

마키아벨리는 그러한 정체의 피렌체에서 공무활동을 했다. 그는 그 전의 휴머니스트들과 달리 메디치가의 추방과 복귀, 그리고 프랑스라는 외적의 침략을 경험했다. 전자는 혼합정 내부에서의 군주(참주)의 통치술, 후자는 대외적 독립이라는 문제를 마키아벨리에게 제기했다. 따라서 그는 여러 계층의 혼합을 최초의 제도로 확립한 뒤에는 그것을 방임해서는 안 되고, 언제나 감시하고 통치해야 할 필요성이 있고, 더 나아가 나라의 자유를 지키면서 군사적 확대를 달성할 필요가 있음을 절감했다.

그러한 필요성으로부터 그는 역사를 검토한다. 먼저 기원전 6세기에 아테네에 도입된 솔론의 민주정은 귀족을 배려하지 않고 "오직 민중에 의해 조직되는 국가를 지향했기 때문에" 단명으로 끝났다고 마키아벨리는 지적한다.(논고1-2, 81) 이어 그는 로마와 스파르타의 비교에 집중한다.

마키아벨리가 혼합정 실현의 성공사례로 든 것은 "왕, 귀족 및 민중에게 각각의 몫을 인정하는 법률을 스파르타에 마련해줌으로써 그 국가로 하여금 800년 동안이나 지속하도록 만들었"던 리쿠르고스의 사례다.(논고1-2, 81) 리쿠르고스가 수립한 체제는 최고 의사결정기관인 민회와 함께 두 사람의 왕, 28명의 원로가 참여하는 원로회로 구성됐다. 원로회는 민회의 결정에 대해 거부권을 행사할 수 있었고, 왕의 권한은 군대 지휘권과 제사 관장권에 한정됐다. 스파르타에서 두 사람의 왕을 두는 체제는 기원전 2세기까지 이어졌고, 어느 시점부터는 민회가 일반시민 중에서 5명을 뽑아 그들에게 국정의 최고권을 부여했다.(미첼, 26; 카트리지, 62)

로마의 혼합정이 성립된 경위는 스파르타의 경우와 달랐다. 로마에 리쿠르고스와 같은 역할을 한 입법자는 없었으나 군주정과 귀족정에 각각 해당하는 집정관과 원로원이 있었고, 뒤이어 평민의 이익을 대변하는 호민관이 설치되어 결과적으로 민주정의 요소까지 갖춘 혼합정이 성립됐다. 이에 대해 마키아벨리는 "세 유형의 모든 정부형태가 자기 몫을 갖게 됨으로써 공화국의 조건은 더욱 견고해졌다"고 보았다.(논고1-2, 83)

나아가 마키아벨리는 귀족과 평민 사이에 끊임없는 투쟁이 있었다는 점이 로마가 아테네나 스파르타와 다른 점이라고 주장한다. 즉 혼합정의 장점은 내적 안정이 아니라 그 반대인 내적 불안정에 있다는 것이다. 이는 마키아벨리가 군주, 귀족, 평민이 각각 갖는 덕인

지혜, 명예, 자유 사이의 협력을 중시한 고대 이래의 도덕적 혼합정 개념을 부정하고, 그 대신 욕망의 충돌로서의 계층간 갈등과 균형에 입각한 혼합정 개념을 주장한 것으로 볼 수 있다.

고대 로마에서는 귀족과 평민의 정치적 대립에 의해 호민관 제도와 탄핵제도가 설립됐고, 그것에 의한 투쟁적 균형이 공적 제도로 자리 잡았다. 또 평민에게 무력이 주어지고 이민이 인정되어 로마는 대외적으로 확대됐다.(논고1-5~6, 88~98) 이런 내적 대립 제도화와 외적 군사적 확대 둘 중에서 마키아벨리가 보다 더 강조한 것은 내적 대립 제도화의 결과로서의 외적 군사적 확대라는 주장이 있다. 이러한 주장은 《로마사 논고》 2권 2장에 나오는 다음 말을 근거로 삼는다.

> 왜 인민들 사이에 자유로운 정부에 대한 애착심이 생기는지를 알아내기란 아주 쉬운 일이다. 경험이 말해주듯이 도시들은 오직 자유로운 상태에서만 영토나 부의 증대를 이룩하기 때문이다.(논고2-2, 272)

그러나 마키아벨리는 교황 알렉산데르 6세와 그의 아들 체사레 보르자가 피렌체를 수도로 하여 토스카나 제국을 수립하려고 하는 것을 알고 그 위험성을 경고한 것에서 알 수 있듯이 제국적 확대에 적극적이지는 않았음에 주목할 필요가 있다.(Hörqvist, 105)

하층민을 배제한 공화주의

마키아벨리는 피렌체 공화국의 요직에 있었으나 미켈란젤로와 같은 공화주의 투사는 아니었다. 고대 스파르타나 로마의 공화정을 혼합정체론의 관점에서 이상화한 폴리비오스나 키케로는 마키아벨리가 살던 시대에 인기를 끌었고, 마키아벨리에게도 호감을 주었다.

마키아벨리의 혼합정체론은 그가 1520년 말에 쓴 《소로렌초 사후의 피렌체 통치론》에서 분명히 나타난다. 그는 피렌체와 같이 시민의 평등이 상당히 정착한 곳에서는 공화제밖에 생각할 수 없고, 그런 경우 일반적으로 상중하의 3계층이 있으므로 그 각각에 정치적 권리를 보장하는 것이 나라의 안정을 위해 불가결하고, 피렌체의 경우 메디치가의 인물에게 입헌군주적 지위가 부여돼야 하며, 일반적으로 군주제를 채택하면 군주와 민중 사이를 조정하고 군주의 고립을 방지하는 귀족의 역할이 중요하므로 귀족에게 적절한 권한이 보장돼야 한다고 주장했다.

그 뒤 그는 《피렌체사》에서 로마에서는 평민이 귀족과 공동으로 정권을 담당했으나 피렌체에서는 1497년 사보나롤라가 집권한 이후 유력한 귀족들을 추방하여 피렌체가 고귀함을 잃고 정치적 약체화가 초래됐다고 보았다. 본래 귀족이면서 중층 시민(소데리니파)에 속한 마키아벨리는 메디치가와 연결된 상층 귀족의 정치 독점에는 반대했으나, 마찬가지로 하층민(소상인, 수공업자, 노동자 등)도 신용하지 않았다. 그래서 《피렌체사》에서는 치옴피의 난에서 보듯이 하층민은 충동적이며 종종 독재자를 지지하여 중우정치를 초래한다고 보았다. 따라서 그를 공화주의자라고 한다 하더라도 하층민을 포함하는 현대적인 의미에서의 공화주의자라고 할 수는 없다. 물론 하층민 배제 입장은 유럽 정치사의 전통으로서 플라톤으로부터 헤겔에 이르고, 심지어 베버에게서도 나타난다.

마키아벨리의 조국애

조국애는 마키아벨리의 정치윤리에 중심이 되는 개념이다. 즉 그의 정치학은 조국의 자유를 유지하는 것이 목적이었고, 그것을 위한 기동력이 조국애라고 그는 보았다. 《로마사 논고》 41장 '치욕스럽게든 영광스럽게든 조국은 방어되어야 한다. 방법이 어떠했든지 간에 방어에 성공했다면 그것은 적절한 것이다'에서 그는 다음과 같이 말한다.

> 절대적으로 자기 조국의 안전이 걸린 문제일 때 정당한가 정당하지 않은가, 자비로운가 잔혹한가, 칭찬을 받을 가치가 있는가 치욕스러운가는 전적으로 고려할 필요가 없기 때문이다. 그대신 모든 양심의 가책을 제쳐놓고 인간은 모름지기 어떤 계획이든, 조국의 생존과 조국의 자유를 유지하는 계획을 최대한 따라야 한다.(논고3-41, 563)

여기서 조국애의 대상인 조국이 이탈리아인지 피렌체인지에 대해서는 논쟁이 있으나, 이탈리아의 통일을 말하는 경우를 제외하고는 일반적으로는 피렌체로 봐야 한다. 그러나 19세기에는 마키아벨리가 말한 조국애의 구체적인 대상이 무엇인가와는 관계없이 그가 말한 조국애가 민족주의자의 그것으로 이해됐다. 막스 베버는 자신의 마지막 강연인 《직업으로서의 정치》의 마지막 부분에서 이 점을 특히 강조했다. 그러나 민족주의라는 개념이 없었던 16세기에 마키아벨리가 말한 조국애를 19세기적 개념인 민족주의로 해석한 것 자체가 문제라고 할 수 있다.

마키아벨리의 열렬한 조국애는 《군주론》의 마지막 26장에서 표현된다. 이 부분은 마키아벨리를 독재군주에 대한 조언자, 기회주의적 절충주의자, 도덕적 중립주의자, 정치적 결단주의자 등으로 보는 사람들을 가장 당혹스럽게 하는 부분이다. 그가 말하는 조국의 가치와 그것을 회복하는 비르투를 대망하는 그의 태도는 그가 좋은 시민인가 아닌가, 좋은 인간인가 아닌가라는 구별을 전제로 하는 고대 그리스의 철학이나 기독교의 영향을 받지 않았음을 보여준다. 그는 사적 선과 공적 덕을 관련시키지 않으며, 조국의 위기가 형성하는 조국애가 나쁜 개인을 좋은 시민으로 만든다고 본다. 조국애는 법제도와 모범에 의한 훈련을 통하여 유덕한 시민을 만들어낼 수 있다는 것이다. 사적 선은 그것이 유지된다는 외양만으로 충분히 공적 효력을 발휘한다.

19세기 전반에 독일의 헤겔이나 랑케, 영국의 매콜리 등은 《군주론》 26장을 평민에서 나오는 국민통합운동을 주장한 초기 사례로 해석하고, 마키아벨리를 인민해방적 민족주의자라고 평가했다. 20세기에 와서 《군주론》의 사상을 민족주의로 해석하는 경향은 사라졌지만, 이 책에 대한 인민중심주의적 해석은 그람시와 알튀세르로 이어졌다. 특히 프리드리히 마이네케는 1923년에 나온 《군주론》의 독일어판에 쓴 서론에서 26장은 다른 부분과 동떨어진 인문주의의 수사학적 장광설이자 부가적인 결론이라고 했다. 또한 마키아벨리는 야만족 추방이라는 중세 후기 서양인의 생각을 대변한 것에 불과하고, 그가 말한 이탈리아의 통일은 인민의 문화적 통일이 아니라 피렌체의 통일, 즉 피렌체를 침략한 외적을 물리치고 각 지역이 군주에게 복종하는 것이며, 이를 위해 그는 군주에게 정치행동에 나설 것을 요구한 것이라고 보는 견해도 나왔다.

그러나 26장에 나오는 애국심은 고대 로마 이래의 공화주의적 조국애에 불과하다고 보는 비롤리(Maurizio Viroli)의 견해도 있다. 즉 마키아벨리가 말한 애국심은 키케로 이래의 선에 대한 시민의 사랑과 비르투, 즉 공무에 대한 헌신과 공화적 자유의 부흥을 동기지우는 정열을 말한 것에 불과하다는 것이다. 키케로에 의하면 공감에 근거한 공동체에 대한 애착으로서의 조국애는 전통에 대한 향수나 향토애나 육친에 대한 사랑과 구분될 뿐 아니라 그 위에 있다. 이처럼 조국애를 시민적 비르투와 동일시하는 키케로의 정신은 르네상스 휴머니스트들에게도 계승됐다.

비롤리는 마키아벨리가 조국과 공동선을 동의어로 사용할 뿐 아니라 조국을 위해 공헌한 비르투를 가진 남자들의 행위(vir virtutis)를 이야기한다는 점에서 그러한 로마적 공화주의 전통과 휴머니스트들의 견해를 배웠다고 본다. 그러나 마키아벨리의 조국애는 휴머니스트인 브루니의 조국애와 구별된다. 앞에서 보았듯이 브루니의 《피렌체 찬가》는 그야말로 민족주의적 입장에서 피렌체를 최고라고 미화한 반면 마키아벨리는 피렌체를 상대화하기 때문이다.

마키아벨리의 이런 상대적 관점은 그가 《피렌체사》에서 피렌체의 기원이 노예적이었고, 부정의 전쟁에 의한 것이었다고 한 데서도 볼 수 있다. 이는 로마 공화정 영토의 계승자라는 이유에서 피렌체를 정당화한 브루니의 견해와 확연히 다르다. 마키아벨리는 《피렌체사》의 서문에서 그 책의 주제가 "피렌체가 자유를 상실하고 쇠퇴함에 따라 초래된 비르투의 결여와 부패"라고 한 점에서도 알 수 있다.

국가이성이라는 개념과 마키아벨리

마키아벨리는 국가이성이라는 개념을 주장한 적이 없다. 마키아벨리를 보편적 자연법이 아닌 국가의 개별 이익을 중시한 국가이성론의 선구자로 본 프리드리히 마이네케나 베네데토 크로체의 주장은 20세기 후반 이후에는 거의 부정되고 있다. 그러나 한국에서는 진원숙 등이 지금도 그러한 주장을 하고 있으니, 이에 대해 간단히 살펴볼 필요가 있다.

마이네케와 카시러는 국가라는 단어를 지배자 및 피지배자와 독립해서 작용하며 제도화된 권력의 핵심적 소재가 되는 공권력이라는 뜻으로 최초로 사용한 사람이 마키아벨리라고 했다. 그러나 《군주론》에 115회 등장하는 국가(stato)라는 말은 '왕의 신분'과 같은 용어에서 그것이 그대로 쓰인 데서 보듯이 '상태'나 '조건'이라는 중세적 의미와 관련이 있다.(Hexter)

마키아벨리의 국가(stato)는 근대 주권론에서 말하는 '국토와 국민으로 구성되는 권력의 영역'이 아니라, 주권보유자(군주, 귀족, 시민)와 불가분한 인격국가의 전통 속에 있고 유동적인 주권보유자에 의해 형태가 좌우되는 것이다. 따라서 주권보유자 없이도 자립적 시스템일 수 있는 근대 국가의 중립적 권력기구와는 성격이 다르다. 또한 마키아벨리가 말한 국가는 법집행력의 범위를 보여주는 법학적 개념으로서, 그 중심은 지배수단으로 이전될 수 있는 주권이 아니라 공공성을 구성하는 공민공동체다.

국가라는 개념을 치자와 피치자 모두로부터 분리되어 있는, 일정한 영토에 대해 최종적 관할권을 가진, 불편부당하고 법적으로 한정된 권력의 체계를 의미하는 것으로 사용한다면, 그것은 16세기 말에 창안된 것이다.(헬드, 71)

국가이성론을 "국가의 윤리적 자립성을 국가이익의 자립성이라는 관점에서 기초지우고, 그것을 이론적으로 정당화하는 논의"라고 한다면, 마키아벨리에게는 국가의 윤리적 자립성이라는 발상은 있었지만 국가이익이라고 하는 발상은 없었다고 볼 수 있다. 도리어 그에게는 국가의 자립성을 경제영역과 구별된 공적 영역으로 보고, 그것을 정치적 자치의 자유와 군사적 자립으로 끌어당겨 해석하는 고전적 공화주의의 전통이 남아 있었다.

또 허쉬먼은 16세기 후반에는 interest라는 말이 개인의 물질적, 경제적 '이익'이 아니라 국가통치 기술의 합리적 개량에 대한 '관심'이라는 뜻으로 사용됐고, 마키아벨리는 국가 지배자인 군주의 유형별 특징을 서술하는 것을 통해 '국가이익'과 '통치기술로서의 국가이성'이라는 쌍둥이를 낳았다고 했다.(허쉬먼, 40~41) 즉 처음에는 군주의 통치술 개량안으로 제시된 interest가 반드시 경제적, 금전적 이익에 한정되지 않은 탓에 정책결정 이념으로는 무용한 것으로 여겨졌으나 개인의 이해관심을 의미하는 뜻으로는 사용되다가 17세기에 다시 경제 주도형 '국익' 개념으로 부활했고, 이와 함께 금전욕에 의해 권력욕을 억제한다는 내용의 경제학이 탄생했다는 것이다. 마키아벨리는 정치와 경제를 분리했으나, 결국은 그의 주장과는 거꾸로 국가의 경제적 이익을 증대시키기 위한 통치술이 경제학으로 등장하게 됐다는 것이다.(허쉬먼, 42~43) 여하튼 국가이성이라는 말은 마키아벨리가 처음 사용한 것이 아니고, 그보다 앞 또는 뒤에 다른 사람들이 사용하기 시작했다는 견해가 제기돼왔다.(곽차섭)

마키아벨리의 법·교육·종교론

인간관의 연장선에서 법과 교육을 중시

법과 교육에 대한 마키아벨리의 논의는 그의 사상에서 매우 중요하다. 그리고 이것은 앞에서 본 그의 인간성론과도 관련된다. 그는 인간의 근원적인 동력인(動力因) 중에 야망 또는 야심(ambizione)이 있고, 특히 귀족은 자기과시욕이 높으며, 인간에게는 소유욕도 강하다고 본다. 그리고 이러한 야망과 소유욕이 내란과 전쟁의 원인이 된다고도 본다.

> 야망이란 인간의 가슴속에 있는 매우 강력한 충동이기 때문에 아무리 높은 지위에 오른 사람이라도 야망이 충족되는 경우란 결코 없는 법이다. … 그리하여 인간의 운명은 부침을 겪게 되는데, 이는 어떤 사람

은 더 많이 얻기 위해, 다른 사람은 이미 얻은 것을 잃을까 두려워하면서, 사람들이 서로 불화나 전쟁에 빠지게 되기 때문이다.(논고1-37, 189~190)

그러나 이 서술은 역사에서 나타난 일부 인간들의 행동을 묘사한 것이지 야심을 전면적으로 긍정한 것도, 야심에 의해 움직이는 인간을 정치론의 기초에 둔 것도 아니다. 마키아벨리는 정신의 이러한 경향이 개인적으로도, 집단적으로도 인간의 자기확대 운동을 불러일으키고, 악(내란, 억압, 위선 등)의 근원이 되며, 질서와 형식을 계속 손상시킨다고 본다.

마키아벨리의 이러한 견해는 성악설과도 연관되는 측면이 있으나, 동시에 그는 야심이나 소유욕이 악에 대립하는 덕의 측면, 즉 비르투(위업, 강한 결속, 공공심 등의 선의 측면)의 원동력이 되는 측면도 있다고 본다. 즉 야심이나 소유욕에 내재하는 비르투의 힘을 사회제도나 훈련이 갖는 인간 형성의 힘에 의하여 발휘되도록 노력하는 것이 중요하다고 보았다.

이러한 마키아벨리의 인간관은 토머스 홉스의 성악설처럼 연역적 방법에 의한 인간관에서 출발하여 인간은 스스로 통제할 수 없으니 법이나 국가를 통해 인간의 자유를 외부에서 억압하는 장치가 필요하다고 보는 견해와 다르다. 홉스의 입장에서는 법이나 교육에 의한 인간 개조의 여지가 없다. 그러나 마키아벨리는 훌륭한 시민을 기르기 위해 법과 교육이 중요하다고 본다. 즉 마키아벨리의 인간관은 성악설이나 성선설 중 어느 하나가 아니다. 인간을 성선이나 성악에 고정된 존재로 보는 것이 아니다. 그는 사회생활을 통해 여러 제도로부터 받은 영향에 의해 선하게도 될 수 있고 악하게도 될 수 있는 가변적 존재로 인간을 바라본다. 이것은 동태론적 인간관이라고 할 수 있다.

가령 우리가 앞에서 본 《로마사 논고》의 "모든 인간은 사악하고, 따라서 자유로운 기회가 주어지면 언제나 자신들의 사악한 정신에 따라 행동하려 한다"(논고1-3, 84)는 말을 할 때 마키아벨리가 "자유로운 기회가 주어지면"이라는 조건을 붙이고 있음을 주목해야 한다. 그는 이어 몇 줄 뒤에서 "많은 선택이 있고 과도한 자유가 허용되면 만사가 순식간에 혼란과 무질서에 빠진다", "그러므로 굶주림과 빈곤은 사람들을 근면하게 만들고, 법률은 사람들을 선량하게 만든다"고 한다.(논고1-4, 85) 더 나아가 그 다음 장에서는 "좋은 모범적 처신은 좋은 교육에, 좋은 교육은 좋은 법률에" 의한다고 한다.(논고1-5, 87)

무법과 무질서 상태가 인간을 타락시키고 반대로 좋은 법과 정치제도가 정비된 상태에서는 범죄가 예방될 뿐만 아니라 훌륭한 인간이 만들어지기도 한다고 본 마키아벨리의 제도론은 현대의 탁월주의 이론으로 이어지고, 동시에 아리스토텔레스 이래의 전통인 제도적 윤리학과도 이어지는 것이라고 할 수 있다. 따라서 마키아벨리의 사상을 전통적 윤리학과 무관하다고 볼 수는 없다. 특히 고대 군사학에서 발달한 군대에서의 규율 중시와 관련된다. 이는 마키아벨리가 《전술론》에서 다루었음을 앞에서 보았다.

또한 마키아벨리의 제도론은 그 뒤 근대국가에서 본격적으로 전개되는 규율화의 선구가 됐다. 여기서 규율화란 지도자나 지도부가 주도하여 생활태도나 환경을 개선하고 이를 통해 인간을 개조하는 운동을 가리킨다.

공동생활의 윤리적 힘을 강조

마키아벨리가 훌륭한 시민 형성을 위한 제도적 장치로 본 것에는 법률의 효과 외에 공동생활 자체가 시민의 공공심을 육성하는 윤리화의 힘, 그리고 덕 있는 지도자가 시민에게 주는 윤리적 감화가 있다. 공동생활의 윤리적 힘에 대해 마키아벨리는 다음과 같이 말한다.

> 따라서 내가 말한 대로 어떤 공동체에서든 함께 살고 있는 사람들은 이러한 외부적 사건에 자극받아 또는 내부의 자체적인 판단에 따라 스스로를 자주 점검해볼 필요가 있다. 후자에 관해 말하자면 그 동인은 법이나 좋은 사람이다. 법은 종종 공동체 내에 있는 사람들의 기록을 검토하도록 만든다. 구성원들 중에서 출현한 좋은 사람은 훌륭한 언변과 정력적인 행동으로 실제로 법률과 동일한 결과를 만들어낸다. 그런즉 공화국에서 이처럼 좋은 결과는 사람의 덕에 의해 또는 법의 덕에 의해 발생

한다.(논고3-1, 413)

이는 전통적 윤리학에서 자녀 교육의 목표를 착하게 통치되는 폴리스의 구성원이 되게 하는 것으로 본 견해의 답습이었다. 이는 시민군은 군대훈련과 군생활을 통해 공공심을 갖게 된다고 본 견해와도 같았고, 헤겔과 베버를 거쳐 현대의 공동체주의자에 이르는 전통을 형성해왔다. 그러나 여기서 주의할 점은 법이나 공동체가 억압이나 탄압의 도구가 되는 것이 아니라 윤리와 정의에 합치돼야 하고, 지도자가 도덕적이어야 하지 억압적이거나 강권적이거나 기만적이어서는 안 된다는 것, 즉 마키아벨리즘적인 지도자는 배제돼야 한다는 것을 마키아벨리가 말하고자 했다는 것이다. 따라서 인간으로 하여금 공공심을 갖게 하는 것은 억압된 생활이 아니라 자유로운 생활이고, 그것을 가능하게 하는 자유로운 정부라는 것이다. 앞에서 인용했던 구절을 다시 인용해보자.

왜 시민들 사이에 자유로운 정부에 대한 애착심이 생기는지를 알아내기란 아주 쉬운 일이다. 경험이 말해주듯이 도시들은 오직 자유로운 상태에서만 영토나 부의 증대를 이룩하기 때문이다. 사실상 아테네가 페이시스트라토스의 참주정으로부터 해방된 이후 100년 동안 거대한 번영에 도달하는 과정을 고찰해보면 참으로 놀라움을 금할 수 없다. 그러나 무엇보다 놀라운 것은 로마가 왕의 속박으로부터 해방된 후 커대란 번영에 이르게 된 과정이다.

이러한 번영의 이유는 이해하기 쉬운데, 도시를 위대하게 만든 것은 개별적인 선이 아니라 공동선이기 때문이다. 하지만 오늘날 이러한 공동선은 의심할 여지없이 공화국에서만 중요한 것으로 간주된다. … 한 사람의 군주가 있는 경우에는 정반대의 현상이 일어난다. 군주에게 이로운 것은 대개 도시에는 해를 가져오고, 도시에 이로운 것은 군주에게 해를 가져오기 때문이다.(논고2-2, 272~273)

이러한 주장은 '시민종교'의 도덕적 감화력을 강조하는 것으로도 나타난다.

그러므로 로마의 역사를 잘 검토한 자는 종교가 군대를 통솔하고, 시민에게 영감을 주며, 사람들을 선량하게 만들고, 사악한 자들을 부끄럽게 만드는 데 얼마나 커다란 도움이 되었는지를 알 수 있다.(논고1-11, 118)

이는 종교가 정치의 도구에 불과하다는 이야기가 아니다. 그리고 종교로 지칭된 것도 기독교가 아니라 고대 로마의 신화에 근거한 다신교다. 마키아벨리의 종교관은 뒤에 루소나 헤겔의 시민종교론이나 베버의 프로테스탄티즘론으로 이어졌다. 그들은 모두 기독교도이면서도 그런 이론을 주장했는데, 그것이 그들에게 모순되는 것은 아니었다.

이는 또한 마키아벨리가 시민의 덕성을 확보하는 조건으로 청빈한 생활을 강조한 것과 관련이 있다. 앞에서도 보았듯이 그는 “잘 정비된 공화국은 그들의 국고를 넉넉하게 하고, 시민은 가난하게 만들어야 한다”(논고1-37, 190)고 했다. 이러한 청빈은 마키아벨리가 말한 정치론의 핵심이었다. 특히 그는 독립한 자영소농의 생활이 청빈의 전형이라고 보았다. 나아가 그런 소농이야말로 소박강건하고 자연현상이나 지세에 대한 예민한 감각을 갖는 병사가 되기에 가장 적합하다고 보았다. 즉 그는 평시에는 생업에 열중하고 전장에서는 용감한 소농을 시민군의 중추로 삼아야 한다고 보았고, 정치적 자유의 미래를 그들에게 걸었다. 이는 뒤에 루소, 제퍼슨, 헤겔 등의 사상으로도 이어졌다.

이러한 독립자영의 소농을 중심으로 한 자유로운 공화국, 착한 시민을 형성하는 교육과 규율, 뛰어난 지도자, 청빈한 삶에 의해 인간들이 전체적으로 좋은 사회가 된다는 것이 마키아벨리의 사상이었다. 그것은 성선설에 입각한 것도 아니지만, 성악설에 근거한 것도 아니었다. 오히려 인간개조론에 입각하여 새로운 공동체를 구상했다는 점에서 이상주의적이고 도덕교육론적인 것이었다. 즉 천박한 현실주의에 그친 것이 아니라 플라톤 이래의 교육국가관에 입각한 것이었다.

그러나 마키아벨리가 로마 공화정을 이상으로 본 더욱더 중요한 이유는 공화정 하의 로마인들이 첫째 공동생활을 통하여 공공심을 높이고 자유를 옹호하기 위해 단결해 조국의 독립을 유지했고, 둘째 그러한 자유로운 단결력에 의해 군사적으로도 성과를 올려 나라를 번영시켰기 때문이다.(논고1-55)

그 하나의 사례로 마키아벨리는 로마인들이 전쟁에서 승리한 뒤 전리품을 시민들에게 분배할 때 "개전 전의 맹세대로 전리품의 10분의 1을 신전에 바치자"고 하는 호소를 따른 것을 들었다. 이를 두고 마키아벨리는 "시민들이 얼마나 많은 선량함과 신앙심을 갖추고 있었는가, 또 얼마나 많은 선량함을 그들로부터 기대할 수 있었는가를 보여준다"(논고1-55, 239)고 했다. 그런데 《플루타르크 영웅전》에서는 이 사례를 반대로 기술한 점이 흥미롭다. 즉 시민들이 그 호소에 따르지 않고 도리어 반대했다는 것이다.(플루타르크, 134)

마키아벨리는 독일인의 공화국이 "저마다 자유를 누리면서 공존하고 있고, 또한 법률을 너무 잘 준수"하는 것을 찬양하고, "그렇기 때문에 이들 도시의 안팎을 막론하고 어느 누구도 감히 그들을 정복하려는 엄두조차 내지 않는다"고 하며, 그들의 성실한 납세의무 이행을 찬양한다.(논고1-55, 239) 또 《군주론》에서 독일인의 군사훈련과 규율 중시를 찬양한다.(군주10, 54) 이처럼 마키아벨리는 군사력을 중시했다.

덕 있는 지도자를 대망

시민이 분열되면 시민의 공공심을 높이는 법률의 정비와 규율화가 불가능하다. 교육에는 그것에 적절한 절차와 제도가 필요하기 때문이다. 따라서 무엇보다도 분열된 시민을 결속하고 법제도를 확립하여 질서를 세울 통합의 지도자가 필요하게 된다. 그래서 마키아벨리는 "새로운 법제와 새로운 체제의 창시만큼 새로이 등장하는 인물에게 큰 명예를 주는 것도 없"다고 말한다.(군주26, 132) 그 지도자가 바로 《군주론》의 군주다. 즉 군주는 통합을 위해 실력행사를 포함한 모든 통치수법을 구사해야 한다는 것이다. 그러면서도 마키아벨리는 군주란 권력적 통합자나 교묘한 정치적 기술자이어야 할 뿐만이 아니라 덕성도 높아야 한다고 말한다.

> 자신의 시민들을 살해하고 친구들을 배반하고 신의, 연민, 신앙심을 결여하는 것을 [아직] 비르투라고 부를 수 없다. 이러한 방식으로 권력지위를 얻을 수 있겠지만 영예는 얻을 수 없다.(군주8, 43~44)

여기서 비르투라는 말은 능력이라는 중성적 의미와 함께 덕성이라는 전통적인 평가적 의미도 갖는 것이므로 위 구절을 두고 전통적 의미에서 완전히 벗어났다고 볼 수는 없다. 마키아벨리가 '도덕에 반하는 수단은 지배도구로서 효율성이 없다'는 계산 하에 도덕을 말한 것도 아니다. 목적과 수단의 엄별에 입각한 순수주의는 소크라테스나 스토아학파, 복음서나 중세 이후의 원죄사상에서 볼 수 있지만, 이것이 주류가 된 것은 칸트 이후이고 그 전에는 그 둘이 엄밀하게 구분되지 않았다. 여하튼 마키아벨리가 대망한 군주의 모습은 다음과 같은 설명에서 나타난다.

> 군주가 평민을 기초로 하면서 통치하는 방법도 알고, 용기가 가득해 역경에도 두려워하지 않고, 다른 모든 점에서 준비를 게을리 하지 않으며, 자신의 기백과 조치들로써 전체 시민의 사기를 진작시키면 평민에게 속는 일이 결코 없을 것이며, 그렇게 되면 그는 자신이 기초를 잘 만들었다는 점을 알게 될 것이다.(군주9, 51~52)

> 자신의 행동 속에서 어떤 위대함, 기백, 중후함, 그리고 강력함이 감지되게끔 노력해야 하며 백성들 사이의 개인적 관계에 관한 자신의 결정이 번복될 수 없음을 고집함으로써 누구도 그에게 거짓을 말하거나 속이려 드는 것은 생각할 수 없다는 세평을 유지해야 한다.(군주19, 92~93)

위 설명에서 지도자는 공정하고 정의로우며, 현명하고 용기 있으며, 자제할 수 있고 엄격해야 함을 알 수 있다. 마키아벨리의 트레이드마크처럼 된 '힘과 책략'이란 지도자의 그러한 요건에 덧붙여지는 것일 뿐이다.

적으로부터 자신의 안전을 지키고 동맹세력을 만들며, 힘 또는 기만을

> 통해 정복하고, 백성들로부터 사랑받고 또한 두려움의 대상이 되고, 병사들에 의해 추종되고 존경받으며, 당신을 해칠 수 있거나 해쳐야만 하는 사람을 제거하고, 낡은 제도를 새로운 것으로 혁신하고, 가혹하면서도 환영받고, 관대하고 씀씀이가 너그러우며, 불충한 군대를 제거하고 새로운 것을 조직하며, 군왕들과 제후들과의 우호관계를 유지해 그들이 당신을 도울 때에는 호의를 바탕으로 하게 하고 당신을 해칠 때에는 마지못해 하게 만드는 일이 필요하다고 생각하는 사람….(군주7, 40)

그 사람은 바로 체사레 보르자다. 그러나 보르자에 대한 위의 설명에서 그의 높은 덕성도 강조됐음을 주의해야 한다(마키아벨리와 보르자의 관계에 대해서는 브래드퍼드, 423~433, 475~482 참조).

보르자가 아니라 스키피오가 모델

여기서 중요한 것은 힘과 책략 이전에 도덕성을 갖춰야 한다는 점이다. 특히 지도자는 공정하고 정의로워야 한다. 마키아벨리는 "백성들에게 미움 받지 않는 군주"(군주10, 54)가 되기 위해서는 "증오심만은 피하려고 노력"(군주17, 87)하는 동시에 "시민과 백성의 소유물과 부녀자들에게 손을 대지 않"아야(군주17, 85) 한다고 말한다. 즉 민중의 권리를 존중하는 등 정의(법)에 맞는 행동을 해야 한다는 것이다. 나아가 민중의 생활이 확보되게 하고(군주, 10) 민중의 경멸을 받지 않도록 하는 것(군주19)이 민중의 사랑을 받고 민중에 토대를 두게 되는 길이라고 그는 본다.

이러한 정의로움과 함께 현명, 용기, 자제라는 4개의 덕성은 플라톤 이래 고전적인 윤리학과 정치학에서 강조해온 4개의 원덕(元德)과 같다. 마키아벨리는 이러한 4개의 원덕을 가진 로마의 지도자들을 거듭 찬양한다. 특히 그는 스키피오 아프리카누스를 찬양한다. 마키아벨리는 《군주론》 14장에서 군주는 역사책을 읽었던 고대의 위인들로부터 배워야 한다고 주장하면서, 스키피오는 크세노폰의 《키루스전》에 묘사된 키루스 왕을 모델로 삼았기에 위대하게 됐다고 말한다. 그리고 스키피오와 키루스 왕에게 공통된 덕성으로 "순결함, 친근성, 자비심, 관후함"(군주14, 75)을 들었다. 그러면서도 그는 《군주론》 17장에서 "적정 수준의 군사기율을 넘어선 방종을 자신의 병사들에게 허용했던 스키피오의 과도한 자비심 때문에" 스키피오에 대한 반란이 일어났다고 설명한다.(군주17, 86) 이러한 태도도 그의 동태론적이고 다원론적인 사고방식에서 나온 것이다. 이는 다음과 같은 말에서도 볼 수 있다.

> 따라서 운의 풍향과 세상사의 변화가 명령하는 바에 따라 [처신방식을] 바꿀 수 있는 기백을 가질 필요가 있다. 앞서 말했듯이, 할 수 있다면 선을 벗어나지 말아야 하지만 필요할 경우 악을 행할 수 있는 방법을 알아야만 한다. 따라서 군주는 앞에서 말한 다섯 개의 자질[=자비심, 성실성, 인정, 고결성, 신앙심]로 충만한 것이 아닌 것은 하나라도 자신의 입

> 에서 새어나오지 않도록 대단히 조심해야만 한다.(군주18, 90)

마키아벨리는 악덕을 장려하지 않았다

다음으로 마키아벨리가 비도덕적으로 악덕을 장려했다는 견해에 대해서도 비판적인 주의가 필요하다. 먼저 그 보기로 거론되는 구절을 들어보자.

> 그것 없이는 국가[=권력지위]를 구하기 어려운 그러한 악덕의 오명을 쓰는 일에 대해서는 염려하지 않아도 된다. 왜냐하면 모든 점들을 잘 고려할 경우 비르투[=미덕]로 보이는 것을 따르게 되면 파멸로 이르고 악덕으로 보이는 다른 것을 따를 경우 자신의 안전과 안녕을 가져오게 됨을 알게 되기 때문이다.(군주15, 78)

여기서 주의해야 할 것은 마키아벨리가 인간은 본질적으로 악하므로 인간을 지배하는 군주는 악덕행위를 두려워할 필요가 없다는 식으로 말하지 않았다는 점이다. 반대로 그는 "국가를 구하기 위해"라는 한정, 즉 특별한 위기상황이라는 엄격한 한정을 두고 있다. 위 구절은 그러한 경우에는 반도덕적인 수단도 행사하기로 결정하는 유연한 판단력과 상황에 기민하게 대처하는 데 필요한 감각과 분석력을 갖추라는 말에 불과하다. 이어 마키아벨리는 군주가 "두려움의 대상이 되기보다는 사랑받는 것이 더 나은가 아니면 그 반대인가"에 대해 다음과 같이 말한다.

> 두 가지 가운데 하나를 제외해야 한다면 사랑받는 것보다는 두려움의 대상이 되는 것이 훨씬 안전하다. 왜냐하면 사람들에 관해서는 일반적으로 다음과 같이 말할 수 있기 때문이다. 사람들은 은혜를 모르고, 변하기 쉽고, 거짓 표정을 지으며, 위험은 피하고자 하면서 이득에는 욕심이 많다. (군주17, 84)

여기에도 "두 가지 가운데 하나를 제외해야 한다면"이라는 조건이 있음을 주의해야 한다. 이 경우도 앞의 경우와 마찬가지로 특별한 위기상황일 것이다. 평상시에는 군주가 반대로 사람들로부터 사랑받기를 원할 것이다.

이처럼 마키아벨리의 글을 읽을 때에는 그 전후 문맥을 고려할 필요가 있다. 특히 어떤 서술의 전제가 되는 조건에 주목해야 한다. 가령 《군주론》 18장에 나오는 다음 문장을 보자.

> 현명한 통치자라면, 신의를 지키는 일이 자신에게 불리하게 작용하고 또한 자신이 약속한 이유가 소멸할 경우 약속을 지킬 수 없고 또한 지켜서도 안 된다.(군주18, 89)

이 문장에도 조건이 있음을 주의해야 한다. 즉 "신의를 지키는 일이 자신에게 불리하게 작용하고 또한 자신이 약속한 이유가 소멸할 경우"가 조건이다. "약속한 이유가 소멸"한 후자의 경우 '사정변경의 원칙'에 의해 약속을 지키지 않아도 된다. 또 "자신에게 불리하게 작용하"는 전자의 경우 그 불리함이 약하다면 약속을 지키지 말라는 말이 악덕의 권유가 될 수 있지만, 그 불리함이 조국의 존망에 관계된 것이라면 악덕의 권유라고 할 수 없다. 《군주론》 18장에 나오는 다음과 같은 문장을 이해하는 데서도 조건을 주의하는 태도가 필요하다.

> 자비롭고, 성실하며, 인정 많고, 고결하며 또한 신앙심 깊은 것처럼 보이는 것이 실제로 유용한 것이라는 점을 감히 말하고자 한다. 그러나 그러지 않아야 할 필요가 있을 경우 당신은 [도덕과] 정반대가 될 수 있고 또한 되는 방법을 알 수 있도록 정신자세를 갖추어야 한다.(군주18, 90)

여기서 마키아벨리는 도덕적으로 보이게끔 하는 것만으로 충분하다고 말하는 것이 아니다. 그렇게 보이기 위해서는 도덕적으로 행동할 필요가 있고, 그러한 행동에는 도덕적 자질이 당연히 필요하다. 즉 군주는 도덕적이어야 한다는 것이다. 하지만 "그러지 않아야 할 필요가 있는 경우", 즉 비상시에는 예외가 인정된다는 것이다. 한니발의 잔혹함에 대한 다음 문장의 취지도 이와 같다.

군주가 군대와 같이 있으면서 다수의 병사들을 지휘해야 하는 경우라면 가혹하다는 평판에 신경 쓰지 않는 것이 전적으로 필요하다(군주17, 85)

마키아벨리는 이 문장의 뒤에서 한니발을 예로 들면서 "그의 무한한 비르투와 함께 이 가혹성은 그의 병사들의 관점에서 그를 항상 존경스럽고 두렵게 만들었"다고 말한다.(군주17, 86)

마키아벨리는 전제군주제를 지지하지 않았다

마키아벨리는 전제군주제를 지지하지 않았다. 특히 군주가 권력을 사유화하는 것에 반대했다.

군주는 자신을 증오 또는 경멸의 대상으로 만들 수 있는 일을 회피하는 것에 대해 반드시 생각해 두어야 한다는 점에 대해 간단히 논의하고자 한다. 그가 그것을 회피할 때마다 그는 자신의 책무를 다하는 것이고 [따라서] 그의 다른 불명예스러운 행동도 위험을 수반하지 않는다. 무엇보다도 내가 말했듯이 백성의 재산과 여자를 탐하거나 뺏는 일은 증오를 유발하기 때문에 반드시 삼가야 한다. 일반 백성들은 자신의 명예와 자산을 빼앗기지 않는 한 만족하며 살아간다. 따라서 군주는 소수[=귀족들]를 상대로 싸우면 되는데 이 세력은 다양한 방식으로 그리고 쉽게 억제될 수 있다. 변덕스럽고 경박하고 유약하고 소심하며 우유부단하다

> 는 평판은 경멸받게 마련인데 군주는 이것들을 암초처럼 경계해야 한다.(군주19, 92)

나아가 "군주는 자신의 시민들이 그들의 생업을, 상업이든 농업이든 아니면 다른 무엇이든 간에, 조용히 수행할 수 있도록 고무해야 한다"(군주21, 115)고 마키아벨리는 권한다. 그는 다음과 같이도 말한다.

> 군주는 이러한 구획을 반드시 염두에 두고 있다가 때때로 이들과 만남으로써 자신의 자비로움과 관대함을 보여야 한다. 그러나 군주는 항상 자신의 지위에 걸맞은 위엄을 유지해야 한다. 왜냐하면 어떤 행동에서도 위엄이 결여되어서는 안 되기 때문이다.(군주21, 115~116)

> 무릇 공화국의 신중한 건설자로서 그 의도가 자신의 이익이 아니라 일반적인 선을 추구하고자 하고, 자기 자손이 아니라 공동의 조국을 염두에 둔 자는 모든 권위를 자기 수중에 넣기 위해 애써야 한다.(논고1-9, 108)

이는 마키아벨리가 전제군주제를 지지하지 않았음을 말해준다. 그는 당시의 상황에 맞는 강한 군주를 대망했으나 전제에는 철저히 반대했다. 게다가 그는 원래는 공화주의자였으므로 공화제의 자유로운 시민정치를 기반으로 하고 그 위에 뛰어난 통합적 지도자를 두는 혼합정을 추구했다. 그리고 그 지도자를 시민형 군주라고 불렀다. 나아가 그런 나라를 그는 공화국(republica)이라고 불렀다.

정치와 도덕의 구별

정치(법)는 공적 세계, 도덕은 개인의 사적 세계라고 보거나 정치는 외면세계, 도덕(종교)는 내면세계에 속한다고 보는 식의 원리적 구별은 마키아벨리에게서 볼 수 없다. 그에게는 도리어 그 두 세계가 섞여 있다. 정치와 도덕의 관계는 《군주론》 15장에서 총론으로, 16~19장에서 각론으로 다루어진다. 총론은 다음과 같이 요약된다.

> 어떻게 살고 있는가의 문제는 어떻게 살아야만 하는가라는 문제와 대단히 거리가 멀기 때문에 무엇을 해야만 하는가의 문제에 매달려 무엇이 행해지는가의 문제를 소홀히 하는 사람은 자신의 보존보다 파멸을 훨씬 빠르게 배우게 된다.(군주15, 76)

이는 《로마사 논고》에서는 다음과 같이 설명된다.

> 이러한 신중함[법에 대한 존중]은 현명하고 좋은 것이기는 했다. 그러나 다른 한편으로 소데리니는 어떤 악이 선을 쉽사리 분쇄할 염려가 있을 때 그 선을 지속하기 위해서는 결코 그 악을 용납해서는 안 된다는 점을

깨닫지 못했다. (논고3-3, 421)

즉 반드시 선에서 선이 나오는 것이 아니라 선에서 악이 나오기도 하고 악에서 선이 나오기도 하므로 우리는 그러한 역설 속에서 자기 행위에 대한 책임을 생각해야 한다는 것이 마키아벨리의 입장이다.

제도로서의 법, 호민관, 탄핵권

마키아벨리는 인간은 자신의 성질로 인해, 그리고 운의 변화로 인해 어쩔 수 없이 타락한다고 보고, 비르투를 모든 시민에게 보급시키는 방법을 제안한다. 즉 인간의 타락이 제도까지 부패시키는 것을 막는 영웅적인 비르투 보유자가 시민 중에서 나와야 하는데, 그런 사람을 기르기 위해서는 제도와 교육이 필요하다는 것이다.

앞에서 보았듯이 마키아벨리는 "법률은 사람들을 선량하게 만든다"고 하고 이어 "법률 없이 사태가 제대로 작동한다면 법률은 필요하지 않을 것이다. 그러나 그러한 좋은 관습이 결여된 곳에는 법률이 즉각적으로 필요하다"고 한다.(논고1-4, 85) 그리고 좋은 법률은 "많은 이들이 무분별하게 규탄하던 그러한 대립과 불화에 기원을 두고 있기 때문에" "그토록 많은 명예로운 처신으로 가득 찬 공화국을 놓고 무질서하다고 말하는 것은 결코 합당하지 않다"고 주장하고 이어 다음과 같이 말한다(논고1-5, 87)

> 즉 그 결과를 엄밀히 검토한 자라면 누구나 그러한 대립이 공동선에 유해한 추방이나 폭력보다는 공공의 자유에 도움이 되는 법률과 제도를 생산해냈다는 점을 발견하게 될 것이기 때문이다.(논고1-5, 87)

그 보기로 마키아벨리가 특히 중시한 것은 호민관과 호민관이 갖는 탄핵권이다. 마키아벨리는 호민관이 "타르퀴니우스(고대 로마 왕정기의 마지막 왕) 왕가가 사라진 후" "평민과 귀족 간의 불화로부터 초래된 많은 혼란, 소동 및 내전의 위험을 거친 후에" "시민의 안전을 위해 창설"됐다고 본다.(논고1-4, 85) 이는 "타르퀴니우스 왕가가 사라진 후" 군주정적인 집정관과 귀족정적인 원로원만이 존재하고 민주정적인 요소가 없었기 때문에 시민을 지배하고자 하는 귀족과 시민 사이에 갈등이 생겨나자 시민을 옹호하고 그 이익을 주장하는 관직인 호민관이 생겨났고, 그의 권한으로 탄핵권이 인정됐다는 말이다.(논고1-7, 98~103)

> 국가의 자유를 수호할 임무를 부여받은 자에게 어떤 식으로든 국가의 자유를 위협한 시민을 민회나 일정한 행정관 또는 위원회에 탄핵할 수 있는 권능을 보유하도록 하는 것만큼 유용하거나 필요한 것을 달리 또 발견할 수 없다. 이러한 조치는 공화국에 매우 귀중한 두 가지 효과를 가져온다. 첫째는 시민들이 고발당할까 두려워서 국가에 반역을 꾀하지 않는 것이다. 그리고 만약 그러한 기도를 하면 그들은 즉각적으로 사정

> 없이 제압되어버린다. 다른 효과는 국가가 다양한 시민들 사이에 잡다한 방식으로 일어나고 있는 당파적 증오를 해소할 수 있는 배출구를 제공한다는 것이다.(논고1-7, 98~99)

이처럼 법제도가 정비된 나라에서는 자유의 유지와 확대를 촉진한 사람이나 방해한 사람에게 상과 벌이 명확하게 주어진다고 마키아벨리는 말한다.(논고1-25, 156~157) 또한 "로마에서는 집정관을 비롯한 그 밖의 다른 관직을 임명함에 있어 연령에 구애받지 않았"(논고1-60, 257)듯이 비르투를 갖춘 사람은 나이나 집안 등 출신배경에 관계없이 관직에 등용해야 한다고 주장한다. 마키아벨리는 시민의 비르투와 전통적 법제도가 있으면 성벽조차 불필요하고 도리어 유해하다고 한다.(논고2-24, 367)

법, 제도, 관습의 관계

마키아벨리는 《로마사 논고》 1권 18장에서 법(leggi)과 제도(ordini)를 구별한다. 제도는 창설자에 의해 만들어진 정치제도를 말하는데, 결과적으로는 그 제도의 실현 형태로서의 법을 수반하게 되지만, 법이 제도를 개혁하는 경우는 거의 없다고 본다. 나아가 제도의 배경에 있고 제도의 성립에 영향을 미치는 요소로 관습(costumi)과 방식(modi)을 든다. 고대 로마에서는 시민이 공화정에 익숙하게 되면서 생겨난 관습을 바탕으로 귀족과의 갈등을 통해 집정관, 원로원, 호민관이 생겨나 상호균형을 이루면서 형성된 혼합정이라는 제도가 법에 의해 확립됐다.

따라서 마키아벨리는 관습에 맞는 제도를 수립하는 것이 중요하다고 강조한다. 제도의 기능은 관습이라는 사회적 조건에 의존하기 때문이라는 것이다. 한편 제도와 법이 관습을 순화시키는 기능도 한다는 것을 마키아벨리는 인정한다. 여기서 제도를 매개로 한 법과 관습의 순환이 생겨난다고 본다. 이러한 법과 제도 및 관습에 대한 마키아벨리의 논의는 오늘날 법학이나 법사회학에서 일반적으로 인정되는 것이다.

제도로서의 교육

마키아벨리에 의하면 법제도가 정비되는 경우의 최대 장점은 그것이 좋은 교육을 낳고, 나아가 교육의 개선을 통해 관습을 순화시키며, 역사상 좋은 실례를 형성할 수 있다는 점이다. 즉 "좋은 모범적 처신은 좋은 교육에, 좋은 교육은 좋은 법률에" 의한다고 한다.(논고 1-5, 87)

> 도시마다 제각기 상이한 습성과 풍습을 가지고 있으며, 좀더 정력적이거나 좀더 나약한 사람을 배출해낸다. … 이러한 차이들은 단지 그들의 혈통으로부터만 유래할 수는 없는데, 혈통은 다양한 결혼에 의해 변하기 때문이다. 따라서 이는 한 가문과 다른 가문 사이의 상이한 훈련으로

부터 나오는 것임에 틀림없다. 감수성이 예민한 소년이 어떤 일에 대해 칭찬을 받거나 야단을 맞게 되는 것은 몹시 중요한데, 이는 필연적으로 특정한 인상을 만들어낼 것이고 그 인상에 따라 소년은 전 생애에 걸쳐 자신의 행위를 규율할 것이기 때문이다.(논고3-46, 571)

마찬가지로 마키아벨리는 "인간의 활동은 사람들이 삶의 방식을 습득하는 훈련의 속성에 따라 어떤 때는 저 지역보다 이 지역에서 더 효과적이고, 또 다른 때에는 그 역도 사실"이라고 한다.(논고3-43, 566) 이러한 지역 차원의 훈련 내지 교육의 장으로 중요한 것이 군대와 종교다.

제도로서의 종교

중세에는 기독교가 서양인의 사상과 행위에는 물론 정치나 경제에도 결정적이었다. 르네상스 시기에도 종교가 정치에 미치는 영향력은 여전히 강력했다. 마키아벨리도 종교의 중요성을 인식했다. 마키아벨리는 《로마사 논고》 1권 11장에서 로마의 건국자인 로물루스의 뒤를 이은 왕 누마가 사람들이 "대단히 거칠다는 점을 발견하고 나서 평화적인 수단을 통해 그들이 법률에 복종하도록 만들고자" 하여 "질서정연한 국가를 유지하기 위해 필요한 수단으로 종교에 주목하였"고 "종교를 기초로 하여 국가를 확립"했다고 한다.(논고1-11, 116)

> 그러므로 로마의 역사를 잘 검토한 자는 종교가 군대를 통솔하고, 인민에게 영감을 주며, 사람들을 선량하게 만들고, 사악한 자들을 부끄럽게 만드는 데 얼마나 커다란 도움이 되었는지를 알 수 있다. … 나는 누마가 도입한 종교야말로 로마가 누리게 된 번영의 주된 이유라고 결론짓겠다. 종교는 좋은 법을 가져왔고, 좋은 법은 행운을 가져왔으며, 행운으로부터 도시가 노력한 모든 사업이 행복한 결실을 보게 되었다. 종교적 가르침의 준수가 국가의 위대함을 초래하듯이, 종교에 대한 경멸은 국가의 파멸을 가져온다.(논고1-11, 118~119)

이처럼 종교가 국가에 중요하다는 것은 마키아벨리의 독창적인 생각이 아니라 16세기 이탈리아에서는 상식적인 생각이었음은 두말할 필요가 없다. 그러나 그가 종교 자체의 교의 등 그 내용에 대해서는 전혀 언급하지 않고 종교의 정치적, 사회적 기능이나 효용에만 관심을 둔 것은 당대의 일반적인 사고방식과는 반대되는 이단적인 태도였다.

이처럼 마키아벨리가 종교의 본질에 대해 언급하지 않았기에 그의 종교관에 대해 무신론자라는 입장부터 유신론자라는 입장까지 학설이 넘쳐나는데, 우리는 그런 논쟁에는 가담할 필요가 전혀 없다. 마키아벨리가 종교의 본질에 전혀 관심을 두지 않은 것이 그의 진심인지 아닌지를 확인할 방법이 없기 때문이다. 그의 종교관 역시 르네상스적 사고방식의 하나인 기능적인 것이었고, 그런 기능적 종교관이 지금 우리에게 의미가 있다면 그것을 확인하는 것으로 충분하다.

마키아벨리는 고대 로마의 종교와 기독교를 비교하면서 기독교는 "진리와 참된 길을 제시해주기 때문에 우리로 하여금 세속적 영예를 덜 추구하게 만"들었고, 기독교가 "활동적이고 적극적인 인물보다는 겸손하고 명상적인 인물을 더 찬양"하고 "겸손과 비천함 및 인간사에 대한 경멸을 최고선으로 내세운" 결과 "이러한 삶의 방식은 세상을 나약하게 만들었을 뿐 아니라 세상을 사악한 자들에게 먹이로 넘겨주었고, 사악한 자들은 안심하고 세상을 마음대로 요리할 수 있게 되었다"(논고2-2, 275~276)고 평가한다. 이러한 기독교 평가도 당시로서는 이단적인 것이었음에 틀림없다.

또 마키아벨리가 기독교든, 로마의 종교든, 복술(卜術)이든, 새점(鳥占)이든 간에 사회적 제도로서의 기능을 발휘하면 무엇이든 종교로 보았다는 점도 당시로서는 이단적 사고였다. 그는 그러한 기능을 종교의 본질에 해당하는 하나의 원리로 보았다.

마키아벨리의 로마 가톨릭 비판

또한 그런 관점에서 로마 가톨릭을 비난한 점에서도 그는 당시의 일반적 풍조와 반대되는 태도를 취했다. 그리고 이 점이 바로 로마 교황청은 물론 가톨릭 신도들로 하여금 그를 악마의 제자 운운하게 만든 가장 중요한 요인이었음도 분명하다. 앞에서 보았듯이 마키아벨리는 "기독교의 쇠퇴에 대한 가장 정확한 평가는 바로 로마 교회, 곧 우리 종교의 우두머리에 가장 가까이 있는 사람들이 가장 비종교적이라는 점을 목격하는 일"이라고 한다.(논고1-12, 122)

이어 그는 이탈리아 도시들이 로마 교회로 인해 안녕하다는 속설에 반대하면서 그 이유로 "첫째, 로마 교황청의 나쁜 선례에 의해 이 나라는 모든 경건함과 신앙심을 잃게 되었"고 "끝없는 폐해와 혼란"이 초래되고 있으며, 둘째 "교회가 이 지역을 분열시켜왔고 여전히 분열시키고 있다"는 점을 들었다.(논고1-12, 123) 나아가 그는 단일한 나라로 통합된 프랑스나 에스파냐처럼 이탈리아가 통합되지 못한 것은 교회 때문이라고 보았다.

> 비록 교회가 이곳에서 세속적인 권력을 가지고 있기는 하지만, 교회는 이탈리아에 유일한 권위를 확립하고 나라 전체의 통치자가 될 만큼 강한 능력을 보유하지 못하고 있다.(논고1-12, 123)

그러면서도 다른 세력이 이탈리아를 장악하고자 하면 외국 세력에 기대어 영토에 대한 보유권을 유지한 점에서 "교회야말로 이 나라가 하나의 우두머리 밑에 통합될 수 없게 만든 장본인"(논고1-12, 124)이라고 마키아벨리는 비판했다.

그는 《로마사 논고》 3권 33장에서 로마 군대의 정신에서 종교가 중요함을 강조하면서도 그것이 용맹과 결합되지 않으면 "단지 무용

지물일 뿐"이라고 한다.(논고3-33, 540) 그밖에는 《로마사 논고》에서 종교에 대해 언급한 바가 거의 없다. 마찬가지로 《군주론》에서도 종교에 대해 거의 언급하지 않는다. 《군주론》 18장에서는 군주가 "신앙심 깊은 것처럼 보이는 것이 실제로 유용"(군주18, 90)하다면서도 바로 뒤이어 "종교에 반대되는 행동을 취할 필요가 있다"고 말한다.(군주18, 90)

공화주의와 제국주의 요소

'공화'란 무엇인가

우리나라 헌법은 제1조에서 "대한민국은 민주공화국이다"라고 규정하고 있다. 민주공화국이라는 말을 영어로 그대로 번역하면 Democratic Republic일 것이다. 그러나 대한민국의 공식 영어 명칭은 Republic of Korea다. 이것을 다시 우리말로 번역하면 '코리아공화국'이다(코리아는 고려에서 비롯된 말이지만 외국어로는 고려라고 하기보다 코리아라고 하는 게 더 일반적이다). 한편 북한의 정식 명칭은 조선민주주의인민공화국인데, 인민은 곧 시민이라고 보면 조선민주주의시민공화국과 같다. 영어로는 Democratic People's Republic of Korea라고 한다. 시민(People)이 민주주의의 주체임은 당연하다는 것을 감안하면 남북한이 민주공화국이라는 공통점을 갖고 있는 셈이다. 즉 남북한 모두 민주공화국이다.

그런데 민주(民主)란 국민 개개인이 나라의 주인이라는 뜻으로, 나라의 의사결정 시 시민권을 가진 모든 국민의 투표에 의해 전체적인 구성원의 의사를 반영하고 실현시킨다는 사상 및 그러한 정치사회 체제를 가리킨다. 공화(共和)란 여러 사람이 공동으로 함께한다는 뜻이지만, 보통은 일인군주제나 독재체제는 배제하고 국가원수를 국민이 투표로 선출하는 체제인 공화제(republic)를 뜻한다. 따라서 민주와 공화라는 말은 거의 동의어이고 민주 속에 공화가 포함된다고도 할 수 있다. 헌법에 명시되지는 않았지만 1948년 헌법 제정 이전에 국가원수를 정하는 방법이었던 군주제 등을 부정하고 헌법 제정 이후로는 모든 국정을 국민의 투표에 의해 결정하고 행한다는 뜻에서 헌법은 우리나라를 민주공화국으로 선언한 것이다. 그렇다면 남북한 모두 공화국이라고 해도 적어도 이론적으로는 크게 이상할 것이 없다. 그러나 북한이 실제로 공화제인지는 의문이다.

군주제의 국가원수는 혈통에 의해 세습되는 개인인 것이 보통이지만, 공화제의 국가원수는 국민이 선출한 대표자다. 공화제의 특징은 출생에 따른 봉건적인 차별을 부정하고 국민주권, 자유, 평등, 민주주의를 원리로 삼는 것이다. 영국 청교도혁명, 미국 독립전쟁, 프랑스혁명, 러시아혁명 등은 모두 공화제 확립으로 가는 길을 튼 역사적 사건이다. 그러나 자유와 평등 같은 이념이 그대로 공화제의 역사적 현실에서 보장됐거나 실현되고 있다고는 말할 수 없다.

학자에 따라서는 공화제를 민주적인 것, 귀족적인 것, 과두적인 것의 3가지로 분류하기도 하고, 일국적인 것과 연방적인 것의 2가지로 분류하기도 하며, 정체를 민주제와 과두제로 나누고 전자를 입헌군주제와 공화제 2가지로 분류하기도 한다. 고대 그리스, 스위스, 미국, 프랑스, 한국 등은 민주제적 공화국, 고대 로마는 군인과 귀족에 의한 귀족제적 공화국, 중세 이탈리아의 베네치아는 상인 귀족에 의한 과두제적 공화국이라고 할 수 있다. 민주제적 공화국에서도 고대 그리스나 스위스는 직접민주제적 공화국, 미국과 프랑스, 한국은 간접민주제적 공화국이다.

'공화주의'란 무엇인가

우리 헌법은 공화라는 말을 1조 1항에서 한 번 사용하고는 더 이상 사용하지 않는데, 학자들은 그 공화라는 말을 공화주의(共和主義, republicanism)를 가리키는 것으로 보는 경향이 있다. 공화주의는 우리나라에서 논의되기 전에 서양에서 오랫동안 논의된 것이다. 이런 점에서 그것을 우리가 꼭 알아야 하는지에 대해 의문이 있을 수 있지만, 참고로 살펴보아서 나쁠 것은 없겠다.

그런데 서양에서도 공화주의가 무엇인지에 대해 여러 가지 논의가 있다. 영어의 republic이란 말의 어원은 라틴어 res publica인데, 이 말 자체는 '공적인(publica) 것(res)'을 뜻한다. 즉 '사적인 것'의 반대다. 한나 아렌트(Hannah Arendt)의 공사(公私) 구별에 따라 말하자면, 자유롭고 자립한 '공적인 사람들(공인(公人))'의 공적인(정치적인) 논의의 대상이 되는 '공적인 일'을 가리킨다. 따라서 공화란 공인들이 공통 관심사인 공적 사항에 대해 토의하고 그 결론에 근거하여 그 공적 사항을 관리하거나 통치를 하는 것을 말한다. 즉 '공민의 공동 통치'가 공화다. 그러나 공화라는 말에는 그 이상의 또 다른 의미가 있다. res publica는 영어의 코먼웰스(commonwealth)라는 말과 같다. 코먼웰스는 '국가'를 뜻함과 동시에 '공통의 부', '공통의 소유'라는 의미도 포함된 말이다. 《리바이어던》의 우리말 번역에서는 코먼웰스를 시민사회라고 옮겼는데(홉스, 483 등), 이것은 우리가 일반적으로 말하는 시민사회와 다른 것이다. 손철성이 번역한 책에도 그렇게 돼있다.(그레이2007, 33쪽 이하)

여하튼 공화주의란 대체로 개인의 사적 이익보다 공공의 공적 이익을 우선하여 조국에 헌신하는 자립적인 시민(공민)이 정치의 주체가 돼야 하며, 또한 국가 즉 공화국(res publica)은 그러한 시민적 덕(civic virtue)이 없으면 존재할 수 없다고 보는 견해를 말한다. 따라서 공화주의는 구체적인 정치체제나 정부형태로서는 세습적인 군주나 황제에 의한 전제지배에 반대하지만, 반드시 민주정과 결합하지는 않고 민주정만이 아니라 제한군주정, 귀족정, 공화정, 혼합정 등과도 친화적이다. 따라서 모든 공화주의가 민주적인 것이 아님을 유의해야 한다. 마키아벨리의 경우도 그렇다.

이러한 사상으로서의 공화주의의 역사를 보면, 공화주의는 자치에 의한 공통선 내지 공공선 실현을 위한 수단으로 윤리성과 정신성을 강조하는 입장과 물질적 제도와 기초를 강조하는 입장으로 나누어진다. 이를 각각 윤리적 공화주의와 제도적 공화주의로 불러 구분하도록 하자. 윤리적 공화주의는 플라톤, 아리스토텔레스, 키케로를 거쳐 르네상스의 시민적 휴머니즘, 영국 혁명기의 시드니(Algernon Sidney), 그리고 미국으로 이어져 현대의 샌델(Michael Sandal)로 귀결한다. 반면 제도적 공화주의는 시민적 휴머니즘을 비판한 마키아벨리에서 해링턴(James Harrington)으로 이어진다.

그런 점에서 마키아벨리는 르네상스 사상에서 예외적인 존재였다. 그럼에도 우리나라에 소개된 포콕이나 스키너가 말하는 공화주의는 마키아벨리와 해링턴을 중심으로 한 제도적 공화주의임을 주의해야 한다. 반면 바론(Hans Baron) 등이 강조한 윤리적 공화주의는 상대적으로 국내에 소개된 정도가 약하다. 현대 정치이론에서 공화주의는 공동체에 의한 개인의 억압을 회피하면서 사익과 공익을 '법의 지배'에 의해 결합하고자 한다는 점은 자유주의와 공통되지만, '법의 지배'의 목적이 공동체 자체의 법의 유지이지 개인의 자기결정 보장이 아니라고 본다는 점에서 자유주의와 다르다.

즉 홉스나 로크가 말하는 자유주의와는 다르다. 그들의 자유주의에서는 사회계약을 맺기 전의 개인이란 서로 아무런 연결이 없고 자기 멋대로 자기이익을 최대한 추구하는 개인주의자 내지 이기주의자다. 그런 개인이 자신의 생명과 신체 및 재산을 보존하기 위해 불가피하게 국가법에 복종하게 되지만 자신이 관련되는 '공적인 일'에 참여할 의무는 지지 않고 도리어 정치에 도덕이나 가치관이 포함되는 것을 회피한다고 본다.

이에 반해 공화주의는 공민이 자기의 행복만을 누리고자 해서는 안 되고 '공적인 일'에 주체적으로 '참여'하는 것을 공동선으로 내면화한 상태를 정치의 이상으로 보았다. 그런 점에서 공화주의는 본질적으로 공동체주의(communitarianism)와 같으나, 공동체주의가 정치 이전에 종교, 역사, 문화를 공유하는 전통적 공동체를 전제하는 것인 데 반해 공화주의는 반드시 그런 공동체를 전제하지 않고 어떤 공동선을 중심으로 모든 구성원이 참여해 전혀 새로운 국가를 세우려 한다고 보는 점에서 다르다. 따라서 공화주의는 '정치 참여주의'라고도 볼 수 있다.

공화주의는 영국에서 17세기에 찰스 1세를 처형할 때 처음 생긴 말이었으나, 18세기 영국에서는 거의 사용되지 않았다. 18세기에 버크(Edmund Burke)와 해밀턴(Alexander Hamilton)이 수립한 공화주의는 공적 생활에의 적극적 참여를 자유의 본질로 보면서도 그 참여자를 재산소유자로 제한하는 것이었으므로 처음에는 매우 제한적인 범위의 덕성을 가진 사람들에게만 정치적 자유를 인정하고 그들에 의한 강력한 통치를 주장하는 귀족적 공화주의였다. 이러한 전통은 현대 공화주의에도 그대로 남아서 시민의 도덕성을 강조하는 특징을 유지하고 있다. 대체로 이러한 공화주의는 보수적 입장이었다.

그러나 루소나 제퍼슨에서 비롯된 민주적 공화제는 시민의 참여를 중시하고, 정부는 시민이 원하는 바에 따라야 한다는 점을 강조하며, 대의제를 중시하는 귀족적 공화주의와 달리 주민발의와 주민투표와 같은 직접민주정적 요소를 강조한다. 샌델을 비롯한 최근의 시민적 공화주의자들은 시민이 크고 작은 공동체에 귀속되는 다중적 시민 정체성을 강화해야 한다고 주장한다.

이상과 같이 적어도 세 가지 공화주의가 존재하므로 공화주의의 주장을 하나로 요약하기는 힘들다. 공화주의의 자유론도 마찬가지다. 공화주의가 말하는 자유는 벌린이 말한 소극적 자유 및 적극적 자유와는 다른 정치적 자유, 즉 "사적인 형태의 주종적 지배 자체가 존재하지 않는 상태"(비롤리, 91)라고 한다. 이와 관련해 소극적 자유는 노예 상태에서도 누릴 수 있지만 공화적 자유는 그렇지 못하다고 비교되기도 한다.(비롤리, 92~94) 그러나 자유주의에서 말하는 소극적 자유는 그런 것이 아니므로 이러한 비교는 부당하다. 또한 적극적 자유는 "자신의 의사와 그 행동을 지배하는 법과 규칙 등이 일치할 때 가능"한 반면 공화적 자유는 법에 의해 "타인의 자의로부터 자유로울 때 가능"하므로 적극적 자유와 다르다고 하지만, 이러한 비교도 무리다. 공화주의는 자유주의와 달리 "법에 의한 간섭, 나아가 국가의 공정한 개입을 자유에 해가 되는 것으로" 보지 않고,

민주주의와 달리 법을 시민 의사의 반영이 아니라 공공선을 지향하는 보편적 규범으로 보기 때문에 다수의 의사를 소수에게 강요하지도 않는다고 이야기된다. 그러나 자유주의도, 민주주의도 보편적 법을 부정하지 않는다. 또 공화주의가 주종관계를 부정한다고 하지만, 역사상 실제로는 고대 그리스나 로마의 공화정은 노예제를 전제로 한 것이었고 근대의 공화주의도 소수의 엘리트에 의한 지배를 주장하는 것이었다.

도리어 공화주의의 입장에서 콩스탕(Benjamin Constant)이나 벌린을 비판한다면 그들이 "주종적 지배의 부재를 정치적 자유를 위한 필수적인 것으로 다루지 않았다"(비롤리, 101)고 비판할 게 아니라, 마키아벨리가 말한 자유나 이탈리아 르네상스에서 강조된 국가의 자유, 도시공동체의 자유, 시민의 자유를 간과했다고 비판해야 할 것이다.

여하튼 이러한 공화주의가 하나의 정치사상으로 논의되는 것과 다른 측면에서 우리나라 헌법에 규정된 '공화'국의 의미에 어느 정도 포함되어 있는지는 의문이다. 가령 김경희는 현재의 단원제를 양원제로 바꾸는 개헌과 토론문화의 형성을 공화주의적 대안으로 제안한다.(김경희, 128) 토론문화야 민주주의에서든 자유주의에서든 당연히 필요한 것으로서 굳이 공화주의에서 나온다고 볼 것은 아니고, 이 점에서는 양원제 구상도 마찬가지다. 공화주의는 다른 나라에서도 민주주의나 자유주의에 포함되거나 그것과 서로 보완하는 관계로 이해돼왔고, 우리나라에서도 민주주의나 자유주의와 다른 특별한 의미로 이해되지는 않고 있다. 미국에서도 정치지도자들은 일찍부터 18세기에 그렇게 보완적인 것으로 이해했고, 이는 입헌정부의 권한 및 언론과 신앙의 자유를 보장하고 전제적 권력을 제한하는 데 함께 공헌해왔다. 또한 어느 것이나 자유의 기반으로서 재산의 보장을 강조한 것은 같았다.

이탈리아 르네상스의 공화주의

11세기 말 이탈리아에서 고대 로마의 공화정이 부활했다. 공화정 로마는 아테네 도시국가와 유사한 면이 있었다. 통치 업무에 일정 범위의 시민이 참여했고, 집중적인 관료적 통제는 없었다. 나아가 철저한 공적 의무감과 시민적 덕성, 또는 공화국에 대한 책임을 조장하고자 했다. 그러나 아테네가 민주공화국이었던 반면 로마 공화정은 엘리트 중심의 과두제로서 시민에 의한 통제는 매우 제한적이었다. 그런 체제가 유지된 근거와 이유는 로마의 군대에 의한 놀라운 영토의 팽창과 정복에 있었다.

11세기 말 북부 이탈리아에서는 여러 공동체들이 황제와 교황에 맞서는 자신들의 행정관을 내세웠다. 이것이 12세기 말에 포데스타(podesta)라는 새로운 행정관이 지배하는 정부형태로 바뀌었다.

12세기부터 이탈리아의 도시들은 황제의 권력에 의해 좌우되지 않는 도시의 자유를 강력하게 희망했고, 시민의 자유를 유지하기 위해 지도자를 선출했다. 스키너는 그 자유를 다음과 같이 설명했다.

> 하나는 자기들의 정치생활에 관해 일체의 외부적 통제로부터 자유로울 권리가 자기들에게 있다는 생각, 즉 자신들이 주권을 가지고 있다는 주장이며, 다른 하나는 주권의 개념에 상응하는 것으로서, 스스로 적당하다고 믿는 방식으로 자기 자신을 다스릴 권리라는 개념, 즉 자기들이 그때까지 지켜왔던 공화제 헌정을 수호한다는 생각이다.(스키너2004, 87)

즉 자유는 독립과 자치를 뜻했다. 13세기 피렌체의 문인 라티니(Brunetto Latini, 1220?~1294)는 아리스토텔레스의 《정치학》을 주석하면서 군주제, 귀족제, 민주제 중 민주제가 가장 좋다고 썼다.(스키너2004, 156) 그러나 휴머니스트들이 이상으로 추구한 것은 아테네와 같은 민주제가 아니라 로마법에 근거한 로마 공화제였다. 당시 이탈리아에서 populus나 popolo라는 말은 로마에서와 같이 정치적 능력을 갖는다고 간주된 소수자를 뜻했다. 즉 아리스토텔레스가 말한 중간층과 같이 권력자와 대중 사이에 존재하는 집단이었다. 따라서 그 공화제는 민주정이 아니라 과두정에 가까웠다. 물론 민주정과 같은 평등주의를 주장하여 참된 고귀함은 출생에 의해서가 아니라 누구나 획득할 수 있는 미덕의 하나로 보고 심지어 폭군살해까지 주장하는 견해도 나왔으나, 이는 사상으로서의 영향은 켰지만 현실적으로 실천되지는 못했다.

사상사 차원에서 자유의지 문제에 대한 중세의 논의는 기독교의 위세에 맞서 르네상스 시대에는 물론이고 17세기의 데카르트와 그 후에도 지속됐으나, 인간의 존엄과 자유에 대한 요구는 더욱 확고해져갔다. 이것을 정치의 차원에서 주장한 사람이 마키아벨리였고, 신앙의 차원에서 주장한 사람이 루터였다. 루터는 인간의 의지가 신의 은총에 종속된다고 보긴 했으나 정치적 권위가 그 의지로 속세를 지배한다고 보았다. 그러나 그러한 논의에서 더 나아가 민중 일반이 주체적 의지를 주장하기 시작하여 신앙의 자유와 정치의 자유를 논의하기에 이르렀다. 신앙의 자유에 대한 논의가 양심의 자유에 대한 논의와 연결되어 관용론이 주장되기도 했으나, 이것은 루터를 비롯한 프로테스탄티즘이 주장한 것이 아니었고, 도리어 그들까지 포함한 신앙 절대주의자들의 공격을 받았다. 그러나 이 시대에도 실제의 자유는 사회적으로 부분적인 것에 불과했고, 자유는 주권자가 허용하는 범위 내에서 신분적, 단체적 특권으로서만 존재했다.

마키아벨리의 공화주의

앞에서 살펴보았듯이 지금은 마키아벨리를 공화주의자, 그것도 그 선구자로 보는 견해가 일반적이지만, 그가 살아있을 때에는 그를 공화주의자로 보는 견해가 없었다. 도리어 그를 메디치가 측의 사람이고 따라서 공화제의 적이라고 보았고, 그래서 1527년에 공화제가 부활했을 때 그는 관직으로 되돌아가지 못했다. 마키아벨리를 공화주의자로 평가한 첫 사례는 1585년에 법학자 젠틸리(Alberico Gentili, 1552~1608)가 《사절직에 대해(De legationibus)》의 3권 9장에서 마키아벨리를 "민주주의의 강력한 지원자이자 그 열광적 신자", "참주정에 대한 철저한 반대자"라고 규정하고, 참주의 사악함과 그 비책을 평민에게 밝혀줌으로써 지혜를 전수하는 것이 그의 의도였다고 주장한 것이었다. 그 뒤에는 이런 견해가 스피노자, 디드로, 루소로 이어졌음은 앞에서 이미 보았다.

이러한 견해는 현대에도 있다. 비롤리가 그 대표적인 사람이다. 그는 마키아벨리의 공화국은 정치체를 구성하는 여러 요소가 법의 지배 하에 적절하게 위치하여 자치의 자유로서의 정치적 자유를 향수하고 추구하는 '질서 있는 공화국'이라고 보았다.(Viroli1998, 121~131)

그러나 현대에도 마키아벨리의 공화주의란 공화국 설립 시점에 탁월한 개인의 위대한 자질과 행위를 요구한다는 점에서 공화정과 군주정 내지 참주정의 혼합물이라고 보는 사람들이 적지 않다. 독일의 마이네케가 1924년에 《근대사에서의 국가이성의 이념》에서 그렇게 주장한 이래 1996년에 맨스필드와 타르코프도 《로마사 논고》 번역서의 서문에서 그렇게 말했다.(Mansfield and Tarcov, xxvi)

또한 마키아벨리를 공화주의자로 보는 포콕도 《마키아벨리안 모멘트》에서 마키아벨리의 공화주의가 안정을 지향하는 전통적 공화주의와 달리 수탈과 전쟁에 의한 제국적 확대를 지향하는 군사적 비르투에 뿌리 내린 것이라고 했다.(포칵, 285~374)

마키아벨리의 제국주의

마키아벨리가 주장했듯이, 시민이 스스로 무장하는 민병(民兵)공화주의에서는 다수자인 시민의 자족을 보장하기 위해 제국주의 정책을 취하지 않을 수 없다. 이러한 제국적 공화주의는 14세기 중엽 피렌체의 로마주의에서 비롯됐다. 그 뒤의 휴머니스트들, 가령 브루니의 경우 제국적 공화주의를 피렌체의 천부적 권리로 보았던 반면에 마키아벨리는 이것을 더욱 현실적인 정책으로 추구했다.

마키아벨리의 제국주의 이론은 고대의 역사가 중에서 근대 초 유럽에서 가장 저명했던 살루스티우스(Sallustius)의 견해를 계승한 것이다. 살루스티우스는 《카틸리나 음모(Bellum Catilinae)》에서 왕의 지배 아래 억압받은 로마 시민들이 공화정 설립에 의해 해방된 뒤 영예를 추구하여 자유로운 국가가 강력하게 확대됐다고 주장했다. 그러나 동시에 그는 그 확대가 공화국과 시민의 자유를 잃게 했다고도 보았다.

마키아벨리도 살루스티우스의 주장을 계승하여 《로마사 논고》 3권 24장에서 로마의 자유가 술라와 마리우스의 독재 시대에 사멸하고 카이사르의 제정으로 이어졌다고 서술했다.(논고3-24, 514) 즉 사령관의 임기 연장에 의한 원정군의 사병화(私兵化, 논고3-24,

514)가 농지법에 의한 지배욕의 물욕화(논고1-37, 189~193)와 함께 로마 붕괴의 직접적 요인이었다고 그는 본다. 이는 종래 로마 붕괴의 원인을 사치에 의한 풍습의 타락, 제도적 결함에 의한 국내적 불평등과 무질서 확산으로 본 것과는 다른 견해였다.

나아가 마키아벨리는 어떤 나라도 타국에 의한 정복을 피하기 위해서는 내부 집단간 대립을 어느 정도 용인함에 의한 군사적 확대정책을 취하지 않을 수 없으나, 군사적 확대는 귀족으로부터 시민에 이르는 모든 계층의 용기의 물욕화와 참주의 등장을 촉진하여 결과적으로 국가의 자유가 상실되는 결과로 이어지지 않을 수 없다고 했다. 그러나 군사적 확대는 자족보다 위대하고 지속성을 보장하는 것이므로 그런 제국주의적 정책을 취해야 한다고 주장했다. 특히《로마사 논고》1권 6장에서 보았듯이, 마키아벨리는 변전하는 세계에서 안정을 확보하기 위해서는 그렇게 해야 한다고 주장했다.

군사적 자립과 대외 확대정책

마키아벨리가 말한 도시국가가 개인과 마찬가지로 자연원리에 입각한다면 도시국가 상호간의 관계도 개인간의 관계처럼 투쟁상태에 빠지지 않을 수 없고, 따라서 국제적 안전보장은 군사력에 의한 상호억제일 수밖에 없다.

국제정치에서 확대 경쟁이 불가피하다면 그것을 위한 무장도 불가피하다.《군주론》11장까지에서 무기 없는 예언자의 몰락을 시사한 마키아벨리는 12~14장에서 군사론을 전개한다. 먼저 12장에서 군사론을 다음과 같이 시작한다.

> 모든 국가들이 갖는 기본적인 기초는 좋은 법제와 좋은 군대이다. 좋은 군대가 없는 곳에 좋은 법제가 있을 수 없고 좋은 군대가 있는 곳에 반드시 좋은 법제가 있기 때문에 나는 법제에 관한 논의는 뒤로 미루고 군대에 관해서 논의하고자 한다.
>
> 군주가 자신의 국가를 방어하는 데 사용하는 군대는 자국군이거나 용병군, 외국 원군, 또는 혼성군 가운데 하나이다. 용병군과 외국 원군은 쓸모없고 또한 위험하다. 어떤 군주가 자신의 국가를 용병군의 기초 위에 세운다면 그는 [내부적으로] 안정을 누리지 못하고 [대외적으로] 안전하지도 않을 것이다. 왜냐하면 용병군은 분열되고, 야심이 많고, 기율이 없으며, 신의도 없기 때문이다.(군주12, 60~61)

마키아벨리에 의하면 용병의 문제점은 애국심이 없고 돈만 밝히는 데 있다. 그들은 돈을 주는 사람이 외국인이면 조국을 쉽게 배신한다. 이런 용병에 의존하는 탓으로 이탈리아는 당연히 몰락한다고 그는 본다.(군주12, 61) 그래서 "무장한 사람이 기꺼이 비무장인에게 복종하고 비무장인이 무장한 부하들[=용병군] 사이에서 안전을 누린다는 것은 정상적인 일이 아니"라고 한다.(군주14, 73)

따라서 군주는 자신의 군사력을 가지고 자립해야 한다. 그러한 자국군으로는, 전쟁에 참가하는 것으로 돈을 벌고자 하는 병사들로 군대를 구성하는 직업군인제도가 아니라 자신의 재산을 지키기 위해 싸우는 병사들로 군대를 구성하는 민병제도가 바람직하다고 한다. 그래서 《군주론》 14장 처음에서 그는 다음과 같이 말한다.

> 따라서 군주는 전쟁, 전쟁의 방식 및 숙련 외에는 다른 어떤 목표도, 생각도, 직업도 가져서는 안 된다. 왜냐하면 전쟁이 통치자에게 기대되는 유일한 전문기술이기 때문이다. 전쟁은 많은 양의 비르투가 필요한 업무로서 군주로 태어난 사람을 그 자리에 유지케 할 뿐만 아니라 많은 경우 일개 시민 지위의 사람을 군주의 지위로 오르게 해주기도 한다. … 당신이 국가를 상실하게 되는 일차적 요인은 이 전문기술을 소홀히 하는 것이고, 그것을 정복할 수 있게 하는 요인은 이[군사] 기술의 전문가가 되는 것이다.(군주14, 72)

마키아벨리는 전술을 익히기 위해 군대훈련이나 신체단련 같은 물리적 연습과 역사연구 같은 정신적 수련이 필요하다고 주장한다.(군주14, 73~74) 나아가 그는 민병을 가진 국가가 대외적으로 취해야 할 정책으로 외국으로부터의 이민을 장려하는 것을 든다.(논고2-3, 280)

6장

이단아 마키아벨리에 대한 평가

여러 색깔의 마키아벨리 평가

마키아벨리의 이미지

이 세상에 마키아벨리만큼 살아서는 물론이고 죽고 난 뒤에도 약 5백 년이 지나는 동안에 극단적으로 대립되는 평가를 받아온 인물이 또 있을까? 악마의 화신이라는 극단적인 부정의 평가부터 정치학의 아버지니 민주주의의 아버지니 하는 극단적인 긍정의 평가까지 서로 대립되는 평가를 받아왔다. 지금도 그에 대한 평가는 어떤 하나의 견해로 통일돼있지 않고, 앞으로도 그렇게 통일되기가 어려울 것 같다. 대중적 차원에서는 물론 학문적 차원에서도 그렇다.

나는 애초부터 그중 어느 한 편을 들 생각이 전혀 없고, 이 책도 그런 편들기를 위해 쓰는 것이 절대 아니다. 그러나 마키아벨리에 대한 이 책에서 지금까지 그에게 씌워진 다양한 이미지들을 보여주고 나니 내 나름대로 그것들을 정리해야 할 필요성을 느낀다. 나 자신이 너무나 많은 그의 이미지들 때문에 수십 년간 마키아벨리에 대해 혼돈 속에서 살며 그를 오해했기 때문이다. 이 책의 독자들에게 그런 불필요한 낭비를 줄여주는 서비스를 하기 위해서라도 최소한의 정리가 우선 필요하다. 마키아벨리에 대해 제대로 설명하기 위해서도 이런 정지(整地) 작업은 반드시 필요하다.

먼저 마키아벨리에 대해 말하는 사람들은 모두 자기 입장에서만 말하지 자기와 생각이 반대되는 사람들의 견해에 대해서는 거의 언급하지 않는데, 이것은 문제라는 점을 지적하고 싶다. 가령 지금 우리나라에서 구할 수 있는 마키아벨리 입문서 중 가장 간결하면서도 권위 있는 최고의 책은 옥스퍼드대학 교수 스키너가 쓴 《마키아벨리의 네 얼굴》이라고 한다. 그래서인지 그 책의 1981년판이 1993년 우리말로 번역된 데 이어 원저가 2000년에 다시 나오자 우리말 번역판도 2010년에 다시 나왔다.

《마키아벨리의 네 얼굴》은 입문서이지만 마키아벨리를 가장 호의적으로 소개하는 책이기도 하다. 이와 반대로 우리나라에 번역서로 소개된 책의 저자들 가운데 마키아벨리에 대해 가장 호의적이지 않은 사람은 스트라우스다. 앞에서 보았듯이 스키너는 스트라우스와 그의 제자들이 "마키아벨리를 단지 '악의 교사'로 간주하는 전통적 관점을 뉘우침 없이 고수하고 있다"고 비판한다.(스키너2010, 165) 그러나 스트라우스는 스키너의 책 같은 작은 문고판이 아니라 큰 국판으로 500페이지 정도나 되는 방대한 자신의 책에서 전통적 관점을 되풀이하거나 마키아벨리를 오로지 '악의 교사'라고만 하지는 않는다. 특히 스트라우스는 전통적 관점과 달리 마키아벨리의 도덕성을 긍정적으로 평가한다.

그러니 스트라우스와 그의 제자들은 손바닥만 한 책에서 그 저자가 오직 한마디로, 그것도 자신들을 '뉘우침 없이' 옛날에 젖어있다고 비판한 것에 대해 서운할 것이 분명하다. 게다가 앞에서 보았듯이 "스키너의 마키아벨리 해석은 피상적이고 혼란스러우며 원전에 대한 검토도 제대로 되어 있지 않다"(탈리, 397)는 주장이 1980년대부터 제기된 터이니 말이다.

혹시 그런 주장에 동감하는 분이 계신다면 스트라우스가 마키아벨리를 상세히 연구한 결과를 담아 펴낸 책 《마키아벨리》가 우리말로 번역돼있으니 읽어보시면 된다. 이것은 원저가 1958년에 나왔으니 꽤 오래된 책인데도 반세기가 지난 2006년에 우리말로 번역된 것을 보면 대단히 가치가 있는 책인 듯하다. 물론 보기 나름으로는 그 반대로 그 책이 반세기가 지나도록 번역되지 못했던 것은 내용에 문제가 많아서였으리라고 생각할 사람도 있을 수 있겠다. 어느 쪽이 맞는지가 궁금한 독자는 그 책을 직접 구해 읽어보고 스스로 판단을 할 수밖에 없겠지만, 이 책의 나머지 부분을 읽어나가면 어느 정도 힌트를 얻을 수 있을지도 모르니 조금만 기다려달라.

위에서 본 마키아벨리의 두 이미지 외에 여기서 언급해야 할 그의 또 다른 이미지는 사회주의자다. 스트라우스는 마키아벨리를 사회주의자로 보지 않기 때문인지 그를 사회주의자로 보는 관점에 대해 아무런 얘기도 하지 않는다. 스키너의 경우는 그런 관점을 부정하지만 스키너를 따르는 한국 학자들은 대부분 마키아벨리를 사회주의자로 보는 관점에 호의적이라는 점이 나로서는 어리둥절하다.

마키아벨리에 대해 이런 다양한 해석이 나오는 것은 그가 위대한 사상가이기 때문이라고 하는 견해도 있으나, 이것은 그렇게 구렁이 담 넘어 가듯이 두루뭉술하게 넘어갈 문제가 아니다. 왜 그렇게 다른 이야기들이 나왔고 그중 어느 것이 옳은지를 엄격하게 따져봐야 한다.

악마 취급당한 마키아벨리

마키아벨리는 살아있을 때부터 많은 사람들에게 미움을 받았다. 이는 리돌피의 《마키아벨리 평전》에 인용된, 마키아벨리가 살아있던 당시에 나온 다음과 같은 말을 보면 쉽게 알 수 있다.

> 모두가 그의 《군주론》 때문에 그를 미워하였다. 부자에게는 《군주론》이 공작으로 하여금 그들의 재산을 모두 가로채게 하려는, 빈자에게는 그들의 자유를 빼앗는 법을 가르치는 문서로 보였고, 읍도파에게 그는 이단으로 비쳤으며, 선인에게는 사악한 인물로, 악당에게는 자신들보다 더 악당이거나 더 능력 있는 인물로 생각되었으므로, 모두가 그를 미워

하였다.(리돌피, 398)

여기서 읍도파(泣禱派)란 '울면서 기도하는 사람들'이라는 뜻으로, 정확하게는 사보나롤라에 대한 반대파가 사보나롤라파를 깔보는 투로 부르는 말이었지만, 일반적으로는 성직자를 뜻하는 말이었다고 봐도 좋다. 이처럼 성직자를 포함하여 당시 모든 사람이 마키아벨리를 싫어했다는 말도 있었으나, 《군주론》이 출판되기 전에는 마키아벨리가 사람들로부터 "거의 아무런 관심도 끌지 못했다"고 보는 것이 옳을 듯하다.(화이트, 311)

1527년에 마키아벨리가 죽고 5년 뒤인 1532년에 교황의 허가를 얻어 《군주론》이 출판되자 이 책에 대한 비난이 심하게 일어난 뒤로 마키아벨리에 대한 사람들의 관심이 본격적으로 생겨났다. 가령 1538년에 영국의 폴(Reginald Pole) 추기경은 크롬웰(Thomas Cromwell)이 1529년에 헨리 8세 왕으로 하여금 《군주론》을 읽게 하여 그 영향으로 헨리 8세 왕이 교황청이 반대하는 이혼을 하고, 수도원을 해산시키고, 영국국교회를 설립하게 됐다고 비판했다.

마키아벨리에 대한 이와 같은 비판과 비난이 유럽 전역에서 고조되자 1559년에 《군주론》을 비롯한 마키아벨리의 책들이 로마 교황 파울루스 4세(Paulus IV)에 의해 금서로 지정됐고, 그 뒤 트렌트 공회의에서 이 금서 지정 조치가 재확인됐다. 당시 금서 지정의 근거를 제시한 예수회 소속 포세비노(Antonio Possevino)는 마키아벨리가 교회의 우월권에 대한 국가의 반항을 부추기고 소위 국가이성이라는 것을 주장했다고 비판했다. 1527년에 마키아벨리가 죽고 7년 뒤인 1534년에 창립된 예수회는 가톨릭교회가 중세 때처럼 모든 국가활동을 지도해야 한다고 주장하고 가톨릭에 반대하는 신교 등과 대결하면서 "마키아벨리가 국가를 교회로부터 독립시키고자 했다"는 이유로 배격했다. 포세비노의 이런 입장은 나중에 스페인 예수회 소속 클레멘티(Clementi)의 《마키아벨리즘 박멸론》, 이탈리아 예수회 소속 루케시니(Lucchesini)의 《니콜로 마키아벨리의 어리석음을 논함》으로 이어졌다.

구교만이 아니라 신교 측도 마키아벨리를 배척했다. 프랑스 왕권에 대항해 종교의 자유를 주장한 위그노는 마키아벨리가 종교를 정치적 차원에서만 바라봤다는 이유에서 그는 이단이라고 주장했다. 1572년의 생 바르테르미의 학살이 마키아벨리 탓이라고 주장하기도 한 장티예(Innocent Gentillet)는 1576년에 《반마키아벨리(Countre-Machiavel)》라는 책에서 《군주론》을 가리켜 정치학 책이 아니라 '폭군의 통치술'이라고 비난했다. 장티예의 책은 독일어와 라틴어로 번역되어 위그노에만이 아니라 예수회와 신교에도 유효한 무기가 됐다. 교황 측이나 그에 반대하여 종교의 자유를 주장하는 측이나 모두 마키아벨리를 배격한 셈이다.

그 뒤 마키아벨리가 종교와 도덕을 정치의 도구로 타락시키는 동시에 잔인하고 간교하며 배신을 일삼는 악마를 군주로 추앙했다는 이유에서 '마키아벨리적인 것' 또는 '마키아벨리즘'이라는 말이 만들어져 권모술수의 대명사로 역사에 남게 됐다. 1569년에 제작된 영어사전에 이미 Machiavellian이라는 말이 '정치나 일반적인 행동에서 이중적인 태도를 취하는'이라는 뜻으로 등재됐다고 한다. 1611년에 코트그레이브(Randle Cotgrave)에 의해 편찬된 《불영사전(A Dictionarie of the French and English Tongues)》에서는 Machiavélisme이라는 말이 '교묘한 정책과 교활한 협잡'이라고 풀이됐다.(레드헤드, 125)

셰익스피어가 1590년대에 쓴 희곡 《헨리 6세》에도 '잔인한 마키아벨리'라는 표현이 나온다. 그러나 《헨리 6세》에서 리처드 3세가 마키아벨리에 대해 그렇게 말하는 것은 리처드 3세가 1452년에 태어나 1485년에 죽었고, 마키아벨리는 1469년에 태어나 1527년에 죽었으며, 《군주론》은 1552년에 출판됐으므로 어불성설이다. 그럼에도 바보가 아닌 셰익스피어가 그렇게 쓴 이유는 '잔인함'을 상징하는 마키아벨리의 이미지가 그만큼 강했던 탓이리라. 그런 마키아벨리의 이미지는 1590년에 말로(Christopher Marlowe)가 쓴 희곡 《몰타 섬의 유대인(The Jew of Malta)》에서 다음과 같이 표현되기도 했다.

> 나는 마키아벨리.
>
> 사람을 존중하지 않고, 따라서 사람이 뱉은 말도 존중하지 않소.

내게 감탄하는 이는 나를 가장 미워하는 자라오.
어떤 이는 대놓고 내 책을 비방하지만,
그래도 내 책을 읽고, 그리하여 교황에 오른다오.
그들이 나를 물리치면, 입신하는 내 친구들에게 독살당하지.
내게 종교는 아이들 장난감일 뿐이고
내게 유일한 죄는 무지라오.(화이트, 324~325, 재인용)

이러한 경향은 보댕, 보테로, 캄파넬라 등을 거쳐 《반(反)마키아벨리론(Anti-Machiavel)》(부제는 '마키아벨리의 군주론 반박(Réfutation du Prince de Machiavel)을 쓴 프로이센의 황태자 프리드리히에게까지 이어졌다. 프리드리히는 국민의 신뢰를 받는 훌륭한 군주를 옹호하는 입장에서 마키아벨리가 말한 교활한 군주를 암살자니 도적이니 하며 부정했다. 그러나 이것은 사람들로 하여금 자신을 관대한 지도자로 믿게 하고자 쓴 글에 불과하다.

스피노자, 몽테스키외, 볼테르, 루소의 마키아벨리 찬양

이처럼 마키아벨리를 악마로 보는 관점은 《군주론》을 중심으로 한 것이었고, 17세기에 《로마사 논고》를 중심으로 그를 복권시키려는 시도가 해링턴(James Harrington), 시드니(Algernon Sidney), 트렌처드(John Trenchard, 1662~1723), 스피노자에 의해 이루어졌고, 이런 새로운 움직임은 몽테스키외와 루소에서 절정을 이루었다.

그 결과 마키아벨리는 군주에게 유익한 교훈을 준다는 구실 아래 폭군의 지배방법을 폭로하고 시민에게 경고하려고 한 '자유의 사상가'로 평가되기에 이르렀다. 나아가 《군주론》은 그의 진심을 보여주는 책이 아니라고 여겨지기도 했다.

해링턴의 《오세아나 공화국(The Commonwealth of Oseana)》(1656), 시드니의 《정부론(Discourses Concerning Government)》(1698), 트렌처드의 《카토의 편지(Cato's Letter)》(1720~1723) 등은 아직 우리말로 번역되지 않았다. 여기서는 해링턴이 한 말만 인용해보자.

> 정치학에서 마키아벨리가 논의하기 시작한 문제 이상으로 고귀하거나 유익한 문제는 없다. 그것은 로마의 원로원과 평민 사이에 존재한 적대를 제거할 수 있는 방안을 발견할 수 있었던가 하는 문제다.(Harrington, 272)

한편 스피노자는 《정치론》에서 마키아벨리의 의도가 분명하지는 않지만 그것은 "군주를 폭군으로 만드는 원인을 결코 제거할 수 없음에도 불구하고 많은 사람들이 폭군을 제거하려고 시도하는 것이 얼마나 어리석은 일인지를 보여주려는 데 있는 듯하"고, "자유로운 다중이 자신들의 안녕을 한 사람에게 전적으로 위탁하는 것이 얼마나 조심스러운 일인지를 보여주려고 했던 것 같다"고 하며, 그 이유로 '군주란 다중에 대해 음모를 꾸민다는 것'을 들었다.(김호경 옮김, 《정치론》, 갈무리, 2009, 98~99쪽)

이 번역문만을 읽어서는 스피노자가 마키아벨리에 대해 그렇게 말한 의도 역시 분명하지 않다. 대체로 이해되기로는, 권력욕에 사로잡힌 자에게 모든 권한을 부여하는 것은 어리석은 짓임을 깨우치게 하려는 것이 《군주론》을 쓴 마키아벨리의 진심이라고 스피노자는 생각한 듯하다. 그러나 마키아벨리가 진심을 숨겼다고 본 점에서는 스피노자도 마키아벨리를 교활하다고 본 게 분명하다.

한편 몽테스키외는 《법의 정신》 등에서 마키아벨리와 유사한 주장을 자주 피력했으나, 그와 동시에 보르자에 대한 마키아벨리의 찬양을 비판하고 자신의 시대는 마키아벨리즘에서 차차 벗어날 것이라고 전망했다.(몽테스키외29-19, 497) 홉스, 로크, 흄도 마키아벨리에게 호의적이었다.

18세기 계몽철학자들은 마키아벨리를 더욱 호의적으로 보았다. 가령 디드로는 《백과전서》에서 《군주론》은 메디치가의 통치를 비롯한 전제정에 대한 비판서라고 평했다. 또 볼테르는 가톨릭을 비판하면서 그러한 비판의 선구자인 마키아벨리에게 동지애를 느꼈다. 그러나 볼테르는 자신이 지도한 프리드리히가 쓴 《반(反)마키아벨리론》의 서문에서 "유해한 마키아벨리"라고 했고, 이 점에서 마키아벨리에 대한 그의 동지애는 한계가 명백했다.

스피노자나 볼테르보다 더욱 분명하게 마키아벨리를 찬양한 루소는 《사회계약》에서 다음과 같이 말한다.

> 그는 군주에게 교시를 베푸는 체하면서 실은 위대한 교훈을 시민에게 주었던 것이다. 마키아벨리의 군주론은 공화주의자의 교과서다.(루소, 71)

그리고 위 문장의 주석에서 다음과 같이 말한다.

> 마키아벨리는 정직한 인간이며 선량한 시민이었다. 그러나 메디치가에 묶여 있었던 그는 그의 조국의 압제 속에서 자유에 대한 그의 사랑을 위장하지 않을 수가 없었다.(루소, 74)

이러한 견해는 우파인 에드먼드 버크가 프랑스혁명의 '민주적 전제'에 기초가 된 것은 '마키아벨리적 정책의 가증스러운 격언들'이라고 한 것과 마찬가지 의미였다.

마키아벨리에 대한 제3의 이해

위에서 보았듯이 스피노자와 루소가 마키아벨리에 대해 호의적인 견해를 보이 데 이어 그에 대한 더욱 적극적인 견해가 19세기에 나타났다. 프랑스혁명과 나폴레옹 전쟁이 독일과 이탈리아의 민족주의를 폭발시키면서 마키아벨리는 민족통일 내지 국가통일의 사상가로 다시 바뀌었다. 특히 독일의 헤르더, 피히테, 헤겔, 랑케 등은 마키아벨리를 도덕적 비판으로부터 해방시켰다. 마키아벨리에 대한 그들의 견해를 보여주는 책 가운데 우리말로 번역된 것은 아직 없어 유감이지만, 여기서는 헤겔의 견해만을 소개하도록 하자.

헤겔은 1801년에 썼지만 출판하지는 않은 논문 〈독일 헌법〉에서 마키아벨리가 그가 살았던 비참한 민족분열의 상황 속에서 냉정한 판단력을 가지고 국가통일에 의한 이탈리아 구제를 추구했다는 점에 주목하여 《군주론》을 평가해야 한다고 주장했다. 그런데 프리드리히는 도덕주의적 편견 때문에 마키아벨리가 그 책에서 한 말의 참된 의미를 인식할 수 없었다고 헤겔은 지적했다. 이어 그는 국가는 무엇보다 자기보존을 최고의 목표로 삼으며 이를 위협하는 것은 모두 범죄로 처벌할 수 있으므로 수단은 더 이상 문제가 아니라고 주장했다. 이탈리아에서도 이러한 주장이 이어졌고, 마키아벨리를 신성화하는 경향까지 나타났다.

19~20세기의 과학주의와 실증주의는 마키아벨리를 '정치의 발견자'나 '국가 운동법칙의 발견자'로 보았고, 더 나아가 '합리적, 경험적, 현실적, 과학적 인식'에서 마키아벨리가 갈릴레오 갈릴레이에 비견된다고 보기도 했다.

19세기 이후의 이런 마키아벨리 재평가에 선구자가 된 사람은 데 상크티스(Francesco De Sanctis, 1817~1883)다. 상크티스는 마키아벨리를 근대의 기수로 보고, 중세를 부활시키고자 한 사보나롤라에게 그를 대립시켰다. 여기서 중세란 스콜라학과 내세주의에 입각한 공상적, 상상적, 신비적, 사변적 세계를 말하고, 근대란 현실주의와 이에 근거한 인간의 자립적 활동으로 세워진 세계를 말한다. 그러나 데 상크티스는 근대에 대한 해석에서 문제점을 드러냈다. 가령 《군주론》 15장에 대한 해석에서 그랬다. 15장의 관련 구절을 인용해보자.

> 어떻게 살고 있는가의 문제는 어떻게 살아야만 하는가라는 문제와 대단히 거리가 멀기 때문에 무엇을 해야만 하는가의 문제에 매달려 무엇이 행해지는가의 문제를 소홀히 하는 사람은 자신의 보존보다 파멸을 훨씬 빠르게 배우게 된다.(군주15, 76)

데 상크티스는 이를 중세에 대한 근대의 주장이자 시적인 것에 대한 현실의 주장이라는 이중적인 의미를 가진 것으로 보았다. 다시 말해 중세의 '있어야 할 세계' 즉 당위에 대한 주장에 맞서는 근대의 '있는 세계' 즉 존재에 대한 주장인 동시에 시적인 것의 일반(당위)에 대립해 그러한 이념이 배제된 현실(존재)을 선언한 것이라고 해석했다. 그래서 마키아벨리가 한 말은 한편으로는 애국주의, 명예, 조국의 자유를 뜻하고, 다른 한편으로는 현실에 근거해 목적과 수단의 연관을 배려하면서 행동하는 냉정한 두뇌의 세계, 즉 감정, 도덕, 상상과는 무관하게 오로지 현실의 논리적 연관에 의해 행동하는 세

프란체스코 데 상크티스 / 프란체스코 사베리오 알타무라

계를 뜻한다고 보았다.

그런데 데 상크티스는 그 둘을 결합시키지 않고 후자를 전자보다 우월한 것으로 보았다. 그래서 《군주론》 26장을 현실과 대립하는 시적 요소이자 유토피아적 환상이라고 비판하고, 이것은 마키아벨리에게 비본질적인 것이라고 평가했다. 이러한 해석은 마키아벨리의 사상을 세속주의와 비도덕주의(상황에 따라 변하는 윤리학)로 보는 것이다. 이러한 비도덕주의에서 마키아벨리를 '국가이성', '권력의 악마'를 발견한 사람으로 보는 마이네케(Friedrich Meinecke) 등의 독일식 견해가 나왔다. 이러한 과학주의는 마키아벨리의 정치학을 '이념 없는 기술의 정치학'으로 만들었다.

카시러의 마키아벨리 이해

그러한 입장을 잘 보여주는 사람으로 카시러(Ernst Cassirer)가 있다. 그가 1946년에 쓴 《국가의 신화》는 1959년에 우리말로 처음 번역된 뒤 1988년에 다시 번역됐으며 번역자인 최명관이 454쪽에 이르는 방대한 연구서도 냈으니, 카시러의 사상은 우리나라에 널리 알려졌을 것이다. 카시러가 《군주론》에 대해 한 말 가운데 핵심은 다음과 같다.

> 《군주론》은 도덕적인 책도 아니고 부도덕한 책도 아니다. 그것은 그저 하나의 기술적인 책일 따름이다. 기술적인 책에서 우리는 윤리적 행위

나 선악의 규칙을 찾지 않는다. 무엇이 유용하고 무익한 것인가를 배우면 그만이다.(카시러, 194)

카시러는 갈릴레이의 역학이 현대 자연과학의 기초가 된 것과 비슷하게 마키아벨리는 현대 정치과학의 새로운 길을 열었다고 본다. 카시러에 의하면 《군주론》의 배경은 교회의 권위와 무관한 새로운 정치세력의 등장이었다. 그래서 마키아벨리에게 보르자는 개인적인 이유에서는 마땅히 경멸해야 할 사람이었음에도 정치적으로는 찬양해야 할 사람이었던 것이다. 사실 마키아벨리는 피렌체 공화국의 유지를 희망했으나, 보르자의 승리는 피렌체의 파멸을 뜻했다. 또 마키아벨리는 이탈리아의 통일을 가로막는 로마 교황청에 반대했으나, 보르자는 교황청의 지배 확대에 이바지했다. 그럼에도 마키아벨리가 보르자를 찬양한 것은 보르자가 보여준 '새로운 국가의 구조' 때문이었다. 마키아벨리는 오로지 힘에 의해 창조되고 유지되는 그 국가가 앞으로 유럽을 지배하리라고 보았다. 마키아벨리가 교회에 반대했으나 종교의 힘을 인정하고 종교를 정치에 이용해야 한다고 주장한 것도 같은 이유에서였다. 그러나 기독교를 자신이 주장하는 비르투와 반대되는 유약한 것으로 본 점에서는 니체와 유사했다.

카시러에 의하면 《군주론》은 자유와 정의를 위한 책이 아니라 권력의 장악과 유지의 방법을 쓴 책에 불과하다. 마키아벨리는 공화정에 봉사했지만 메디치가의 귀족정이 등장하자 거기에도 종사하고자

에른스트 카시러

《군주론》을 썼다. 그러니 확고한 민주주의자자는커녕 철저한 공화주의자도 아니었다. 그러나 파에촐트가 말했듯이 마키아벨리는 정치적인 것의 추상화를 통해 전체주의 정치관의 지적 사상가가 됐다고 카시러는 보았다.(파에촐트, 141) 카시러는 헤겔도 제국주의와 파시즘의 선봉장으로 보았다.(파에촐트, 151)

카시러에 의하면 정치기술에 대한 마키아벨리의 저술은 좌우익 어느 쪽에 의해서도 이용될 수 있다. 그런데 그것을 과학이라고 할 수 있는가? 정치나 국가라는 개념이 목적으로서의 이념이나 가치를 떠나서 성립할 수 있는가? 가령 마키아벨리의 사상이 세속주의라는 점은 그의 책을 읽어보면 누구나 쉽게 알 수 있다. 그러나 세속주의라고 하는 것만 가지고는 그의 사상이 지닌 특질을 알 수는 없다. 즉 수많은 세속주의 중에서 마키아벨리의 세속주의는 어떤 것인지를 규명할 필요가 있다.

러셀의 마키아벨리 이해

영국 철학자 러셀(Bertrand Russell, 1872~1970)이 1945년에 쓴 《서양철학사》는 요즘처럼 빨리 변하는 세상에서는 구닥다리 취급을 받을 수도 있는 책임에도 과거에 번역됐다가 2009년에 다시 새 번역본이 나온 것을 보면 그 가치가 결코 없어지지 않았음을 알 수 있다. 내가 그 책을 통해 살펴보고자 하는 것은 러셀이 마키아벨리를 어떻게 보았는가가 아니라 마키아벨리에 대한 양극단의 평가가 있는 가운데 그 책에서 어떤 중용적인 견해를 찾아 볼 수 있지는 않을까 하는 기대에서다. 그의 말부터 직접 들어보자.

> 마키아벨리란 이름에 늘 따라다니는 비방이나 악평은, 대체로 악평을 솔직하게 인정한 태도를 못마땅하게 여긴 위선자들의 분개에서 비롯된다. 진정한 의미에서 비판이 필요한 곳이 여러 군데 있지만, 시대적 상황에서 비롯된 한계를 표현할 따름이다. 마키아벨리가 당대의 정치적 부정행위에 대해 보여준, 지적으로 정직한 태도는 그리스를 제외한 다른 어느 시대, 어느 나라에서도 찾아보기 힘들다.(러셀, 654)

러셀이 《서양의 지혜》에서도 되풀이하는 이러한 평가는 타당하다. 여기까지는 정치학자들은 물론 시오노 나나미도 러셀을 인용하면서 강조한 부분이다. 그러나 그러면서도 러셀은 마키아벨리에 대해 "히틀러의 독일 의회 해산과 1934년에 그가 단행한 국내 숙청, 뮌헨협정 후 그의 배신행위를 절찬했을지도 모른다"고 한 점을 주목해야 한다.(러셀, 656) 왜냐하면 정치학자들이나 시오노는 러셀의 이러한 마키아벨리 비판을 고의로 언급하지 않기 때문이다. 그들은 러셀의 논의 중 마키아벨리에게 유리한 부분만을 인용하고 있다. 그것만이 자신들의 입맛에 맞기 때문이다. 특히 시오노의 이런 마키아벨리 인용은 앞에서 본 그의 서머싯 몸 인용과 유사한 방식이라고 할 수 있다.

버트런드 러셀

러셀이 말한 히틀러를 박정희나 전두환, 또는 김일성이나 김정일에 비교하면 화를 낼 사람들이 많겠지만, 러셀이 한반도에 살았다면 그랬을 것이라고 나는 믿는다. 그러나 동시에 러셀은 고대 그리스와 로마에서 르네상스로 이어진 "자유를 향한 갈망, 그리고 견제와 균형의 이론"이 마키아벨리에게서 나타난 점은 "중요하게 다루어야 한다"고 주장한다.

그리고 그는 "마키아벨리는 어떤 정치적인 논증이든 결코 그리스도교나 성경에 근거하여 풀어가지 않았다는 점에 주목해야 한다"고 주장한다.(러셀, 660) 이를 우리 식으로 바꾸어보면 '전통사회에서 유교 경전에 근거하지 않았다'는 말과 같다. 전통사회에서는 물론이고 현대사회에서도 유교를 공부하는 사람에게서 유교 경전에 근거하는 태도를 흔히 볼 수 있는 우리에게는 5백 년 전에 이미 마키아벨리 같은 반권위주의적 인물이 있었다는 사실이 놀라운 일이 아닐 수 없다. 그러나 러셀은 역시 마키아벨리에 대해 비판적임을 다음 글에서도 읽을 수 있다.

> 러시아와 독일의 새로운 사회는 신화적인 리쿠르고스가 스파르타의 정책을 창조한 방식과 동일하게 창조되었다. 고대의 입법자가 자비로운 신화 속의 인물이었다면 근대의 입법자는 냉정하고 현실적인 인물이다. 세계는 더욱 마키아벨리의 세계와 닮아간다. 그리고 마키아벨리의 철학을 거부하겠다는 희망을 품은 현대인은 19세기보다 더욱 천착해서 사

고해야 한다.(러셀, 663)

더욱 흥미로운 것은 마키아벨리와 니체를 비교하는 러셀의 관점이다.

> 니체와 마키아벨리는 둘 다 권력을 지향하고 계획적으로 그리스도교에 반대하는 입장을 표명한 윤리학을 세우지만, 이 점에서는 니체가 더 솔직한 편이다. 마키아벨리와 체사레 보르자의 관계는 니체와 나폴레옹의 관계와 같은데, 위대한 자는 열등한 적대자들에게 패배를 당한다는 점에서 그렇다.(러셀, 963)

20세기 후반의 마키아벨리 평가

공화주의자가 본 마키아벨리

20세기 후반에도 마키아벨리를 좋아하는 사람들이 있었다. 그중에서 최근 우리나라에도 소개된 사람이 포콕을 비롯한 정치학자들이다. 포콕은 1975년에 쓴 방대한 《마키아벨리안 모멘트》에서 고대 로마의 공화주의적 정치사상(특히 키케로의 사상)이 르네상스 이탈리아의 시민적 휴머니즘에 의해 재생되어 이탈리아 도시국가의 자치와 공화정에 패러다임이 됐다고 보고, 마키아벨리의 《로마사 논고》에 나타나는 공화제와 그것을 지키는 시민군을 그 하나의 사례로 본다. 즉 고대의 자유로운 공화국을 이상으로 삼고 그것을 담당하는 시민의 군대를 모범으로 한 마키아벨리 이후의 경향을 마키아벨리안 모멘트, 즉 마키아벨리의 계기라고 하고, 그것이 17세기 영국의 공화주의(해링턴 등의 정치사상)를 거쳐 미국 독립운동의 아버지들의 사상을 비롯한 18세기의 사상에도 영향을 미쳤다고 주장했다.

이런 견해는 스키너와 비롤리 등에게도 이어졌다. 앞에서 말했듯이 20세기에 마키아벨리를 가장 호의적으로 소개한 사람은 스키너다. 앞에서 언급한 포콕의 방대한 저술도 최근 번역됐으니 참고할 수 있다. 이들은 요컨대 마키아벨리를 고대의 공화주의 전통을 르네상스 휴머니즘 속에 부활시킨 공화주의 사상가로 본다. 우리나라에서도 공화주의를 신봉하는 학자들은 이 계열에 속한다고 볼 수 있다.

스트라우스가 본 마키아벨리

그러나 20세기에도 마키아벨리를 좋아하는 사람들만 있었던 것은 아니다. 앞에서 본 러셀도 마키아벨리를 좋아했다고 할 수 없지만, 아마도 20세기에 마키아벨리에 대해 가장 비판적이었던 사람은 스트라우스일 것이다. 앞에서 나는 스키너가 스트라우스에 대해 "마키아벨리를 단지 '악의 교사'로 간주하는 전통적 관점을 뉘우침 없이 고수하고 있다"고 비판했다고 소개했는데, 도서관에 가 보니 우리말로 번역된 스키너의 책 옆에 5백 쪽이 넘는 스트라우스의 책이 꽂혀 있다. 그 책의 첫 줄에 "마키아벨리는 악을 가르치는 선생이다"라는 말이 인용되어 있으니, 스키너가 한 말의 의미를 충분히 알 수 있다. 그러나 스트라우스는 바로 이어 그 말을 "사심 없는 표현이거나 혹은 아무에게도 해가 되지 않는 조소 정도"라고 한다. 그리고 5쪽 뒤에서 "마키아벨리의 진정 뛰어난 점인 생각의 단호함, 비전의 웅대함, 언어의 미묘함"을 말하는 등 전통적 관점과는 매우 다른 입장을 5백 쪽 이상에 걸쳐 보여준다.

하버드대학 정치학과의 맨스필드에 의하면 스트라우스야말로 지금까지의 두 가지 마키아벨리론을 고르게 다룬 "최초의 인물"이고, 반면 스키너 같은 사람은 "마키아벨리를 무의식적으로 추종하면서 그 부도덕성을 용납하기 때문에 그의 혁신에 대해 올바른 인식을 갖지 못한다."(맨스필드, 7) 맨스필드는 후쿠야마와 더불어 네오콘의 핵심적 이론가라는 평가를 받는 인물이지만, 마키아벨리에 관해서는 세계적인 명성을 쌓은 사람이다. 분명한 것은 앞에서도 언급했듯이, 도덕성과 관련해서는 스트라우스가 20세기 학자 중에서 마키아벨리를 가장 적극적으로 평가했다는 점이다.

여기서 스키너와 스트라우스의 논지를 더 장황하게 설명할 필요는 없다. 다만 《만드라골라》에 대해 스트라우스가 한 말만 들어보고 넘어가자. 이 희곡에 대해 스트라우스는 "공동선이나 공명심도 관심 밖이었고, 오직 한 여성에 대한 욕망만을" 다루었고(스트라우스, 374), "이 희곡의 행동은 자신은 항상 모든 이의 이익에 기여하려는 자연적인 욕구에 따라 행동했다는 마키아벨리의 주장과 일치한다"고 말한다.(스트라우스, 376)

또한 스키너와 스트라우스 사이에 정치적 입장이 그렇게 많이 차이가 나는 것은 아니라는 점은 지적해둘 필요가 있겠다. 스키너는 마키아벨리와 같은 공화주의자인 반면 스트라우스는 네오콘의 원조로 꼽히지만, 둘 다 영미의 자유주의를 비롯한 온건한 정치사상 내지 미국 우월주의에 속한다고 볼 수 있기 때문이다.

스트라우스의 《마키아벨리》는 부피도 대단할 뿐 아니라 매우 난해하다. 마키아벨리에 대한 스트라우스의 해설을 보다 간단한 버전으로 보고 싶으면 그가 크랍시와 함께 1963년에 엮은 《서양정치철학사》에 포함된 그의 마키아벨리 관련 논문을 보면 된다. 그의 논지는 간단하다. 마키아벨리는 고대 서양철학에서 숭상하던 덕성을 버리라고 했다는 점에서 악마라는 것이다. 또한 맨스필드의 《마키아벨리의 덕목》 9장 '스트라우스의 마키아벨리'(맨스필드, 344~361)도 스트라우스의 논지를 이해하는 데 도움이 될 것이다.

그레이가 본 마키아벨리

영국의 정치학자 그레이(John Gray)는 《추악한 동맹—종교적 신념이 빚어낸 현대 정치의 비극》에서 다음과 같이 말한다.

> 이라크에서 펼쳐지고 있는 재앙은 순전히 사고방식 때문에 생긴 결과다. 그리고 그 사고방식은 반드시 폐기되어야 한다.
>
> 과거의 전통을 이 시대에 맞게 수정한 새로운 사상이 필요하다. 우리는 유토피아를 추구하는 대신 현실에 대처하며 살아가야 한다. 그렇다고

> 우리가 안고 있는 모든 문제를 해결해줄 것이라는 기대를 품고 과거의 현실주의 사상가들의 저술을 찾아 읽어서는 안 된다. 현실주의 사상은 현존하는 정부들은 전쟁상태와 같은 끝없는 갈등 속에서 자신들의 목표를 달성해야 한다고 본 마키아벨리의 통찰에 뿌리를 두고 있다. 마키아벨리의 통찰은 르네상스 시대의 이탈리아와 오늘날 사이에 놓여있는 시대의 간극을 뛰어넘어 여전히 유효하지만 거기에 담겨 있는 의미는 환경에 따라 변한다. 심지어 당대의 최신 현실주의 이론도 심각한 결함을 안고 있었다. 그러나 현재의 갈등을 어떻게 다뤄야 할 것인지 가르쳐줄 수 있는 사상은 다름 아닌 현실주의다.
>
> 현실주의는 신념을 전제하지 않은 상태에서 독재와 자유, 전쟁과 평화를 사유할 수 있는 유일한 사유방식이다. 현실주의는 도덕관념이 없다는 점에서 악명이 높지만 윤리적으로 진지한 유일한 사고방식이고 그렇기 때문에 의심을 받는다.(그레이2011, 273)

그레이는 그 예의 하나로 나치즘을 물리치고 공산주의를 봉쇄한 것이 현실주의라고 말하면서 그 기본을 1946년에 케넌이 말한 것, 즉 “감정을 앞세우거나 동요하지 말고 용기, 냉철함, 객관성, 결단력을 가지고” 소비에트 체제를 연구해야 하며 “우리가 처할 수 있는 가장 큰 위험은 … 우리가 대처해야 할 상대를 닮는 것”이라고 한 것을 든다.(그레이2011, 274~275)

> 위기를 맞을 때마다 그 위기를 인류를 구원하기 위해 하늘이 내린 기회라고 생각하는 확고한 신념은 절대로 제거할 수 없는 위험을 다루기에 부적합하다. 위험에 처했을 때는 냉정한 결단력과 지적인 냉철함이 더 유용하다. 최상의 현실주의는 이러한 특성을 지녔다.(그레이2011, 275)

그러나 냉정한 결단력과 지적인 냉철함이 그렇지 못한 것, 가령 감정이나 동요보다는 더 유용하더라도 그것이 아무런 목표가 없는 경우라면 문제가 있다. 즉 그것은 나치즘이나 공산주의에도 악용될 수 있다. 그레이는 마키아벨리에게 아무런 목표나 이상이 없었다고 보는지 모르겠지만, 만약 그렇다고 한다면 그것은 마키아벨리를 오해한 것이다. 마키아벨리는 휴머니즘을 비롯한 16세기 르네상스의 모든 이상을 공유했다. 그는 당대의 로마 가톨릭을 비판하기는 했지만 종교의 필요성이나 유용성까지 완전히 거부하지는 않았다. 그런 점에서 그는 그야말로 철저한 현실주의자였다.

비록 그 자신이 성취하지는 못했지만 피렌체 공화주의와 이탈리아 통일이라는 목표가 그에게 분명히 있었다. 이 점에서 그와 같은 시대를 살았던 모어가 쓴 《유토피아》와 마키아벨리가 쓴 책이 크게 다른 것이 아니다. 모어는 영국의 현실을 비판하고자 그 책을 썼으므로 마키아벨리와 같은 현실주의자였다. 따라서 마키아벨리와 모어를 각각 단순히 현실주의자와 이상주의자라고 단정할 수 없다. 굳이 말한다면 이상적 현실주의자와 현실적 이상주의자이리라.

리더십과 마키아벨리

리더십에 관한 책들이 범람하는 가운데 마키아벨리로부터도 리더십에 대해 배우자고 하는 책들이 나온다. 우선 마이클 레딘(Michael Ledeen)이 1999년에 쓴 《마키아벨리로부터 배우는 지도력》이 있다. 출판 다음해인 2000년에 번역된 이 책의 내용은 저자 레딘이 교수로 있었던 미국기업연구소(AEI; American Enterprise Institute)의 성격과도 관련된다. 그곳은 미국의 부시 행정부 내 요소요소에 포진했던 네오콘 즉 신보수주의자들의 이론적인 근거지라고 할 수 있는 곳으로, 1943년에 기업들의 이익을 정책적으로 대변하기 위한 기구로 설립된 뒤 '정부역할 축소'와 '자유시장 옹호'를 목표로 삼아왔다. 이 책은 부시나 이명박에게도 영향을 주었을지 모른다.

카네스 로드(Carnes Lord)의 《통치의 기술》도 비슷한 책이다. 2003년에 나온 책을 2008년에 번역한 것인데, 저자는 레이건과 부시 행정부에서 일한 보수주의자다. 스탠리 빙(Stanley Bing)이 2000년에 쓴 《마키아벨리라면 어떻게 할까?》도 역시 비슷한 책이다. 출판된 다음해인 2001년에 번역된 이 책은 속류 마키아벨리즘인 "목적이 비열한 행동을 정당화한다"는 말을 되풀이한다.

그러나 경영 리더십 차원에서도 마키아벨리로부터 배워서는 안 된다고 하는 책도 있다. 독일의 경영자인 베른하르트 A. 그림의 《권력과 책임—최고리더십을 위한 반(反)마키아벨리즘》(1996, 번역은 2002)이다. 독일 사람답게 대단히 철학적인 이 책의 부제인 '최고리더십을 위한 반(反)마키아벨리즘'은 원저에는 없는데 한국에서 번역본을 내며 붙인 것인데, 책에는 반(反)마키아벨리즘에 대한 설명이 2장에만 나온다. 그런데 역시 독일 사람답게 마키아벨리에 대해서는 반대하면서도 니체는 적극적으로 수용하는 점에서 문제가 있다.

인도인이 본 마키아벨리

1장에서 본 루슈디는 인도 출신이다. 인도인들이 다 그런 것은 아니겠지만, 루슈디를 비롯한 인도인들이 서양에 대해 비판적인 안목을 갖는다는 것은 그렇지 못한 한국인에게 어떤 시사를 준다. 인도의 수상이었던 네루가 영국의 지배 하에서 독립운동을 하다가 감옥에 갇힌 상태에서 써서 어린 딸에게 보낸 세계사 이야기 중 르네상스에 대해 설명한 부분의 마지막에서 마키아벨리에 대해 다음과 같이 한 말도 참고가 될지 모르겠다.

> 내가 말하려는 또 한 사람은 그가 위대해서가 아니라 유명하기 때문이야. 역시 피렌체인인 마키아벨리야. 그는 15, 16세기에 흔했던 정치꾼에 불과했지만 《군주론》을 쓰면서 유명해졌어. 그 책은 우리에게 당시의 군주와 정치인의 진심에 대해 알게 해준단다. 마키아벨리는 종교란

정부에 필요한 것이지만 그것이 국민에게 도덕을 알게 하기 위해서가 아니라 무지한 국민을 통치하고 복종시키기 위해서라고 한 것을 주목해야 해. 더 나아가서 그는 스스로 사악하다고 믿는 종교를 지지하는 것이 군주의 의무라고도 했어!

이어 네루는 마키아벨리가 말한 사자와 여우의 비유를 인용한 뒤 "이 얼마나 기막히게 교활한가. 악한일수록 선량한 군주라니!"라면서 마키아벨리가 살았던 시대는 물론이고 당시의 제국주의 국가들에서도 그런 군주를 얼마든지 볼 수 있어서 전쟁이 끊이지 않는다고 했다. 네루는 군주란 선량해야 한다고 믿었다. 현실에는 불량한 군주가 더 많지만 그럼에도, 아니 그럴수록 더 선량한 군주를 기대해야 한다고 믿었다. 그리고 악한을 선량한 군주라고 한 마키아벨리를 교활하다고 비판했다.

네루는 1910년대에 영국에서 정통 엘리트 교육을 받았다. 마키아벨리에 대한 그의 인식은 그 무렵에 심어졌을 것이다. 당시 마키아벨리에 대한 서양의 일반적 인식이 그러했는지, 아니면 그러한 견해를 그가 독창적으로 갖게 된 것인지는 정확하게 알 수 없다. 그러나 당대의 간디를 비롯한 인도 지성인들이 공통으로 보여주는 것은 철저한 반마키아벨리즘이다.

간디는 마키아벨리에 대해 언급조차 하지 않았지만, 자신의 《자서전》을 '진실 추구 이야기'라고도 부른 그가 마키아벨리즘에 찬성했을 리는 없다. 그러나 인도의 전통적인 정치학이라고 하는 것은 바로 마키아벨리즘이었다. 정치란 어차피 그런 사악한 것이니 종교인이나 종교를 믿는 사람은 정치와는 무관하게 살아야 한다고 힌두교는 가르쳤다. 반면 간디나 네루는 그런 인도의 전통에 반대하고 저항했다. 그것이 바로 그들의 비폭력 민족해방투쟁이었다.

네루와 간디를 포함한 인도인들은 군주란 대부분 마키아벨리즘의 인간임을 잘 알고 있었다. 마키아벨리가 《군주론》을 쓰기 전에도 대부분의 군주가 그러했지만, 간디나 네루가 살아있었던 당시에 인도를 침략한 서양의 군주들도 그러했다. 물론 어느 시대에나 군주만이 아니라 정치인, 사업가, 자본가, 군인, 종교인 등 지배계급에 속한 인간은 모두가 그러했다. 마키아벨리는 그런 사악한 군주 등 지배자의 진심을 노골적으로 드러내어 보여주고 그것을 정당화 내지 합리화한 자에 불과한 것으로 네루에게는 보였다. 그 뒤 수십 년이 지난 뒤에도 마키아벨리에 대한 인도인들의 인식은 루슈디의 소설에서 보듯이 그렇게 좋게 바뀐 것 같지 않다.

나의 마키아벨리 평가

한국인과 마키아벨리

머리말에서 마키아벨리에 대한 책은 국내외에 수없이 많다고 했다. 그러나 그 책들을 읽어보면 서양인이 서양인의 입장에서 쓴 글이거나, 일본인이나 한국인과 같은 동양인이 그런 서양인의 글을 마치 자신의 글인 양 옮겨 쓴 것 같은 느낌을 받게 된다. 가령 앞에서 본 《세계의 역사를 뒤바꾼 1000가지 사건》(내셔널지오그래픽 지음)에는 한반도에서 일어난 사건이 단지 3건 실려 있는데, 그것은 1592년과 1910년에 있었던 일본의 조선 침략과 1950년에 있었던 북한의 남한 침략이다. 그런데 일본의 조선 침략에 관한 글은 일본의 입장에서, 북한의 남한 침략에 관한 글은 미국의 입장에서 쓴 것이다. 특히 후자는 맥아더와 트루먼의 대립에 초점이 맞추어져 있다. 그 비극적인 동족간 전쟁으로 수많은 사람들이 죽었고, 그것이 냉전의 계기가 됐다는 사실만이라도 서술해야 함에도 그렇게 하지 않았다.

마키아벨리는 분명 서양인이니 서양인이야 마키아벨리에 대해서도 그렇게 서술하는 것이 당연하다고 해도, 일본인이나 한국인이 덩달아 그러는 것에는 문제가 있다. 서양인의 입장과 동양인의 입장은 다르기 때문이다. 5백 년 전부터 그의 책을 읽었을 서양인과 달리 (그런 서양인도 물론 전체 서양인 중 일부였겠으나) 동양인은 아무리 빨랐어도 1백 년 전부터나 그것을 읽었으리라.

실제로 1백 년 전에 한국인이 마키아벨리의 《군주론》을 읽었다면 어땠을까? 아마도 대다수가 그 책이 광해군이나 연산군 같은 폭군이나 풍신수길이나 이등박문 같은 외국인 침략자를 찬양하는 책으로 여겨 쓰레기통에 집어던졌을 것이다. 유교에서는 도덕군자인 성군(聖君)을 찬양했으니 말이다. 고대 중국에도 마키아벨리와 비슷한 한비자(韓非子) 같은 사람이 있긴 했지만, 일본이 아닌 한반도에서는 전통적으로 한비자를 훌륭한 사람으로 보지 않았다. 그런데 이런 태도는 인지상정 같은 것이니 서양에서도 사정은 비슷했으리라고 생각되고, 그래서 서양에서도 대체로 마키아벨리를 싫어했지만 시간이 지남에 따라 폭군 같은 자들이 많아진 탓인지 차츰 그를 좋아하는 사람들이 많이 생긴 듯하다. 한국을 비롯한 동양이 최근 1백 년 사이에 서양을 열심히 모방하면서 마키아벨리까지 좋아하게 된 것인지는 모르지만, 그것이 과연 좋은 일인지는 의문이다.

요즘 같아서는 일본인 이야기는 하고 싶지도 않지만, 마키아벨리와 관련해서는 앞에서 언급한 시오노 나나미의 《나의 친구 마키아벨리》라는 책이 한국에서 널리 읽히고 있고 여기저기서 인용까지 되는 형편이니 한마디만 하겠다. 이 책은 1996년에 우리나라에서는 최초로 소개된 마키아벨리 평전이다. 나로서는 일일이 이 책의 문제점을 지적할 생각조차 없지만, 형편없이 내용이 빈약하고 문제가 많은 이 책이 한국 사람들에게 마키아벨리에 대한 잘못된 생각을 심어주었다는 점, 즉 한국 사람들로 하여금 마키아벨리를 대단히 훌륭하고 멋진 사람으로 보게 만든 점은 문제가 아닐 수 없다.

풍신수길이나 이등박문이 일본에서는 국가영웅으로 숭배되지만 한국에서는 숭배되지 않는데도 그런 자들의 이야기를 대하소설로 쓴 《대망》이니 《대물》이니 하는 3류 소설들이 일본에서는 물론 한국에서도 널리 읽혀왔는데, 시오노의 마키아벨리 전기도 그런 종류의 책 가운데 하나라고 나는 본다. 1백 년 전의 한국인들이 알았다면 기절할 이야기다. 한국이 일본화됐다고 할까, 일제 36년이 아직도 이어지고 있다고 할까.

일본에 나라를 팔아먹은 것만 친일이 아니다. 일본적인 정신을 잇는 것은 더 심각한 친일이다. 그런 쓰레기 같은 책을 소개하고 번역하고 출판하는 짓도 친일이라고 나는 생각한다. 일본에서도 그런 경향은 우익적인 것이다. 최소한 민주주의를 믿는 사람들이라면 그런 책을 읽지 않는다. 게다가 그런 책들이 한때 좌익이었던 자들에 의해 번역되고 출판되고 인용되는 현실이 너무나 서글프다.

심지어 시민해방을 주장한 마르크스는 군주론자 내지 공화론자인 마키아벨리를 분명히 비판했음에도 불구하고 마키아벨리를 마르크스처럼 계급해방의 사상가였다고 보는 일부 좌파적 견해도 국내외에 있다. 마르크스가 이미 죽었으니 망정이지 그가 살아있었다면 통탄했을 일이고, 정통 마르크스주의를 믿는 사람들은 당연히 못마땅해 할 일이다. 그러나 여하튼 그런 게 있는 것은 분명하다. 그런데 일부 좌파는 마키아벨리를 계급해방 사상가인 것처럼 보면서도 그가 당대의 노동자, 농민 등 실질적으로 계급적 억압 아래 있었던 사람들에 대해서는 철저히 무관심했고, 기껏해야 자신과 같은 지극히 제한된 시민계급 중심의 공화제를 주장했다는 측면을 무시한다.

그런 좌파가 아닌 나는 마키아벨리가 살았던 시대의 노동자, 농민을 이해하지 않고는 계급해방 운운하는 말로 마키아벨리를 설명해서는 안 되며, 그래서는 그에 대한 최소한의 이해도 불가능하다고 본다. 사실 르네상스에 대한 대부분의 책들이 그런 문제에 대해 소홀할 뿐 아니라 심지어 크리스 하먼이 쓴 《민중의 세계사》 같은 책에도 르네상스에 대한 설명은 기존의 다른 역사책과 조금도 다름이 없다. 2004년에 나온 '타임라이프 세계사' 시리즈의 르네상스편인 《천재들의 시대》에는 마키아벨리와 미켈란젤로가 친구라는 터무니없는 허위가 사실인 것처럼 씌어 있기도 하다.

마키아벨리를 바라보는 나의 관점

나는 마키아벨리가 살았던 시대에 그의 조국인 이탈리아는 갈가리 찢겨진 분단국가였고, 그래서 그가 이미 통일되어 이탈리아를 침략하는 프랑스나 스페인 등 강대국처럼 강력한 통일국가를 이루고자 한 것은 분명한 사실임을 우선 밝혀두고 싶다. 그러면서도 그는 당시의 프랑스나 스페인 같은 군주국이 아니라 공화국을 세우고자 했다는 점도 분명히 해두고 싶다. 이를 부정하는 견해는 찾아보기 어려우니 이에 관한 나의 주장도 특별한 것은 아니다.

그런데 그런 공화국을 세우기 위해서는 수단과 방법을 가리지 말아야 한다고 마키아벨리가 말했다고 하는 데 문제가 있다. 물론 마키아벨리가 그런 말을 한 적은 있다. 그러나 그것은 그가 어디까지나 예외적으로 그래야 한다고 한 것임을 나는 강조한다. 즉 그는 정치란 전통에서 강조된 대로 도덕적으로 하는 것이지만 그렇게 할 수 없을 때에는 예외적으로 비도덕적인 수단도 강구할 필요가 있다고 말한 것이다. 따라서 종래의 도덕과 정치의 통일을 부정하고 오히려 그 둘의 분리를 주장했다는 의미에서 그를 정치학의 아버지라고 평가하는 것에는 문제가 있다. 도리어 그는 고대 그리스·로마 이래의 도덕정치라는 전통을 이었다. 이런 의미에서 그는 분명히 도덕적인 사람이었음을 나는 강조하고 싶다.

이처럼 도덕적 정치라는 전통에 입각하되 전통과 달리 도덕의 예외도 정치에서 인정한 점에서 그는 르네상스인이다. 왜냐하면 르네상스인들은 단순히 전통적 가치를 존중하기만 한 것이 아니라 그것을 존중한다는 원칙 아래 현실에 대한 관찰에 입각하여 동태적이고 다원적인 판단을 했기 때문이다. 즉 르네상스인들은 중세 가톨릭의 정태적이고 일원적인 입장에서 벗어나 휴머니즘의 동태성과 다원성에 입각해 사고했다. 이런 점에서 마키아벨리도 대부분의 르네상스 지식인이나 예술가와 마찬가지였다. 그리고 그와 같은 입장은 그 뒤로도 이어져 미국 독립운동을 비롯한 여러 공화주의 운동에 영향을 미쳤다.

그러나 르네상스가 동태적이고 다원적인 사고에 입각한 것에서 알 수 있듯이 당시에 마키아벨리 같은 르네상스 사상가들만 있었던 것은 아니다. 가령 정치학 분야에도 마키아벨리와 대조적인 사람들이 있었다. 그중에는 《유토피아》를 쓴 모어나 《우신예찬》을 쓴 에라스무스 같은 학자들도 있었다. 흔히 모어는 사회주의의 선구, 에라스무스는 평화주의의 선구라고 하여 마키아벨리와 구별하기도 하지만, 도덕과 정치라는 차원에서 보면 모어·에라스무스와 마키아벨리는 상대적으로만 구별된다. 즉 모어와 에라스무스는 마키아벨리에 비해 정치보다 도덕을 더 중시했을 뿐이다. 이는 이상과 현실 중 어느 것에 중점을 두어야 하느냐는 논의와도 연관된다.

우리는 도덕과 정치 중 어느 하나만을 선택할 수도 없고, 이상과 현실 중 어느 하나만을 선택할 수도 없다. 시대에 따라, 경우에 따라, 융통성 있게, 현실성 있게 어느 하나를 다른 하나보다 좀 더 강조하면서 선택할 수밖에 없다. 나는 마키아벨리가 조국의 통일과 발전을 위해 상황에 따른 선택을 하고 그것을 다양하고 다원적으로 실천했다고 생각한다. 그리고 그런 선택과 실천은 지금 우리에게도 절실하게 필요하다고 본다. 왜냐하면 마키아벨리가 비판하고 도전했던 중세적 도그마와 다를 바 없는 전근대적 도그마가 지금 우리에게 여전히 도사리고 있기 때문이다. 특히 정치에서 그렇다. 이상이 내가 갖고 있는 마키아벨리의 이미지다.

우리가 마키아벨리에게서 배워야 할 것

앞에서 언급한 그레이의 《추악한 동맹》은 2007년에 나온 원저를 2011년에 우리말로 옮겨 펴낸 책으로, 기독교의 종말론이 유토피아 사고를 낳아서 프랑스혁명과 러시아혁명, 나치즘의 공포정치, 그리고 미국 부시 정권의 중동 침략을 결과했다고 본다. 즉 종교와 정치의 '추악한 동맹'이 서양문명의 근본 문제라는 것이다. 어떤 반기독교론보다도 강력한 반기독교적 주장이다. 물론 이에 대한 반론도 충분히 있을 수 있다. 그런 주장은 '공자가 나라를 망친다'는 주장처럼 터무니없다는 식의 반론이 있을 수 있다.

그런데 그레이는 예수만이 아니라 플라톤, 아리스토텔레스, 볼테르, 칸트, 헤겔, 마르크스, 밀 등을 모두 비판한다. 마키아벨리만이 '추악한 동맹'에서 유일한 예외인 듯하다. 그러나 그레이가 플라톤과 아리스토텔레스에 대해 제기한 '노예제 옹호' 비판(그레이2011,

90)이 마키아벨리에게는 해당되지 않는다고는 볼 수 없다. 르네상스 시대에도 노예는 존재했고, 마키아벨리는 노예제를 비판하거나 부정한 적이 없다. 그레이는 볼테르와 칸트, 밀을 인종주의자라거나 식민주의자라고 비판하는데(그레이2011, 91), 이 점은 마키아벨리의 경우도 마찬가지다.

따라서 그레이가 마키아벨리에 대해서만 그런 점들을 지적하지 않은 것은 공정하지 못하다. 그러나 이런 불공정함만을 문제 삼을 건 아니다. 마키아벨리를 포함한 서양의 사상가들 모두가 가진 반민주적인 성격이 문제이며, 우리는 그것을 배워서는 안 된다. 민주주의가 없었던 5백 년 전에 살았던 마키아벨리에게 민주주의를 기대한다는 것 자체가 무리인 것이 사실이다. 그런데 그 시대에는 마키아벨리만한 민주주의자가 없었던 것도 사실이다. 그러나 지금 우리가 추구하는 민주주의를 그가 좋아했거나 주장했던 것은 분명 아니다.

다시 그레이의 주장을 비판적으로 보고 말하자면, 유토피아 자체가 나쁜 것은 아니다. 예수는 물론이고 모어도 폭력적인 방법으로 세상을 유토피아로 만들자고 주장하지 않았다. 모어만이 아니라 대부분의 유토피아주의자들이 그렇게 주장하지 않았다. 그레이는 프랑스의 자코뱅, 러시아의 볼셰비키, 히틀러의 파시스트, 부시의 네오콘 등이 유토피아를 주장하면서 폭력을 행사했다고 하지만, 그들의 유토피아와 예수나 모어의 유토피아는 분명히 구별해야 한다. 중요한 것은 종말론이 아니라 폭력론 그 자체다.

나는 마키아벨리에 대해서도 그가 예외적으로 필요한 경우에만 폭력을 허용하고, 특히 제국적 침략 차원의 폭력까지 허용한 점을 그가 살았던 16세기 이탈리아 피렌체의 국가적 위기상황에 비추어서는 이해할 수 있다고 생각하지만, 역시 그것이 지금 우리가 배워야 할 점은 분명 아니라고 생각한다.

마키아벨리는 우리에게 가령 소농사회 또는 공산사회였던 과거나 자연(상태)으로 돌아가자는 등의 헛소리를 하는 공상적 유토피아를 몽상할 것이 아니라 철저한 현실분석 위에서 목적과 수단을 구별하고 목적을 이루기 위해 수단을 현실적으로 유효하게 선택할 것을 권유한다. 마키아벨리의 이런 측면은 우리가 존중해야 한다고 그레이처럼 나도 믿는다. 그러나 나는 마키아벨리가 그런 정도에 그친 것은 아니라고 본다. 그레이는 마키아벨리의 목적인 시민정치에 대해 아무런 지적도 하지 않지만, 나는 이 점에 대한 철저한 인식 없이는 마키아벨리는 물론이고 자코뱅도, 볼셰비키도, 파시즘도, 네오콘도 충분히 비판할 수 없다고 본다. 즉 현실주의만으로는 충분하지 않다. 마키아벨리가 현실주의에만 그친 것은 아니다.

여기서 유토피아와 관련해 꼭 지적해 두어야 할 것은 소위 '대안'의 문제다. 우리 사회에서는 언제부터인가 누군가가 현실 사회를 비판하면 대안이 무엇인지를 묻고 대안이 없다고 하면 비판 자체가 무의미하다고 몰아붙이는 이상한 풍조가 생겨났다. 이런 풍조는 그동안 자본주의 사회를 비판하는 사람들 사이에 사회주의 내지 공산주의를 모범으로 삼는 사고방식이 있었고, 그 결과로 사회주의가 대안으로 제시되곤 했던 것에서 기인했다고 볼 수 있다. 그러나 나는 어떤 구체적인 사회주의 따위가 필요한 게 아니라, 어떤 종류의 이상에든 이르기 위해서 필요한 기본적인 사고방식 내지 생활방식의 대안이 필요하다고 생각한다. 그것은 바로 자유·자치·자연의 3자(自) 원칙 존중이라고 나는 오래전부터 주장해왔다. 나는 이것이 나름으로 현실주의적인 이상주의라고 생각한다.

여하튼 마키아벨리 이전에도 정치적 현실주의자는 많았다. 스트라우스가 존경한 고대 그리스의 역사가 투키디데스, 고대 중국의 철학자 한비자, 고대 인도의 정치가 카우틸랴(Kautilya) 등 모든 고대 사회에도 그런 현실주의 사상가가 있었다. 아니, 그런 사상가나 역사가가 없었어도 왕이나 독재자나 군인들은 이미 충분히 현실주의적이었다. 중국에서 현실주의 학자 한비자를 따랐던 현실주의 황제 진시황의 진나라가 멸망한 뒤에도 중국의 황제들은 표면적으로는 유교의 도덕정치를 주장하면서도 실질적으로는 한비자와 진시황 류의 현실주의 패도정치를 계속했다. 마찬가지로 서양의 군주들도 기독교를 내세우면서도 실질적으로는 마키아벨리즘적 현실주의 정치를 했다. 마키아벨리가 태어나기 수천 년 전부터 그랬다. 그런 마키아벨리즘은 우리가 배울 게 아닌 것이 분명하다. 마키아벨리에게서 배워야 할 게 있다면 역시 시민정치뿐이다. 이것마저 없었다면 마키아벨리는 쓰레기통에 집어넣는 것이 도리어 좋았을 것이다.

문제가 되는 것은 현실감각이 전혀 없는 몽상적인 유토피아, 도그마적인 유토피아다. 우리가 회피해야 하는 것은 바로 그런 길이다. 우리는 그 반대의 길을 가야 한다. 분명한 이상이나 목표와 함께 냉정한 결단력과 지적인 냉철함에 의한 현실적 상식의 회복과 그 실천이 중요한 것이지, 그 외에 화려한 말이 많은 것들은 필요하지 않다. 그런 말잔치야 지난 5백 년간의 유교, 그리고 1백 년간의 서양모방이라는 허위로 충분하지 않은가? 그렇다면 지금에 와서 우리가 새삼 마키아벨리까지 불러낼 필요가 없을지도 모른다.

그럼에도 내가 이 책을 굳이 쓰게 된 것은 마키아벨리의 삶과 사고방식에, 특히 그것을 오해한 마키아벨리즘에 우리가 생각해볼 것이 여전히 많다고 생각하기 때문이다. 무엇보다 중요한 것은 우리 모두가 진심이어야 한다는 것, 특히 지도자가 진심이어야 한다는 것이다. 무엇보다 먼저 권력 자체에 대한 절대적 환상과 무한추구의 헛된 의지를 버려야 한다. 더럽게라도 현실에 엄연히 존재하는 권력을 부정할 수는 없지만, 그것이 결국은 인간의 자유를 확보하고 시민의 자치를 실현하기 위한 것이어야 함을 우리는 잊지 말아야 한다. 내가 이 책에서 설명한 마키아벨리의 진심이 우리가 가야 하는 상식의 길을 밝혀주기를, 그리하여 우리 모두 함께 진심으로 자유와 자치를 내용으로 한 새로운 시민정치를 이룩해나가는 데 이 책이 작은 도움이라도 되기를 바랄 뿐이다.

오늘날 한국의 현실과 마키아벨리

이명박 대통령을 보면 마키아벨리가 생각나곤 했다. 두 사람의 얼굴이 서로 닮았다고 하면 아니라고 할 사람이 많을지도 모르지만, 다른 여러 가지까지 엉켜서 두 사람을 닮아 보이게 한다. 그 여러 가지가 구체적으로 무엇인지 잘은 모르지만, 분명 그런 게 있는 것 같다.

마키아벨리는 이탈리아 피렌체에서 1469년에 태어나 1527년에 죽은 사람이니 1941년에 태어난 이명박 대통령보다 472년이나 앞서 태어났다. 마키아벨리는 인류 역사에서 가장 창조적인 시기였다는 르네상스기의 인물이면서도 '폭군', '악마', '악당', '사기꾼' 등의 대명사로 간주되는 일반적인 이미지가 있다. 최근에는 이와 다른 이미지, 특히 '자유', '시민', '애국', '공화' 등의 옹호자라는 좋은 이미지도 생겼지만, 이런 좋은 이미지는 우리에게는 아직도 낯설다. 나는 이명박 대통령에게도 혹시 나쁜 이미지가 있었다면 빨리 없어지고 대신 좋은 이미지가 많이 생겼으면 좋겠다고 생각하기도 했다.

이 책은 마키아벨리가 어떤 사람이었고, 지난 5세기 동안 그에 대한 평가가 어떠했으며, 지금 우리에게 그가 어떤 의미를 갖는지를 생각해본 것이다. 마키아벨리의 일반적 이미지처럼 '폭군', '악마', '악당', '사기꾼' 등을 떠올리게 하는 정치인들은 이 땅에 다시 설 수 없게 되고, 대신 마키아벨리의 좋은 이미지처럼 '자유', '시민', '애국', '공화' 등을 옹호하는 사람들이 많아지기를 바라면서 나는 이 책을 썼다.

내가 이 책을 쓰기 시작할 즈음인 2012년 2월 10일 부산고등법원은 정부의 4대강 사업 중 낙동강 사업이 국가재정법 38조 1항을 위배했다고 판시했다. 그 조항에 의하면 총사업비 5백억 원 이상의 예산을 투입하는 국책사업은 '예비타당성조사'를 거쳐야 하는데 4대강 사업은 그런 절차를 거치지 않았다는 이유에서였다. 정부는 그 사업이 법에서 예외로 인정하는 재해예방사업이라고 주장했으나 법원은 이를 인정하지 않았다. 이 판결은 2009년부터 제기된 하천공사 시행계획 취소 청구소송들이 사업의 적법성을 이유로 원고패소한 전례를 뒤집는 것으로 매우 중요한 의미를 갖는 것이었다.

그런데 법원은 그와 동시에 그 사업을 취소할 수는 없다는 '사정판결'을 내려 판결의 의미를 거의 훼손했다. 사정판결이란 행정소송에만 있는 극히 예외적인 것으로 행정소송법 28조 1항에 규정돼있다. 이것은 판결로 인해 공공복리에 반하는 사태가 초래되는 것을 방지하기 위해서 인정되는 것이었다.

그러나 22조 원의 예산이 투입된 4대강 사업은 완공 후에도 수질관리와 홍수예방 등을 이유로 천문학적 비용이 들 것으로 예상되어 도리어 원상회복만이 해결책이라는 주장이 힘을 얻고 있었다. 나아가 이 사업이 법을 어긴 것임이 분명한데도 혼란이 우려된다는 이유에서 국책사업을 계속하게 한다는 논리는 법치국가에서는 있을 수 없는 것이고, 도리어 법을 어긴 정부나 여당에 대한 책임추궁이 필요하다는 주장도 설득력이 있었다. 국가재정법에는 처벌 조항이 없기 때문에 관련 공무원 등을 처벌할 수 없는 점도 문제점으로 지적됐다.

이러한 이상한 모양의 판결은 1995년에 검찰이 전두환·노태우에게 기소유예 및 공소권 없음 결정을 내리며 "성공한 쿠데타는 처벌할 수 없다"고 주장한 것과 유사하다. 그러나 5.17 쿠데타의 주모자인 전두환·노태우는 그 이듬해, 즉 사건발생 15년 뒤인 1996년에 결국 처벌됐다. 1961년의 5.16 쿠데타는 처벌되지 않았으나, 5.17 쿠데타에 대한 처벌이 옳았듯이 5.16 쿠데타에 대한 처벌 또한 옳겠지만, 시효 등의 문제로 인해 처벌할 수 없어서 사람들이 그것을 더 이상 문제 삼지 않는 것일 뿐이다. 즉 모든 쿠데타는 처벌돼야 하는 악이다.

그런 점에서 1961년부터 1987년까지 한국의 정치는 쿠데타로 인한 '악의 정치'였다. 요즘 유행하는 말인 '악의 축'이었다고 해도 과언이 아니다. '악의 축'은 미국이 북한 등에 대해 사용하는 말이지만, 과거 한국에서도 정치는 그 밖의 모든 것을 악으로 물들인 '악의 축'이었다. 게다가 그것은 1987년에 완전히 청산되지 못해 지금까지 우리 주변에 악령처럼 맴돌고 있다. 또한 그것은 1961년에 별안간 시작된 것도 아니다. 그런 사고와 행동의 방식은 더 오래된 것인지도 모른다.

"성공한 쿠데타는 처벌할 수 없다"고 하듯이 나쁜 짓을 하고도 벌을 면할 수 있다고 하는 것을 마키아벨리즘이라고 한다. 무분별한 외래어 사용을 막자는 취지로 이를 굳이 번역한다면 뭐라고 해야 할까? 악주의(惡主義)라고 할까? 사악주의라고 할까? 악행주의라고 할까? 위선주의라고 할까? 이중주의라고 할까? 음모주의라고 할까? 권모술수주의라고 할까? 약육강식주의라고 할까? 승자독식주의라고 할까?

뭐라고 번역하든 그것은 성공한 범죄자를 범죄자가 아닌 성공자로 만들고, 성공하지 못한 실패자를 범죄자로 만든다. 쿠데타만이 아니라 여타의 무수한 악행도 성공한 경우 범죄가 되지 않게 하고, 실패자만이 범죄자가 되게 한다. 처음부터 범죄 차원이 아닌 부도덕이나 반윤리의 경우에는 더더욱 그렇다. 그래서 성공한 자의 부도덕이나 반윤리가 영웅적인 것으로 찬양되기도 한다. 이처럼 마키아벨리즘은 목적을 위해서는 수단과 방법을 가리지 않는 사고와 행동의 양식을 뜻하기도 한다. 이런 마키아벨리즘이 지배하는 세상에서 지금 우리는 살고 있는 것이 아닐까? 특히 우리의 정치는 그런 것이 아닐까? 아니 우리의 경제나 사회나 문화, 심지어 법도 그런 것이 아닐까?

마키아벨리가 5백 년 전에 이탈리아 피렌체에서 쓴 책들이 서양에서 많은 논란이 돼왔고 이제는 국내에서도 고전의 반열에 오르고 있지만, 특히 그의 《군주론》은 읽는 사람에 따라서는 얼마든지 악용될 수 있는 특이한 책이다. 물론 그런 성격의 책이 마키아벨리의 저서에만 국한되는 것은 아니다. 가령 마키아벨리와 마찬가지로 니체도 히틀러나 무솔리니에 의해 악용되고 곡해됐으나, 니체 자체는 히틀러나 무솔리니와 무관하다는 주장도 있다. 마키아벨리도 그렇다고 볼 수 있다. 그러나 반드시 그렇다고 보지 않을 수도 있다. 문제는 마키아벨리나 니체 자체가 아니다. 그들의 진심이 어떻든 간에 그것을 악용하려고 하는 권력주의 세력이 항상 존재한다는 사실이 문제다.

|맺음말|

마키아벨리즘은 마키아벨리의 이름을 따서 만든 용어다. 이 때문에 마키아벨리를 '악의 교사'니 '악마의 교사'니 하기도 한다. 그런 말이 나오게 한 《군주론》이라는 그의 저서는 말로만 들으면 매우 어렵고 두꺼운 책 같지만, 그 원저를 보면 '론'이라는 말도 없이 그냥 '군주'라는 제목 아래 군주가 나라를 다스리는 방법에 대해 100쪽 정도의 분량으로 씌어진 매우 읽기 쉽고 얇은 책이다.

《군주론》은 5백 년도 더 전인 15~16세기에 유럽에서 일어난 사건들을 소재로 한 책이어서 관련 역사를 모르면 이해하기 어려운 부분이 없지는 않지만, 그 내용은 대중적인 역사 드라마처럼 누구나 쉽게 이해할 수 있다. 그래서 흔히 말하는 인류의 고전 중에서 가장 쉽고 얇은 책이라고 할 수 있는데도 실제로 그 책을 읽은 사람들은 의외로 적다. 무엇보다도 마키아벨리즘이라는 어두운 말이 그 책을 멀리하게 하는 것이리라.

《군주론》에 마키아벨리즘이라는 말을 연상하게 하는 부분이 전혀 없는 것은 아니다. 그런 부분을 중심으로 그 책의 내용을 냉정한 정치가의 통치방법이나 사업가의 관리기술로 이용하는 경향도 없지 않다.

그러나 단순히 문자에 구애되지 않고 그 책의 역사적 배경이나 취지나 목적을 알고서 읽으면 정작 저자인 마키아벨리 자신은 그런 마키아벨리즘과 무관하고, 사악하지도 않았으며, 사악한 주의를 가르치지도 않았다고 볼 수 있다. 도리어 그의 진심은 이탈리아를 사랑하여 그 나라에 군주국이 아닌 민주공화국을 세우고자 한 것이었다. 그는 무엇보다도 당위가 아닌 존재로서의 근대 정치학 내지 사회과학을 수립한 그 분야의 선구자라는 평가도 받고 있다.

물론 마키아벨리를 그렇게 보는 사람들만 있었던 것은 아니다. 가령 마르크스는 마키아벨리에 대해 비판적이었다. 네오콘의 선구자인 스트라우스가 마키아벨리를 비판한 방대한 책도 우리말로 번역됐고 그것과 유사한 책들도 여럿 번역된 것을 보면 우리나라에도 마키아벨리를 비판적으로 보는 학자들이 꽤 있는 것 같다.

마키아벨리는 옳은 말을 했는데 사람들이 그를 오해한 탓에 마키아벨리즘이라는 말이 만들어진 것은 아닌지를 따져보자는 것이 이 책을 쓴 목적이었다. 그래서 나는 이 책을 쓰면서 마키아벨리의 진심이 무엇이었는지를 살펴보고자 했다. 그의 진심을 알기 위해서는 무엇보다 먼저 마키아벨리의 책들을 열심히 읽어야 한다. 물론 그것만으로는 부족하다. 그가 살았던 르네상스라는 시대와 이탈리아의 피렌체라는 곳에 대해서도 정확하게 이해해야 한다. 이 책은 그런 이해를 돕기 위한 책이다.

그러나 내가 5백 년 전에 이탈리아에서 살았던 마키아벨리의 진심을 탐구하는 것 그 자체에 흥미를 가졌던 것은 아니다. 도리어 마키아벨리즘이 지배하는 지금 우리의 현실을 바꾸기 위해 마키아벨리의 진심을 탐구하고자 했다. 그 진심이 분단된 반도인 조국 이탈리아를 통일시키고, 부패한 정치와 빈익빈 부익부의 경제를 개혁하며, 시민정치를 확립하는 것이었음을 확인하고자 했다. 마키아벨리가 그런 자기 조국의 현실에 대해 고민을 했다면 마찬가지 고민을 하는 우리는 당연히 그에 대해 알아볼 필요가 있고, 그에게서 배우는 것이 우리에게 유익하다면 그렇게 할 필요가 있다.

그런 고민을 마키아벨리즘이라는 말로 호도해서는 안 된다는 생각에서 이 책은 출발했다. 그래서 다시는 "성공한 쿠데타는 처벌할 수 없다"거나 "잘못된 일이라도 일단 저질러진 경우라면 취소시킬 수 없다"는 마키아벨리즘적 궤변이 이 땅을 떠돌게 해서는 안 된다. 아니, 마키아벨리즘이라는 말 자체가 사라져야 한다. 악은 그냥 악일 뿐이다.

마키아벨리의 진심과 전혀 다르게 마키아벨리를 이야기하는 것,

그리고 악하지 않았던 그의 이름을 빌려 만들어진 마키아벨리즘이라는 말을 가지고 악에 대해 이야기하는 것은 "성공한 쿠데타는 처벌할 수 없다"거나 "잘못된 일이라도 일단 저질러진 경우라면 취소시킬 수 없다"고 이야기하는 것 못지않게 악하다.

|마키아벨리 연보|

1469년(0살): 5월 3일 이탈리아 피렌체에서 법학자인 아버지 베르나르도 마키아벨리와 어머니 바르톨로메아 디 스테파노넬리의 장남으로 태어남. 위로 누이 둘(프리마베라와 마르게리타)이 있었고, 나중에 아래로 남동생 하나(토토)가 태어남.

1481년(12살): 동생과 함께 라틴어 학자 파올로 다 론칠리오네의 문하에서 공부함.

1491년(22살): [도미니크회의 개혁적 수도사인 지롤라모 사보나롤라가 피렌체에 있는 산마르코 수도원의 원장이 되어 설교 등을 통해 영향력을 발휘하기 시작함.]

1492년(23살): [4월 9일 피렌체공화국의 사실상 지배자였던 로렌초

데 메디치가 사망하고, 그의 아들인 피에로 디 로렌초가 메디치가의 수장이 됨.]

1494년(25살): [프랑스 왕 샤를 8세가 병력 2만 5천 명 규모의 대군을 이끌고 이탈리아를 침공함으로써 이탈리아전쟁(1494~1559)이 시작됨. 11월 프랑스군이 피렌체에 입성하고, 피에로 디 로렌초를 포함해 메디치가는 피렌체에서 추방됨.]

1497년(28살): [5월 사보나롤라가 교황 알렉산데르 6세에 의해 파문당함.]

1498년(29살): [5월 23일 사보나롤라가 화형에 처해짐.] 5월 피렌체 공화국의 제2사무국 사무관에 선임됨. 6월 피렌체 대평의회의 승인을 받아 제2사무국장으로 승진하여 취임함. 7월 피렌체공화국의 군사문제를 다루는 10인전쟁위원회의 사무국장으로도 선출됨. 11월 10인전쟁위원회의 대표 자격으로 피렌체 인근 도시 피옴비노에 파견되어 처음으로 외교업무를 수행함.

1499년(30살): 〈피사의 전쟁에 관한 보고서〉를 작성함. 이몰라와 포를리 지역의 지배자 카테리나 스포르자-리아리오에게 파견됨.

1500년(31살): 7월 프랑스 왕 루이 12세에게 파견되어 6개월가량 머무르며 외교업무를 수행함. 프랑스 체류 중 루앙의 추기경 조르주 당부아즈를 면담함.

1501년(32살): 마리에타 코르시니와 결혼함.

1502년(33살): [피에로 소데리니가 피렌체공화국의 종신 통령(곤팔로니에레)으로 선출됨.]

1503년(34살): 〈발렌티오 공이 비텔로초 비텔리, 올리베로토 다 페르모, 영주 파골라, 그라비나 공 등을 사형에 처한 방식에 대한 기술〉, 〈화폐 공급에 대한 논의〉, 〈발디키아나 지역의 반란민을 다루는 방법에 관해〉 등의 보고서를 작성함. 4월 시에나의 지배자 판돌포 페트루치에게 파견됨. 10월 로마 교황청에 파견됨.

1504년(35살): 시 〈첫 10년〉을 씀. 1월 루이 12세의 궁정에 두 번째로 파견됨. 7월 판돌포 페트루치에게 두 번째로 파견됨.

1506년(37살): 〈피렌체의 군사적 준비에 관한 논의〉를 작성함. 1월 피렌체의 북쪽에 있는 무겔로 지역에서 민병대 모집 활동을 벌임. 8~10월 로마 교황청에 두 번째로 파견됨.

1507년(38살): 12월 티롤공국에 있는 신성로마제국 황제 막시밀리안 1세의 궁정에 파견됨.

1508년(39살): 〈독일에 관한 보고서〉를 작성함.

1509년(40살): 〈독일과 그 황제에 관한 보고서〉를 작성함. 시 〈첫 10년〉을 갱신한 〈두 번째 10년〉을 발표함.

1510년(41살): 6~9월 루이 12세의 궁정에 세 번째로 파견됨.

1511년(42살): 9월 루이 12세의 궁정에 네 번째로 파견됨.

1512년(43살): [이탈리아전쟁이 계속되는 가운데 스페인군이 피렌체의 영토를 침범해서 프라토 지역 일대를 유린함. 피렌체가 항복함으로써 피에로 소데리니가 실각하여 망명길에 오르고, 대신 메디치가가 권좌에 복귀하면서 피렌체의 정체가 군주정으로 바뀜.] 〈독일의 사정에 대한 기술〉과 〈프랑스의 사정에 대한 기술〉을 작성함. 11월 제2사무국장에서 면직되고 1년간 출국금지 명령을 받음.

1513년(44살): 2월 반역음모 혐의로 재판에 넘겨져 고문을 받고 투옥됨. 3~4월 감옥에서 풀려나 피렌체에서 남쪽으로 11킬로미터 떨어진 산탄드레아에 있는 자신의 농장으로 은거함. 7월《군주론》의 초안을 작성함. 피렌체에 있는 루첼라이가의 정원 '오르티 오리첼라리'에서 열리는 토론모임에 참여함. 티투스 리비우스의《로마사》중 앞부분 1~10권에 대한 논평서인《티투스 리비우스의 첫 10년에 대한 논의》를 쓰기 시작함.

1516년(47살)경: 《군주론》 원고의 사본이 피렌체 안팎에서 회람되기 시작함.《벨파고르 이야기》를 씀.

1517~1518년(48~49살): 아풀레이우스의 〈황금당나귀〉를 개작해 자신에 관한 이야기와 비유적 이야기를 섞은 글을 씀.

1518년(49살): 《전술론》, 《카스트루치오 카스트라카니 다 루카의 생애》, 《루카의 정부체제 개요》를 씀. 줄리오 데 메디치 추기경으로부터 피렌체의 역사에 관한 집필을 의뢰받음.

1519~1520년(50~51살): 〈로렌초가 사망한 뒤 피렌체의 사정에 대한 논의〉를 씀.

1521년(52살): 《전술론》이 출판됨.

1522년(53살): 〈라파엘로 지롤라미에게 보내는 조언〉을 씀.

1523년(54살): [줄리오 데 메디치가 교황(클레멘트 7세)으로 선출됨.]

1524~1525년(55~56살): 플라우투스의 고전 희곡을 토대로 희곡 〈클리치아〉를 씀.

1525년(56살): 로마를 방문해 《피렌체사》 원고를 클레멘트 7세 교황에게 제출함. 풍자적 희곡 작품 《만드라골라》가 베네치아에서 연극으로 공연되어 찬사를 받음.

1526년(57살): 〈피렌체의 요새화에 관한 보고서〉를 작성함.

1527년(58살): [5월 이탈리아를 침공한 신성로마제국의 독일-스페인 혼성군에 의해 로마가 유린당함. 메디치가가 피렌체에서 축출되고, 피렌체에 공화국이 재건됨.] 6월 21일 사망하여 피렌체에 있는 산타크로체 성당에 안치됨.

1531~1532년(사후): 《군주론》, 《로마사 논고》, 《피렌체사》가 처음으로 출판됨.